ビジュアル ハンドブック
必携建築資料
改訂版

VISUAL HANDBOOK

　——建築物は，どのような材料をどのように組み合わせ，どのような方法でつくられていくのか。

　これを知るための基礎的なことがらを，本書にまとめました。代表的な構造である木構造・鉄筋コンクリート構造・鋼構造の3種類について，部位ごとに，材料・仕組み・つくり方を，工事の順序にしたがって解説しています。

　記載したデータは，最新かつ一般的なものを選んでいます。一般的とは，多くの建築物に用いられる方法であり，建築物の各部位に必要とされる基本的な要素を多く含んでいます。これを知ることにより，それぞれの構成部位に求められる基本的な性能，そして，要求性能を満たすための仕組みや材料が把握できます。また，各部位の構成を総合的に捉えることで，安全で長期間の利用が可能な建築物とはどのようなものかを知ることができます。

　巻末には，バリアフリー・省エネルギー・構造強度に関することなど，建築物をより高品質にする方法がまとめてあります。これら安全性や耐久性・利便性の向上に資する手法や法律を理解することで，高品質な建築物とはどのようなものかを知ることができます。

　なお，本書に未記載の方法をとる場合は，メーカーのカタログや技術資料などを参考にして，部位の要求性能を満たす材料の選択や仕組みを検討してください。

実教出版

必携建築資料 ●目次

各構造の組立手順………4

1章 木構造

木構造の建築物ができ上がるまで………10

1 基礎 (1) べた基礎………12
2 基礎 (2) 布基礎………14
3 建築用材………16
4 在来軸組構法 (1) 軸組………20
5 在来軸組構法 (2) 床組………22
6 在来軸組構法 (3) 小屋組………24
7 在来軸組構法 (4) 接合………26
8 枠組壁構法………30
9 屋根 (1) 瓦葺き………32
10 屋根 (2) 住宅屋根用化粧スレート葺き……36
11 屋根 (3) 金属板葺き………38
12 外壁 (1) 張り壁………40
13 外壁 (2) 塗り壁………42
14 外部開口部 (1) 窓………44
15 外部開口部 (2) 扉・出窓・天窓………46
16 断熱………48
17 床 (1) 和室の床………50
18 床 (2) 洋室の床………52
19 床 (3) 土間床………54
20 内壁 (1) 和室の壁………56
21 内壁 (2) 洋室の壁………58
22 天井 (1) 和室の天井………60
23 天井 (2) 洋室の天井………62
24 内部開口部………64
25 階段………66
26 住宅の設備 (1) 台所………68
27 住宅の設備 (2) 浴室・脱衣洗面所………70
28 住宅の設備 (3) 便所………72
29 住宅の設備 (4) 冷暖房設備・換気設備……74
30 住宅の家具や器具………76
31 住宅の外構………78

2章 鉄筋コンクリート構造

鉄筋コンクリート構造の建築物ができ上がるまで…80

1 基礎 (1) 直接基礎………82
2 基礎 (2) 杭基礎………84
3 躯体の種類と材料………86
4 ラーメン構造………88
5 配筋 (1) 柱と梁………90
6 配筋 (2) 壁・スラブ・階段………92
7 壁式構造………94
8 屋根………96
9 外壁 (1) 張り壁………100
10 外壁 (2) 塗り壁………102
11 開口部………104
12 断熱………106
13 内部仕上げ………108
14 階段・昇降設備………112
15 中高層建築物の設備………114

■ 特記事項

▶長さの単位は，特に記載のない場合[mm]です。

▶ マークがついている図は，記載された縮尺の図になっています。寸法は図から直接，三角スケールなどで測り取ることができます。

▶本書では，部材の組み合わせを明確にするために断熱材の表記を略した図が多くあります。1，2章にある断熱の項を参照し，各部に応じた断熱方法をとってください。

▶関係する建築基準法やJIS（日本産業規格）の番号を記載しましたので，詳細なデータを調べるときの参考にしてください。

▶寒冷地では，記載事項以外の基準が設けられていることがあるので注意してください。

3章 鋼構造

鋼構造の建築物ができ上がるまで………116
1 基礎と柱脚………118
2 骨組の種類と鋼材………120
3 ラーメン構造………122
4 ブレース構造………124
5 接合方法………126
6 接合部………128
7 スラブ………130
8 耐火被覆………132
9 屋根………134
10 外壁(1) 張り壁………136
11 外壁(2) ALCパネル………138
12 外壁(3) カーテンウォール………140
13 内部仕上げ………142
14 階段………144

巻末資料

矩計図(かなばかりず)の例
(1) 木構造………145
(2) 鉄筋コンクリート構造………146
(3) 鋼構造………147

住宅のバリアフリー………148
寒冷地仕様………150

さまざまな構造形式
(1) プレキャストコンクリート構造………152
(2) 補強コンクリートブロック構造………154
(3) プレストレストコンクリート構造………156
(4) 軽量鋼構造………157
(5) 鉄骨鉄筋コンクリート構造………158
(6) コンクリート充填鋼管構造………159
(7) その他の構造………160

地階の構造………161
主な構造材料の強さ………162
耐震構造・制震構造・免震構造………164
小規模建築物の地盤調査………166
木構造の耐力壁………168
木造住宅の断熱構造と断熱材の性能………172
バリアフリー法………174
建築物省エネ法………176
品確法………178
高機能をもつ建築物に対する認定制度………182

索引………183

本書で用いた主な記号

ϕ, D	直径(鉄筋では,ϕは丸鋼,Dは異形鉄筋)
R	半径
H	高さ
L	長さ
W	幅
t	厚さ
@	間隔
GL	地盤面
FL	床仕上げ面
SL	スラブ上面

本書で用いた法令・告示の表記方法

法令・告示名	本書での表記例
建築基準法	基準法 52条2項二
建築基準法施行令	施行令 36条2項三
建設省告示 国土交通省告示	昭62 建設省告示 1898 平13 国交省告示 1540 (年号)　　　　(告示の番号)
建築物のエネルギー消費性能の向上に関する法律	建築物省エネ法
住宅の品質確保の促進等に関する法律	品確法

木構造の組立手順

2階平面図

1階平面図

　木構造とは，骨組に木材を用いた建築物の構造のことで，一般住宅などに多く見られる構造である。
　骨組は，工場で加工された各部材を工事現場で組み立てる。加工は工期短縮などのため，手きざみ（手作業による加工）よりも機械加工によるプレカットが近年多くなってきている。また，組立（建方）には，安全面や労務費削減などの点からクレーンを用いることが多い。

1 土台の据え付け

　基礎にしるした墨を基準に，土台にアンカーボルト用の孔をあける。アンカーボルトを通して土台を基礎に据え付け，ボルトを締めて緊結する。

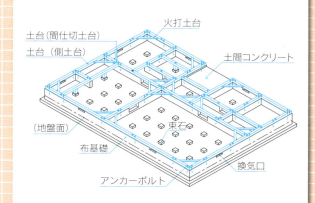

4 1階部分の建入れ直し

　接合部の金物を締め付け，仮筋かいを緩め，柱の鉛直を修正する建入れ直しを行う。このあと，再び仮筋かいを取り付け，火打梁を取り付ける。

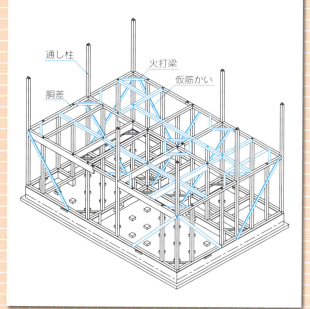

5 2階外周部の建込み

　2階も1階と同様に地上で柱や桁の一部を組み，クレーンで吊り上げて所定の位置に建込み，控えをとって仮止めする。

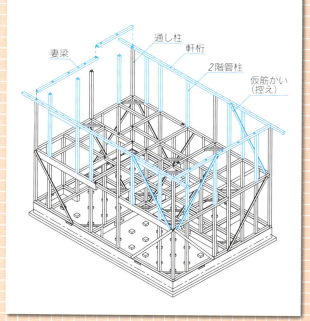

2 1階外周部の建込み

柱や胴差の一部を地上で組み，クレーンで吊り上げて所定の位置に建込む。建込んだ軸組は，控えをとって仮止めする。

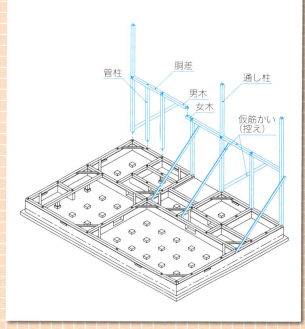

3 2階床梁などの架構

内部の柱を建込みながら，接合部で下になる敷梁（枕梁）などを先に配置し，床を架ける。この段階で，2階床の工事を先行させ，足場として使用することもある。

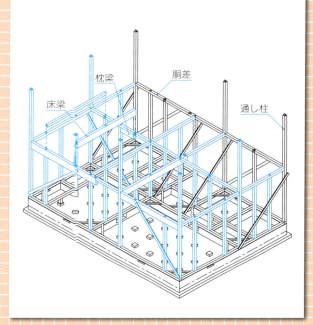

6 2階小屋梁の架構

内部の柱を建込みながら，敷梁・小屋梁・頭つなぎなどを取り付け，金物で固定する。このあと，建入れ直しを行い，仮筋かいで固定する。

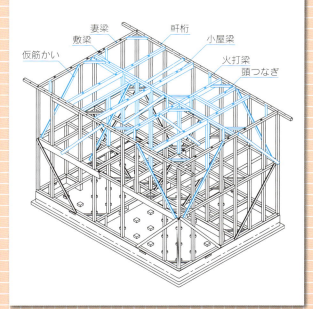

7 小屋組の完成

小屋束・母屋・棟木などを取り付ける。続けて，小屋束の建入れ直しを行い，小屋筋かいを取り付け，骨組を完成させる。
　このあと，屋根の仕上げ工事をはじめに，各種の仕上げの工事を進めていく。

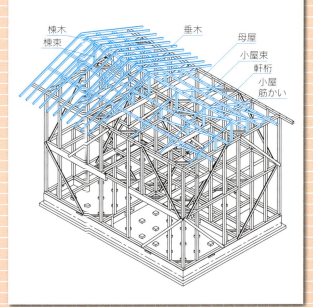

鉄筋コンクリート構造の組立手順

鉄筋コンクリート構造の躯体工事は，型枠工事，鉄筋工事，コンクリート工事の3つに分類されるが，それらの工事を一体的に進めることで躯体をつくりあげていく。

これらは工事現場での作業が多く，型枠や配筋の精度，コンクリートの充填状況など，躯体の品質に影響を及ぼす要素が多いので，施工計画や工事中の品質管理・工程管理など十分な施工管理が求められる。

1 基礎と土間コンクリート

基礎を硬い地盤に定着させるように地盤を掘削し，鉄筋コンクリート造の基礎と基礎梁をつくる。後続する作業がしやすいように，残った掘削部分に土砂を埋め戻し，転圧したあと，土間コンクリートを打ち込み，平らな面をつくる。

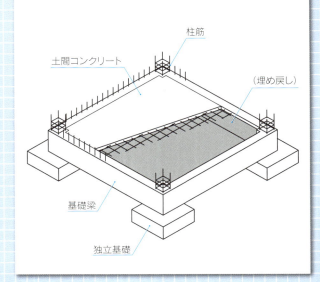

4 2階床の型枠と梁・床の配筋

スラブの型枠を組み立てたあと，梁の配筋を行い，続けてスラブの配筋を行う。

1階部分の配筋と型枠の完了後，コンクリートを打ち込み，1層分の躯体を一体的につくり上げる。

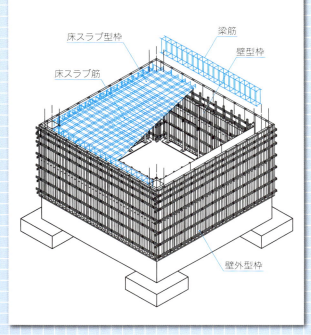

5 2階柱・梁・壁の配筋と型枠

完成した1階の躯体の上で，2階も同様に柱配筋と柱・梁の型枠を組み，次に壁の配筋と型枠の組立を行う。

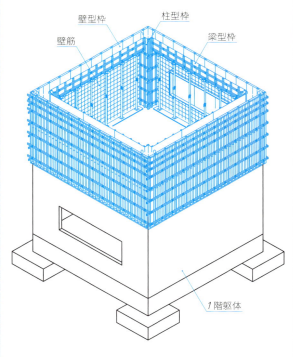

2 1階柱の配筋と柱・梁の型枠

柱筋の組立を行い，次に柱と梁の型枠を組み立てる。梁の型枠は支保工（パイプサポート）で支える。

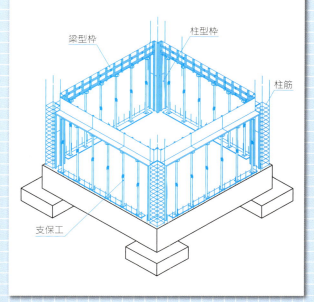

3 1階壁の配筋と型枠

片側の型枠を組み立ててから配筋を行う。配筋のあと，反対側の型枠を組み立てる。スペーサーやセパレーターなどを使ってかぶり厚さや躯体寸法を確保し，コンクリートを打ち込むときの圧力にも耐えられるように型枠をつくる。

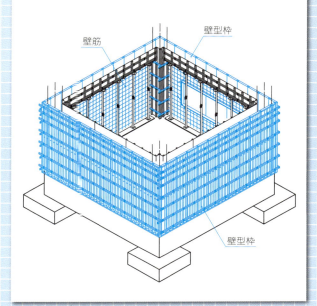

6 屋根階の型枠と梁・屋根の配筋

屋根スラブの型枠と梁・屋根の配筋を行い，コンクリートを打ち込み，2階の躯体を完成させる。

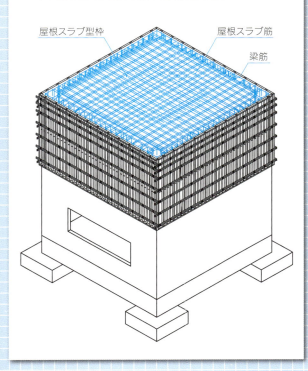

7 躯体の完成

屋上にパラペットをつくり鉄筋コンクリートの躯体を完成させる。このあと，各部に仕上げを施す。

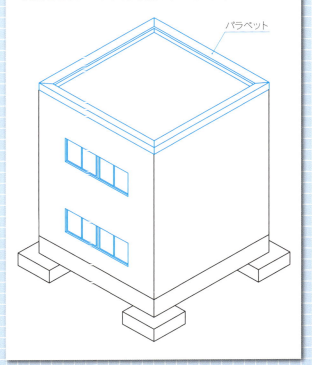

鋼構造の組立手順

骨組に鋼材を用いた構造を鋼構造という。主な構造形式にはラーメン構造とブレース（筋かい）構造がある。事務所や商店など多くの建築物に，このページに示すラーメン構造が用いられる。

基礎は鉄筋コンクリート構造と同様な形式が用いられる。骨組は工場で製作した部材を工事現場に運搬して組み立てる。

1 基礎

中小規模の建築物では，独立基礎が多く用いられる。地盤の性状や建築物の重さにより杭基礎にする。

独立基礎の頂部にはアンカーボルトを設け，鋼製の柱を基礎に固定できるようにする。

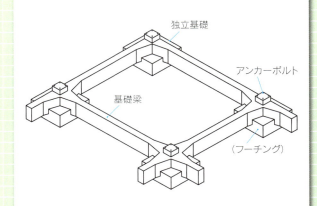

4 建方（小梁の取り付け）

小梁の配置の完了後，チェーンブロックやターンバックルを用いて，柱の鉛直を修正する建入れ直しを行う。その後，接合箇所すべての高力ボルトを本締めし，骨組を完成させる。

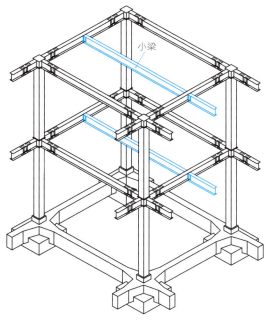

5 デッキプレートの敷き込み

鉄筋コンクリートのスラブにするために，支保工が不要な型枠としてデッキプレートを敷き込む。デッキプレートは，大梁や小梁に溶接して固定する。また，鉄筋コンクリートのスラブと骨組が一体化するように，梁に頭付きスタッドを溶接する。

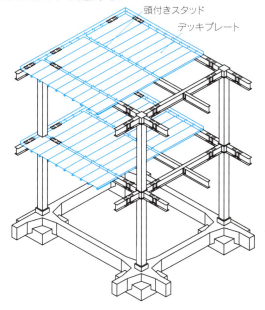

2 建方（柱の建込み）

工場製作された柱や梁などの部材を工事現場に運搬し、建方を行う。鉛直に立てた柱をアンカーボルトで仮止めし、大梁をブラケット間に配置する。

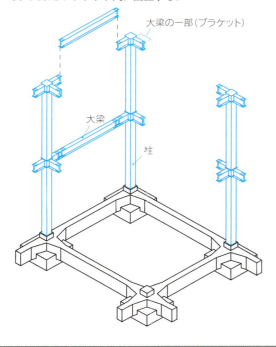

3 建方（大梁の取り付け）

工事現場での接合は高力ボルトが多い。この段階ではそれぞれの接合箇所で必要ボルト数の1/3程度かつ2本以上のボルトで仮止めをする。

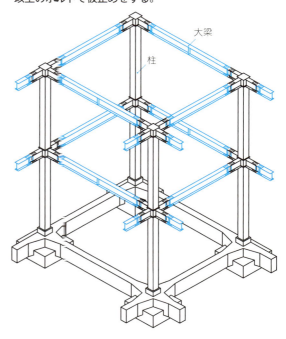

6 スラブの配筋

鉄筋コンクリート構造のスラブと同様に、鉄筋（スラブ筋）を配筋する。

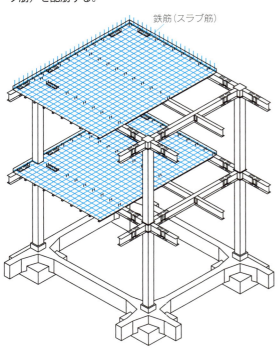

7 スラブのコンクリート打ち

配筋の完了後コンクリートを打ち込む。コンクリートは、普通コンクリートまたは軽量コンクリートを使用する。

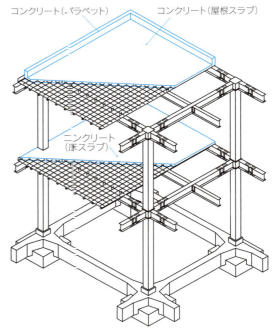

1章 木構造

木構造の建築物ができ上がるまで

A 和風住宅の外観例
屋根：入母屋屋根，日本瓦葺き，下屋部分は銅板一文字葺き。
外壁：リシンかき落とし，妻・小壁はしっくい塗り

B 洋風住宅の外観例
屋根：寄棟屋根，S型瓦葺き
外壁：タイル張り

1 基礎工事 布基礎の立ち上がり部分にコンクリートを打ち込む。打ち込み高さを確認しながら作業を進める。

2 建方 建方の前に建物の周囲に足場を組む。土台を据えたのち，外周部の軸組より組み固めていく。

3 建入れ直し 各接合部を締め付けたのち，柱の傾きを直し，仮筋かいを打ち付けて固定する。

7 外壁張り 横張りサイディングは下から張り上げ，専用金物で止め付ける。

8 床張り 遮音のために，下張り板と仕上げ材の間に遮音シートやせっこうボードなどを張る。

9 階段の取り付け 側板・踏板・蹴込板の順に取り付けていく。

13 断熱材の取り付け 断熱材は，天井や壁などの下地と前後して取り付ける。

14 天井のボード張り 下地処理のために，釘・ねじの頭は，ボード面よりわずかにめり込ませる。

15 壁の塗り仕上げ ボードの継目の補強など下地処理して，中・上塗りをする。

A 和風住宅の外観例

B 洋風住宅の外観例

4 筋かい・間柱の取り付け 筋かい・間柱の順に取り付け，所定の金物で補強する。

5 瓦葺き 下葺き・瓦桟などの打ち付け後，必要枚数を配置し。軒先から葺き上げていく。

6 外部開口部 透湿防水シートとサッシ枠との間に防水テープを張る。

10 配線・配管工事 電気・給排水などの配線・配管は，床・壁・天井の各下地の工事と前後して行う。

11 内部開口部 開口部枠は，水平・鉛直をよく確認して取り付ける。

12 和室の天井仕上げ 天然杢張り化粧合板の天井板は手油により汚れやすいので，手袋を使用する。

16 クロス張り仕上げ クロスはやや広めにとって張り，最後に回り縁際をカッターでカットする。

17 土間床のタイル張り タイル割りによる位置に糸を張り，これにタイルの角を合わせて張り出す。

18 建具の建込み 立て枠や柱との建て付けを確認しながら建具を取り付ける。

1 基礎(1) べた基礎

「建築物の基礎は，建築物に作用する荷重及び外力を安全に地盤に伝え，かつ，地盤の沈下または変形に対して構造耐力上安全なものとしなければならない。」（施行令38条）

すなわち基礎は，建築物の構造と地盤強度を考慮して設計されなくてはならない。

べた基礎に要求される地盤の長期許容応力度は，$20kN/m^2$以上とされている。

地盤調査（スクリューウエイト貫入試験）

べた基礎の構造

- 基礎は，一体の鉄筋コンクリート造とする。
- 1階の外周部および間仕切壁の直下にある土台の下は連続した立ち上がり部分を設ける。
- 基礎スラブには水抜き孔を設け，工事完了後にふさぐ。
- 地盤面からの立ち上がりは400mm以上とし，立ち上がり部分の厚さおよび基礎スラブの厚さは120mm以上とする。
- 根入れ深さ（地盤面から基礎スラブ下端まで）は，雨水などの影響をうけない密実で良好な地盤に基礎スラブが接する場合を除き，120mm以上かつ凍結深度より深くする。外周部の根入れ深さは，設備工事などによる地業・地盤の損傷で雨水が基礎の下へ侵入するのを防ぐ深さにする。

水抜き孔

基礎の構造

基礎の構造は，地盤の長期許容応力度に応じて決める。

■表1

基礎の構造 \ 地盤の長期許容応力度	$20kN/m^2$未満	$20kN/m^2$以上 $30kN/m^2$未満	$30kN/m^2$以上
杭を用いた基礎	○	○	○
べた基礎	×	○	○
布基礎	×	×	○

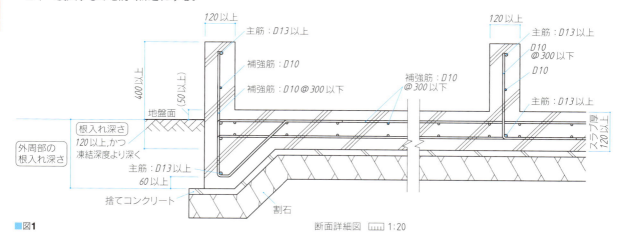

■図1　断面詳細図　1:20

べた基礎の施工方法

①根切り

②地業

③配筋・配管

④スラブのコンクリート打ち込み

1 鉄筋の配置

■表2

鉄筋の位置		一般的な仕様	平12建設省告示1347の規定
立ち上がり部分	上下端の主筋	D13を補強筋と緊結	径12以上の異形鉄筋を補強筋と緊結
	補強筋	D10 縦横とも@300以下	径9以上　縦@300以下
基礎スラブ	補強筋	D10 縦横とも@300以下 複配筋（ダブル配筋）	径9以上 縦横とも@300以下
開口部周囲の補強		周囲にD13の補強筋	周囲に径9以上の補強筋

2 コンクリートの品質

- コンクリートは，[JIS A 5308]に規定されたレディーミクストコンクリートを用いる。
- 設計図書に指定がない場合は，呼び強度24，スランプ18cmの使用が一般的である。

3 アンカーボルトの配置

① 筋かいや構造用合板による耐力壁の両端の柱の近接位置（柱より150mm以内）に埋設。ただし，ホールダウン専用アンカーボルト埋設の場合は省略可。
② 土台の継手および仕口の上木端部の近接位置（胴付より150mm以内）に埋設。
③ そのほかの中間部は，@2.7m以下（3階建ての場合は，@2.0m以下）に埋設。
④ 基礎への埋め込み長さは250mm以上とし，アンカーボルト先端のねじ山がナットより3山以上出るように埋設。
⑤ ホールダウン専用アンカーボルト（柱と基礎を緊結するためのアンカーボルト）の基礎への埋め込み長さは360mm以上。

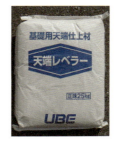

ホールダウン専用アンカーボルト（長い方）

基礎用天端仕上げ材
基礎の天端を水平に仕上げるもので，水で練って用いる既調合品。
基礎のコンクリートを打ち込んで数時間すれば，流し込むことができる。

■図2　アンカーボルトの埋設位置と深さ

床下の換気

- 床下の換気口は，湿気のこもる場所ができないように配置し，できるだけ高い位置に設ける。
- 外壁の床下部分には，壁の長さ5m以下ごとに，面積300cm²以上の換気口を設け，これにねずみの侵入を防ぐための設備をする。（施行令22条）
- 換気口は，柱下や耐力壁の直下を避け，窓など開口部の下に設ける。
- ねこ土台（基礎と土台の間に換気スペースを設けるために入れるかいもの）を使用する場合は，土台の全周にわたって，土台の長さ1mあたり面積60cm²以上（長さ5mあたり面積300cm²以上）の換気口を設ける。
- 基礎は連続させ，通風や点検のための開口は必要最小限の大きさで設ける。

※基礎断熱工法（巻末資料p.150参照）の場合には，床下地面の防湿措置を入念に行い，外周部に換気口を設けない。

ねこ土台（基礎パッキン）

⑤立ち上がりの型枠組み立て　⑥コンクリート打ち込み　⑦天端均し　⑧養生

2 基礎(2) 布基礎

布基礎は，地盤の長期許容応力度が30kN/m²以上の場合に用い，構造は荷重条件および地耐力等を勘案して決める。木構造住宅の基礎は布基礎が一般的であったが，阪神・淡路大震災以降，より丈夫なべた基礎が多く用いられるようになってきた。

布基礎の構造

- 基礎は，一体の鉄筋コンクリート造とする。
- 1階の外周部および間仕切壁の直下にある土台の下は，連続した立ち上がり部分を設ける。
- 地盤面からの立ち上がりは400mm以上とし，立ち上がり部分の厚さは120mm以上，基礎底盤の厚さは150mm以上とする。
- 根入れ深さ（地盤面から基礎底盤下端まで）は240mm以上，かつ凍結深度より深くする。

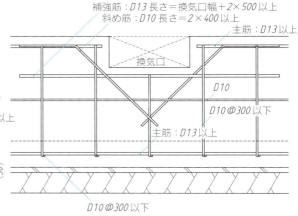

■図1　断面詳細図　1:20

1 底盤（フーチング）の幅

■表1

建築物の種類 \ 地盤の長期許容応力度	30kN/m²以上 50kN/m²未満	50kN/m²以上 70kN/m²未満	70kN/m²以上
平屋建て	300mm以上	240mm以上	180mm以上
2階建て	450mm以上	360mm以上	240mm以上

2 配管スリーブの設置

配管スリーブは給排水などの配管のために，あらかじめ基礎の型枠内に配置する筒状のもので，基礎のひび割れや雨水の流入に配慮して設置する。

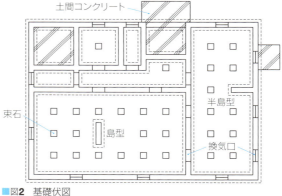

■図2　基礎伏図
※耐力壁がのる部分は，島型や半島型にせず，連続させる。

布基礎の施工方法

①水盛り

②根切り

③地業

④配筋

3 鉄筋の配置

②：D10以上 @300以下
④：300以上重ね合わせる。
①：D13以上
D10以上
①：D13以上
③：D10以上 @300以下
③：D10以上

■図3

① 立ち上がり部分の上下主筋は，D13以上の鉄筋を入れる。
② 立ち上がり部分の補強筋は，D10以上の鉄筋を300mm以下の間隔に入れる。
③ 底盤部分には，D10以上の補強筋を300mm以下の間隔に配置し，底盤の両端部にD10以上の鉄筋を入れる。
④ 隅角部の主筋・補強筋は300mm以上重ね合わせる。
※換気口の周辺には，図1のように補強筋を配置する。

4 既製組立鉄筋

立ち上がり部分の主筋と補強筋および底盤部分の縦横補強筋をそれぞれ所定の間隔に溶接して組み立てたもの。
既製組立鉄筋の寸法例［単位：mm］
立ち上がり高さ570，底盤幅300，鉄筋間隔300，全長3,640

5 コンクリートの品質およびアンカーボルトの配置

コンクリートの品質およびアンカーボルトの配置については，基礎(1) べた基礎（p.13）参照。

6 束石

束石は，床荷重を地盤に伝えるとともに，床束の防腐・防蟻のために設置される。ただし，べた基礎や床下に防湿コンクリートを打ち，鋼製束などを使用する場合には，束石を設置しない。

- 束石（コンクリート製）の寸法例［単位：mm］
  120×150×150，150×150×150，150×200×200
- 束石の据え付け間隔は，大引の直下に910mm間隔

既製組立鉄筋

束石

束石の配置

床下の防湿

床下換気口の設置については，べた基礎と同様（p.13参照）にするが，床下は地盤面より50mm程度盛土し，防湿のために次のような措置を施す。

- 床下全面に厚さ60mm以上の防湿用コンクリートを打ち込む。
- 住宅用プラスチック系防湿フィルム［JIS A 6930］などを敷きつめ（防湿フィルムの重ね幅は150mm以上とし，コンクリートまたは砂で押さえる。

※基礎断熱工法の場合には，外周部の床下換気口を設置しないので，地面からの湿気を防止するために，床下の地面の防湿措置を入念に行う。

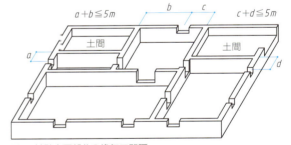
■図4 外壁床下部分の換気口間隔
※防湿コンクリート等により地面からの湿気が発生しない土間部分は，壁の長さに参入しなくてもよい。

⑤底盤（フーチング）のコンクリート打ち込み　⑥配管スリーブの取り付け　⑦型枠の組み立て　⑧コンクリートの打ち込み

3 建築用材

柱材（ヒノキ）

桁・梁材（ベイマツ）

建築用材
- 製材：原木から角材や板材に形状を整えた木材
- 木質材料：薄い板や小片などを接着・成形した木材製品で集成材・合板・繊維板・パーティクルボードなどがある。

建築用材の例

■表1

	名称	色（辺材）	色（心材）	気乾密度（含水率15%）[g/cm³]	特徴（気乾状態）	産地	用途
国産針葉樹	ヒノキ（檜）	淡黄白	淡紅白	0.41	木理通直，軽軟，弾性大，耐久力大	長野・愛知・和歌山	構造材・造作材・建具材
	ヒバ（檜葉）	淡黄白	淡褐黄	0.41	香気あり，堅実，水湿に耐える，耐蟻性大	青森・長野・愛知	構造材，水湿場所に使用
	カラマツ（落葉松）	淡黄褐	赤褐	0.53	弾力・耐水湿性強い，硬軟適度	浅間・富士山	構造材・基礎材
	アカマツ（赤松）	淡黄白	黄褐	0.53	脂気多く弾力に富む，水湿に耐え加工容易	岩手・福島・宮崎	構造材
	クロマツ（黒松）	淡黄白	淡褐		脂気多く水湿に耐えるが，加工やや困難	四国・九州	構造材
	スギ（杉）	淡黄褐	暗赤	0.38	軽軟，木理通直，加工容易	秋田・和歌山・奈良	構造材・造作材・建具材
輸入針葉樹	ベイヒ（米檜）	淡黄	淡黄	0.47	木理細美，強度大	北米	構造材・造作材・建具材
	スプルース	淡黄白・褐	淡褐	0.46	肌目は精で，やや軽軟	北米（太平洋沿岸）	建具材・造作材
	ベイマツ（米松）	黄赤	淡黄	0.55	木理通直，油気多い。	北米（太平洋沿岸）	構造材・造作材・建具材
	ベイツガ（米栂）	白	淡黄褐	0.46	木理粗，臭味あり，耐久性小	北米	構造材・造作材・建具材
	ベイヒバ（米檜葉）	黄白	黄	0.51	耐腐朽性・耐蟻性大，肌理は精で，木理通直	北米大陸（アラスカ南東部）	土台・造作材・建具材
	ラジアータパイン	淡黄白	淡黄	0.49	加工容易，木理通直	ニュージーランド・チリ	造作材・建具材・家具材
国産広葉樹	クリ（栗）	淡褐	暗褐	0.55	重硬，弾力大，耐水性がある。	兵庫・高地・千葉	土台・くい，水湿場所に使用
	ミズナラ（水楢）	淡黄褐	黄褐	0.67	重硬，木目がきれい，反り曲がり少	北海道・東北地方	床材・家具材・装飾材
	シオジ（塩地）	淡白	淡紅	0.55	木理粗，硬軟中位，加工容易，水湿に耐える。	関東以西・四国・九州	家具材・造作材
	キリ（桐）	白	淡灰	0.29	軽軟，木理粗，油気無，防湿性大	東北地方・八丈島	家具材・建具材・装飾材
	ケヤキ（欅）	淡黄	赤褐	0.62	重硬，木理美，反曲小，水湿に耐える。	秋田・青森・和歌山	構造材・造作材
輸入広葉樹	ホワイトオーク	淡黄白	淡黄褐	0.77	重く硬い，ナラ・カシに類似	北米（カナダ）	家具材・造作材・建具材
	ブラックウォールナット	灰紫	濃褐	0.63	ち密，弾力性・耐久性大	米（北東・南東）・カナダ	家具材・造作材・建具材
	マホガニー		淡黄褐		堅硬，色彩・光沢美	メキシコ・中米	家具材・建具材・造作材
	コクタン	青黒	黒鼠	0.98	堅硬，光沢美	タイ・マレーシア・インド	床柱・家具材・装飾材
	チーク	黄白	濃褐	0.69	反曲少，虫害少ない，耐久力大	タイ・ミャンマー・インド	家具材・造作材・建具材

（日本建築学会編「建築材料用教材」改訂第4版・改訂第3版により作成）

スギ　アカマツ　ヒノキ　ヒノキ（柾目）　ベイヒバ　ベイマツ　ピーラー　スプルース

ケヤキ　キリ　タモ　シオジ　カリン　ナラ　ナラ集成材　スプルース集成材

製材

原木など大断面の木材を，使用しやすい大きさの角材や板材にすることを製材といい，また整形された木材のことも製材という。これには次に示す日本農林規格（JAS）の標準寸法がある。

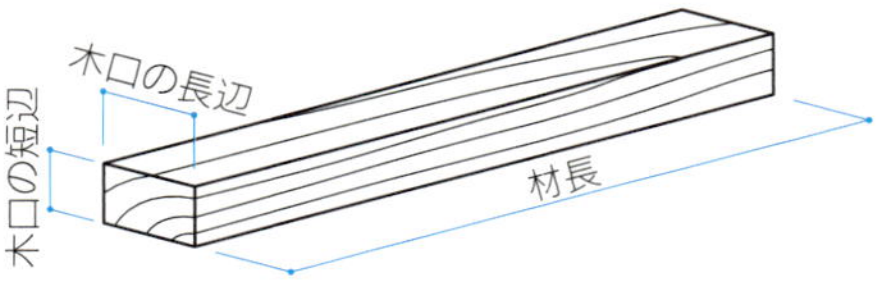

■図1

1 標準寸法（JAS1083による）

目視等級区分構造用製材・機械等級区分構造用製材（針葉樹の柱，梁，土台などの構造材）　■表2

木口の短辺[mm]	木口の長辺 [mm]												
15						90	105	120					
18						90	105	120					
21						90	105	120					
24						90	105	120					
27		45	50	75	90	105	120						
30	39	45	50	75	90	105	120						
36	36	39	45	50	66	75	90	105	120				
39		39	45	50		75	90	105	120				
45			45	55	60	75	90	105	120				
60					60	75	90	105	120				
75						75	90	105	120				
80						80	90	105	120				

木口の短辺[mm]	木口の長辺 [mm]												
90	90	105	120	135	150	180		210	240	270	300	330	360
100		100	105	120	135	150	180		210	240	270	300	330	360	390
105			105	120	135	150	180		210	240	270	300	330	360	390
120				120	135	150	180		210	240	270	300	330	360	390
135					135	150	180		210	240	270	300	330	360	390
150						150	180		210	240	270	300	330	360	390
180							180		210	240	270	300	330	360	390
200								200	210	240	270	300	330	360	390
210									210	240	270	300	330	360	390
240										240	270	300	330	360	390
270											270	300	330	360	390
300												300	330	360	390

造作用製材（針葉樹の鴨居，敷居，壁板などの造作材）　■表3

木口の短辺[mm]	木口の長辺 [mm]														材長 [m]				
12			45			75	90	105	120	150	180	210	240	270	300	1.82	2.00	3.00	3.65	4.00
15			45			75	90	105	120	150	180	210	240	270	300	1.82	2.00	3.00	3.65	4.00
18			45			75	90	105	120	150	180	210	240	270	300	1.82	2.00	3.00	3.65	4.00
24	30		45			75	90	105	120	150	180	210	240	270	300		2.00	3.00	3.65	4.00
30	30	33	36	45	55	60	90	105	120	150	180	210	240	270	300	1.82	2.00	3.00	3.65	4.00
33		33					90	105	120	150	180	210	240	270	300		2.00	3.00		4.00
36			36	45	55	60	90	105	120	150	180	210	240	270	300		2.00	3.00		4.00
40				45	55		90	105	120	150	180	210	240	270	300		2.00	3.00	3.65	4.00
45			45	55	60	75	90	105	120							1.82	2.00	3.00	3.65	4.00
50							90	105	120									3.00	3.65	4.00
55							90	105	120							1.82	2.00	3.00	3.65	4.00
60							90	105	120							1.82	2.00	3.00	3.65	4.00

下地用製材（針葉樹の屋根，壁，床などの下地材）　■表4

木口の短辺[mm]	木口の長辺 [mm]													材長 [m]				
9				75		90	105	120	135	150	180	210	240	270	300	1.82	2.00	3.00		4.00
12				75	80	90	105	120	135	150	180	210	240	270	300	1.82	2.00	3.00	3.65	4.00
15				75		90	105	120	135	150	180	210	240	270	300	1.82	2.00	3.00	3.65	4.00
18	36		45	55	75	90	105	120	135	150	180	210	240	270	300	1.82	2.00	3.00	3.65	4.00
21	36		45	55													2.00	3.00		4.00
24	36		45	55												1.82	2.00	3.00	3.65	4.00
36	36		45														2.00	3.00	3.65	4.00
40		40															2.00	3.00		4.00
45				55												1.82	2.00	3.00	3.65	4.00

広葉樹製材　■表5

木口の短辺[mm]	木口の長辺 [mm]													材長 [m]
12							80	90	100	110	120	130	140	150	
15							80	90	100	110	120	130	140	150	
18	18						80	90	100	110	120	130	140	150	
21		21			51	60	66	80	90	100	110	120	130	140	150	
27			27		51	60	66	80	90	100	110	120	130	140	150	
34				34	51	60	66	80	90	100	110	120	130	140	150	
40					40	51	60	66	80	90	100	110	120	130	140	150	木口の長辺 150mm以上 10mm建て	0.3m以上 0.1m建て
45						45				100	110	120	130	140	150	
51							51			100	110	120	130	140	150	
60								60		100	110	120	130	140	150	
66									66	100	110	120	130	140	150	
80										80					150	
90											90				150	
100												100			150	
110													110		150	
120														120	150	

2 等級区分　　　　　　　　　　■表6

	種　類	主な使用部位
目視等級区分	甲種構造材（横使い材） 甲Ⅰ	垂木, 根太, 筋かい 等
	甲Ⅱ	梁, 桁, 胴差, 土台, 大引, 母屋, 棟木 等
	乙種構造材（縦使い材）	通し柱, 管柱, 間柱, 床束, 小屋束 等
機械等級区分	E50　E70　E90　E110　E130　E150	曲げヤング係数から強度を推定し, 使用部位を選択する。

目視等級区分：節や丸みなどの欠点を目視により測定して等級をつける。
機械等級区分：曲げヤング係数により等級をつける。
甲種構造材：高い曲げ性能が求められる部位に使用する材。
　　甲Ⅰ→断面が小さな材。
　　甲Ⅱ→断面が大きな材。
乙種構造材：高い圧縮性能が求められる部位に使用する材。

3 製材の表示例（JASマーク）

- 樹種欄：樹種名を表す。
- 種類欄：甲または乙を表す。
- 等級欄：目視等級区分では, 1級は「★★★」, 2級は「★★」, 3級は「★」で表し, 1級が最も欠点が少ない。
機械的等級区分では, E70など曲げヤング係数の区分で表す。
- 乾燥欄：SD20は寸法仕上げした乾燥材で含水率20%以下を表す。D20は, 寸法未仕上げの乾燥材で含水率20%以下を表す。
- 寸法欄：木口寸法と材の長さを表す。例は105mm×105mmの木口寸法で, 材の長さが3m。

■表7

樹種	
種類	「甲」または「乙」
等級	「★★★」または「E○○」
乾燥	「SD20」,「D20」
寸法	105×105×3000
製造業者名	○○○製材所

4 木材の乾燥

　木材は, 乾燥に伴い収縮する。特に, 水分を多く含んでいる樹皮側ほど, 収縮が大きい。
　木造住宅に使用されている構造用製材は, その乾燥手法によって天然乾燥材（AD(Air Dry)材）, 人工乾燥材（KD(Kiln Dry)材）, 未乾燥材（グリーン材, 生材ともいう）の3種類に大別される。
　日本農林規格（JAS）では, 建築用針葉樹製材の乾燥度を, 含水率によって3種類に区分している。含水率25%以下をD25, 20%以下をD20, 15%以下をD15としている。建築用材としての含水率は, 構造材で20%以下, 造作材では15%以下を目標値とする。
　近年, 強度や寸法精度の高い構造用材料の要求が高まり, 乾燥材が普及してきている。

SPF（エスピーエフ）材

現在, 枠組壁構法で最も多く使われている樹種で, スプルース（Spruce, 米トウヒ）, パイン（Pine, 松類）, ファー（Fir, モミ類）などの常緑針葉樹の総称。主産地はカナダ, アメリカ。

難燃処理木材（準不燃材料）

木材はある程度（表面から約2cm）燃えると, 表面に生成された炭化層が外部からの酸素と熱を遮断し燃えにくくなる。難燃処理木材とは, 窒素リン酸系などの難燃薬剤を注入し, その上に難燃性ポリウレタン系樹脂でコーティングして薬剤の溶出を抑えた木材。

未処理木材　　難燃処理木材

集成材

1 構造用集成材（エンジニアード・ウッド）

　集成材は, 大節や割れなどを除いた乾燥材（含水率15%以下）のひき板を積層接着することにより, 強度や材質のバラつきを均一化させたものである。幅・厚み・長さ方向に自由に接着して形づくれ, 長大材や湾曲材を製造することも可能なので, 自由なデザイン, 構造計算に基づく必要とする強度の部材をつくることができる。
　集成材に用いられている樹種は, ベイマツ, カラマツ, ダフリカカラマツ, ベイツガ, スプルースなどがある。

大断面構造用集成材の例

構造用集成材の規格

①ひき板の構成による区分
　図2のように異等級構成構造用集成材（対称構成, 非対称構成）, 同一等級構成構造用集成材に区分される。

②断面の大きさによる区分
　大断面：断面の短辺が150mm以上, 断面積が300cm²以上のもの。
　中断面：断面の短辺が75mm以上, 長辺が150mm以上のもので, 大断面集成材以外のもの。木造住宅の梁・桁は「中断面」に該当。
　小断面：断面の短辺が75mm未満または長辺が150mm未満のもの。木造住宅の管柱は「小断面」に該当。

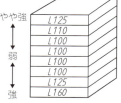

■図2　ひき板の構成（構造用集成材）
※L160とは, ひき板の曲げヤング係数が16.0（10^3N/mm²）に適合していることを示す。

2 造作用集成材

ひき板または小角材等を集成接着した素地のままの集成材で, 主として内部造作に用いられるもの。

3 化粧ばり造作用集成材

集成接着した素地の表面に美観を目的として薄板を張り付けた内部造作用の集成材で, 枠材, 長押, 鴨居, 落とし掛け材などがある。

4 化粧ばり構造用集成柱

所要の耐力を目的としてひき板を積層し, その表面に美観を目的として薄板を張り付けた集成材のうち, 主として在来軸組構法の柱材として用いられるもの。

合板

合板とは，薄く切った単板を奇数層に繊維方向を90°，互い違いに重ねて熱圧接着したボードをいう。

■表8

種類	用途等	標準的な寸法
普通合板（1類・2類）	一般的な用途に広く使われる合板。	厚さ2.3mm～24mm，幅610mm～1220mm，長さ910mm～3030mm
コンクリート型枠用合板（1類）	コンクリート打ち込み時に堰板として使用される合板。	厚さ12mm～24mm，幅500mm～1200mm，長さ1800mm～2400mm
表面加工コンクリート型枠用合板（1類）	コンクリート型枠用合板の表面に塗装・オーバーレイなどの加工をした合板。	
構造用合板1級（特類・1類）	建築物の構造耐力上主要な部位に使用される合板。	厚さ4mm～50mm，幅610mm～1240mm，長さ1800mm～3330mm
構造用合板2級（特類・1類）	屋根や床の下地板に主に使用される合板。	
天然木化粧合板（1類・2類）	普通合板の表面に，美観を目的として天然銘木の薄い単板（スライスド単板）を張り，住宅の内装用や家具用に用いられる合板。	
特殊加工化粧合板（1類・2類）	普通合板の表面に美観と耐久性を目的として合成樹脂や金属の薄い板などを張ったり，木目模様などを印刷加工した表面加工合板で，オーバーレイ合板，プリント合板，塗装合板などがある。	

接着性能別分類

■表9

特類合板（フェノール樹脂接着剤 等）	屋外または常時湿潤状態となる場所（環境）において使用することを主な目的とした合板。
1類合板（メラミン樹脂接着剤 等）	コンクリート型枠用合板および断続的に湿潤状態となる場所（環境）において使用することを主な目的とした合板。
2類合板（ユリア樹脂接着剤 等）	時々湿潤状態となる場所（環境）において使用することを目的とした合板。

構成別分類

■表10

ベニアコアー合板		心板に単板を用いて製造した合板。
特殊コアー合板（心板に単板以外の材料を用いて製造した合板）	ランバーコアー合板	心板にランバー（ひき板）を使用した合板。ブロックボードとも呼ばれる。
	ボードコアー合板	心板にパーティクルボードやMDFなどを使用した合板。
	軽量合板	心板に蜂の巣状に加工した紙やインシュレーションボードなどを用いた合板。

木質ボード

木質ボードは繊維板・パーティクルボード等，木材チップを原料としたボードの総称で，原料を繊維状にしてからプレス成形したものを繊維板［JIS A 5905］，小片にしてからプレス成形したものをパーティクルボード［JIS A 5908］という。

1 木質ボードの種類と主な用途

■表11

	種類	用途
繊維板	ハードボード（HB）	建築（内装，押入内装等），一般家具，フロアー等の養生板，自動車内装，弱電キャビネット，玩具，梱包資材等
	ミディアム・デンシティ・ファイバーボード（MDF）	建築（耐力壁，内装等），厨房家具，机，収納家具，楽器，オーディオ製品（キャビネット，ラック），窓枠，建具造作材，フロアー台板，梱包資材，雑貨等
	インシュレーションボード（IB）	畳床，耐力壁，断熱仕上材（天井，壁），フロアー等の養生板，カーペット下地，屋根下地等
パーティクルボード		建築（床，壁，野地，耐力壁），厨房家具，机，収納家具，建具，造作材，フロアー台板，楽器，オーディオ製品（キャビネット，ラック）等

2 木質ボードの寸法

ハードボード（主に木材などの植物繊維を成形した繊維板のうち，密度が0.80g/cm³以上のもの。）

■表12

種類	厚さ［mm］	幅および長さ［mm］
素地ハードボード	2.5, 3.5	900×1820, 910×1820, 910×2420, 910×2730, 1000×2000, 1000×4000, 1210×1820, 1210×2420, 1210×2730, 1820×2730
内装用化粧ハードボード	5, 7	
外装用化粧ハードボード	5, 7	450×2730, 450×3630, 600×2730, 900×2730, 910×2730

MDF（主に木材などの植物繊維を成形した繊維板のうち，密度が0.35g/cm³以上でドライプロセスによるもの。）

■表13

厚さ［mm］	素地MDF	化粧MDF
2.5, 3, 7, 9, 12, 15, 18, 21, 24, 30	900×1820, 910×1820, 910×2420, 910×2730, 1000×2000, 1000×4000, 1210×2420, 1210×2730, 1820×2730	450×2730, 450×3630, 600×2730, 900×2730, 910×2730

インシュレーションボード（主に木材などの植物繊維を成形した繊維板のうち，密度が0.35g/cm³未満のもの。アスファルト処理したシージングボードは密度0.40g/cm³未満のもの。）

■表14

種類	厚さ［mm］	幅および長さ［mm］
タタミボード	10, 15, 20	910×1820, 940×1850, 970×1940, 1000×2000
A級インシュレーションボード	9, 12, 15	900×1820, 910×1820, 910×2420, 910×2730, 1000×2000, 1000×4000, 1210×1820, 1210×2420, 1210×2730, 1820×2730
シージングボード	18	

パーティクルボード（木材などの小片を主な原料として，接着剤を用いて熱圧成形した板。）

■表15

厚さ［mm］	幅および長さ［mm］
9, 10, 12, 15, 18, 20～40（5mmきざみ）	900×1820, 910×1820, 910×2420, 910×2730, 1210×2420, 1210×2730

4 在来軸組構法(1) 軸組

木構造の骨組は，建築物自体の重量が軽いため，基礎への負担が少ない。また，木材は加工が容易なため，設計の自由度が高く，増改築の対応も容易である。

しかし，防腐・防湿対策が不適切だと腐りやすく，樹種や部位によって強度や特性が違うため，安定した強度を確保するのが困難である。

在来軸組構法

土台・柱・梁などの骨組を木材で構成し，壁，屋根等の荷重や水平力を受ける構法。骨組の強さは，柱と梁等の断面寸法や接合部分をいかに強くするかによる。また，耐力壁の配置も骨組の強さに影響する。

部材の取り付け位置の基準

在来軸組構法における各部材の取り付け位置は，水平方向では心々間隔を基準とし，垂直方向では各横架材の上端面をそろえることを基準とする。

ただし，小屋梁などの場合は，受け材の断面欠損や応力の伝達などを考慮し，「渡りあご」や「かぶとあり掛け」とするなど，梁をほかの材に載せ架けることが多い。

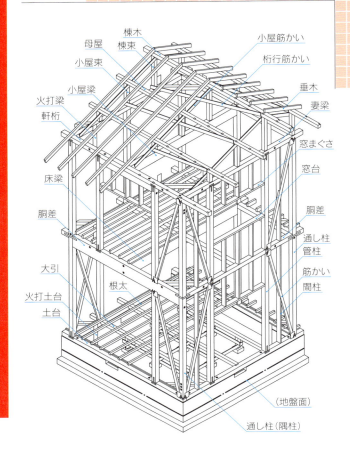

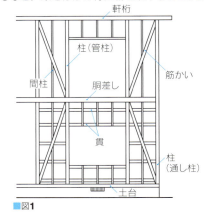

■図1

軸組構成部材

一般的な間隔・断面寸法・樹種等の例〔単位：mm〕　■表1

	部材名	取り付け位置・間隔等	断面寸法	樹種
横架材	土台	耐力壁・外周壁・間仕切壁の下部。	105×105, 120×120	ヒノキ・ベイヒバ・ベイツガ（防腐防蟻処理材）
	胴差・梁	耐力壁・外周壁・間仕切壁の上下部。	105×105～(p.22参照)	ベイマツ・アカマツ・構造用集成材
	桁・梁	耐力壁・外周壁・間仕切壁上部。	105×105～(p.22参照)	
鉛直材・斜材	通し柱	2階隅角部および主要軸組交差部の柱が1階の柱と一致する部分。	120×120※	ヒノキ・スギ・構造用集成材
	管柱	各室の四隅，開口部の両脇（幅910以下では入れない場合もある），壁部では1.82m以下の間隔（できれば梁位置に合わせる），上下階の柱はできるだけ一致させる。	105×105, 120×120※（3階建ての1階部分 135×135）※	
	筋かい	桁行方向・梁間方向の壁に，それぞれバランスよく配置。	30×90, 45×90, 90×90	ベイマツ・構造用集成材
	間柱	@455，壁仕上材に合わせる場合もある。	併用壁：40×45, 36×60, 大壁：30×105, 30×120	スギ・ベイツガ・構造用集成材
下地材	貫（胴縁）	小舞壁：貫@610以下，（合板・ボード類：@455以下）。	15×90（15×45）	スギ・ベイツガ

※最小径は施工令43条による。

在来軸組構法の施工方法

①土台据え　②柱立て　③外周部の桁・梁架け　④内部の梁架け　⑤金物の締め付け

壁の納め方

在来軸組構法には，大壁と真壁の2タイプの納め方がある。

洋室は柱が見えないように壁を柱の外側で仕上げる大壁，和室は柱の内側で仕上げる真壁が多い。

真壁は柱が見えるので，仕上げ削りした柱を使用する。柱が無垢材の場合，見付面には無節もしくは上小節の材を使うことが多い。また，柱が集成材ならば，化粧ばり構造用集成材を使用する。

和室の壁は，工期短縮や施工の簡素化およびローコスト化のため乾式工法が採用され，これまでの塗り壁仕上げよりクロス仕上げが多くなってきた。また，本格的な真壁の和室より，柱を見せず和室の造作材を少なくした，モダンな和風も好まれるようになり，大壁の和室も増えてきた。大壁は，筋かいや断熱材を配置する空間を確保しやすい。

■表2

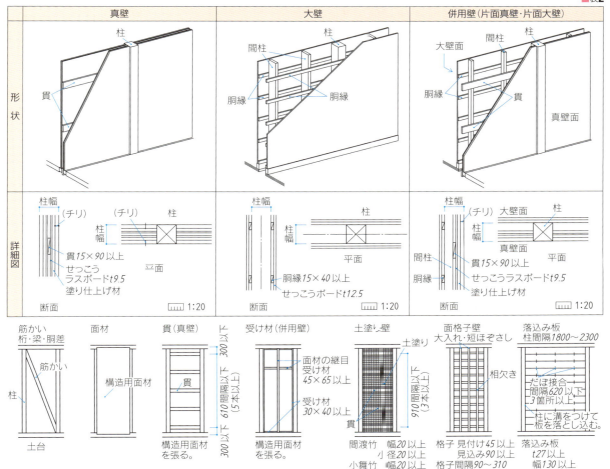

■図2 耐力壁の構造

耐力壁の配置上の留意点

- 建築物の外周は，耐力壁線で囲むようにする。
- 上下階の耐力壁線は，できるだけ一致させる。
- 耐力壁は，建築物の外周に多く設け，特に隅角部に配置する。
- 耐力壁は，平面的にバランス良く配置する。（建築物の重心と剛心をできるだけ近づける。）
- 耐力壁は，桁行方向および梁間方向に釣り合い良く配置する。
- 耐力壁は，壁倍率の高い少量の壁より，壁倍率の低いものを多く配置するほうが効果がある。（壁倍率はp.28参照。）

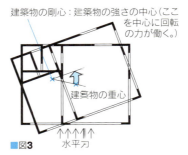

■図3

外周軸組交差部

⑥建入れ直し ⑦火打梁の取り付け ⑧2階の建方 ⑨小屋束・母屋の架設 ⑩垂木の打ち付け

在来軸組構法(2) 床組

床材を支持する骨組で，1階床組と2階以上の床組で構法が異なる。床の上部の荷重を支え，これを軸組や基礎へ伝えるとともに，建築物の水平抵抗に寄与する役目をもつ。

1階床組

　一般に束を立てる床組（束立て床）とすることが多く，床の防湿と床の高さを保つために用いる。居室の床の高さは，原則として直下の地面より45cm以上の高さにする。（施行令22条）

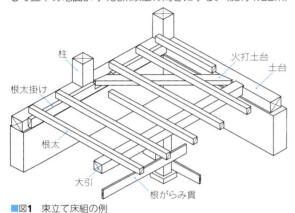

■図1　束立て床組の例

鋼製床束の例

床組構成部材

一般的な間隔・断面寸法・樹種等の例［単位：mm］　　■表1

	部材名	取り付け位置・間隔等	断面寸法	樹種等
1階床組	土台	耐力壁・外周壁・間仕切壁の下部	105×105，120×120（3階建ては135×135以上）	ヒノキ・ベイヒバ・ベイツガ（防腐防蟻処理材）
	火打土台	外周壁・主要間仕切壁の交差部	45×90	
	大引	床の長辺方向に@910（床材の方向によっては短辺方向）	90×90	
	根太掛け	大引と同一方向の土台側面，土台に根太を掛ける場合もある。	30×90	スギ，他土台に同じ。
	床束	大引下部に@910	90×90	土台に同じ。（鋼製，硬質プラスチック製もある。）
	根がらみ貫	各床束の下部を連結	15×90	スギ
	根太	大引と直角方向に@303，@455（畳床）	45×45，45×60	ベイマツ，スギ
2階床組	胴差・梁	耐力壁・外周壁・間仕切壁の上下部	105×105〜※1	ベイマツ・アカマツ・ツガ，構造用集成材
	床梁	床の短辺方向に，@1820以下　根太レスの場合，@910以下		
	根太	床梁と直角方向に@303，@455（畳床）	45×45〜45×120※2	ベイマツ・ベイツガ
	火打梁	外周壁・主要間仕切壁の交差部	90×90	

※1　梁などの断面寸法例（梁間隔1.82m，マツ材）　■表2

スパン	用途	床の荷重のみを受けるもの	柱や壁の直下に配置するもの
1.82m以下		105×105〜120×120	120×150〜120×210
2.73m以下		120×180〜120×210	120×240〜120×300
3.64m以下		120×270〜120×300	120×330〜120×390
4.55m以下		120×360〜120×390	120×420〜120×450

※2　根太の断面寸法例（マツ材）　■表3

根太間隔	スパン	0.91m以下	1.35m以下	1.82m以下
455以下		45×45〜45×60	45×75〜45×90	45×105〜45×120

2階床組

2階床組には，根太を取り付けて薄めの床板を張る場合（根太工法）と，厚めの床板を張り根太を入れない場合（根太レス工法）とがある。

1 根太工法：1820mm以下の間隔で配置した床梁などの上に60mm×105mm程度の根太を303mm間隔に取り付け，厚さ12mm以上の床板を打ち付けた床組。

胴差や床梁の上端と根太の上端をそろえる（床梁などに15mm程度の根太彫りをする）場合と，根太を床梁の上に架け渡す場合がある。後者のほうが，床梁などの断面欠損が少なく，水平精度の高い床面をつくることができる。

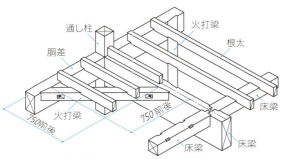

■図2　根太工法の例

2 根太レス工法（剛床工法）：根太を取り付けず床梁などを910mm間隔以下の碁盤目状に取り付け，厚い合板などを張った床組で，根太工法に比べて施工性がよく，剛性が高いので火打梁を省くことができるなどの利点から採用例が増えている。

- 使用する構造用合板の厚さは24mm，28mmまたは30mm。
- 釘打ちは合板の周囲および中間部を150mm以下の間隔に打ち付ける。

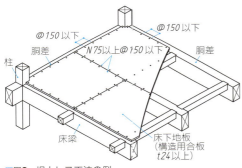

■図3　根太レス工法の例

ベランダの床

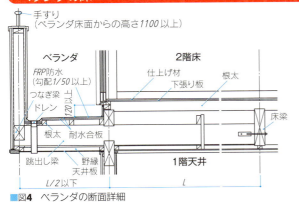

■図4　ベランダの断面詳細

■図5　ベランダ床の骨組
（根太の表記は略した。根太の配置は図4参照。）

ベランダの床（FRP防水）の施工方法

①プライマー塗布　②ガラス繊維敷き　③ポリエステル樹脂の塗布　④トップコート（完成）

6 在来軸組構法(3) 小屋組

屋根の荷重は，垂木・母屋を通して小屋組に伝えられ，これを軸組に伝える。小屋組には，和小屋と洋小屋があるが，間仕切りが多く梁間の小さい住宅などには和小屋が，梁間の大きい集会場や倉庫などには洋小屋が適している。屋根には雨仕舞をよくするために勾配をつける。和小屋は勾配を自由にできるが，洋小屋は緩やかな勾配には適さない。

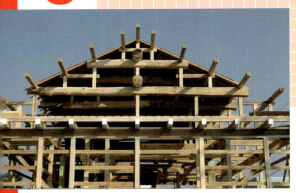

和小屋

在来軸組構法の屋根は和小屋が用いられることが多い。スパンが大きくなるほど梁に大きな曲げモーメントが生じ，断面の大きな小屋梁が必要となる。スパンは4.5mまでとすることが多い。

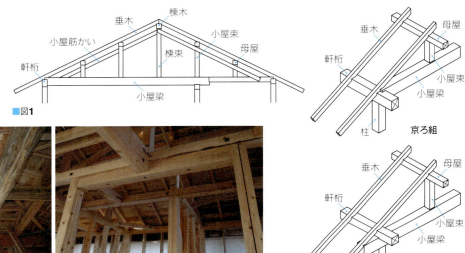

■図1

■図2

和小屋には，梁を桁で支える京ろ組と，柱で梁を支える折置組とがある。折置組のほうが強い接合になるが，梁の配置に合わせて柱を配置する必要があり，開口部の位置や大きさなど平面計画に制約が生じる。また，梁の端部が軒裏に突き出ることなどから使用例は少ない。

小屋組の例　　小屋梁と梁受けの仕口例

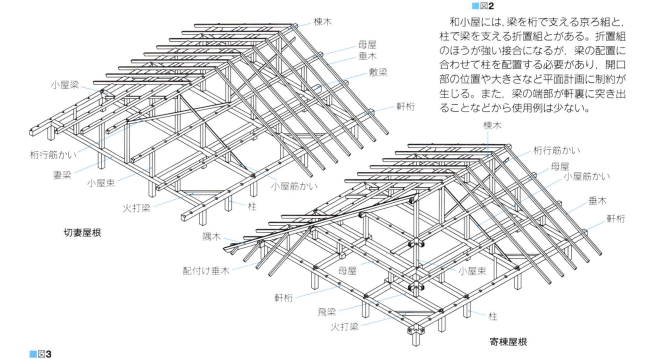

■図3

小屋組構成部材

一般的な間隔・断面寸法・樹種等の例　[単位：mm]　　■表1

部材名	取り付け位置・間隔等	断面寸法	樹種
桁・梁	耐力壁・外周壁・間仕切壁上部	105×105～ ※1	ベイマツ・アカマツ・構造用集成材
小屋梁	母屋と直角方向に@1820		
母屋	@910（軒桁から棟までを1200程度以下に等分した間隔。）	90×90～ ※2	ベイマツ・ベイツガ・スギ
棟木	屋根の頂部		
小屋束	棟木・母屋が梁と交差する箇所を1820以下の間隔で支える。	90×90，妻部は柱と同寸	
隅木・谷木	隅棟，谷。上端は垂木上端にそろえる。	105×135，120×150	ベイマツ・ベイツガ
垂木掛け	柱，間柱の外部	30×90，30×105	スギ・ベイマツ・ベイツガ
垂木	@455，化粧垂木では@455以下	45×45～45×105 ※3	ベイマツ

※1　小屋梁の断面寸法・末口寸法例（梁間隔1.82m，マツ材）■表2

葺材料 スパン	金属板・化粧 スレート葺	瓦葺
1.82m以下	105×105～120×120	120×150～120×210
2.73m以下	120×180～120×210 φ120～φ135	120×240～120×300 φ135～φ150
3.64m以下	120×270～120×300 φ135～φ150	120×330～120×390 φ150～φ180
4.55m以下	120×360～120×390 φ150～φ180	120×420～120×450 φ180～φ210

φは丸太材を用いたときの末口の直径を示す。

※2　母屋・棟木の断面寸法例（母屋間隔91cm，マツ材）■表3

葺材料 スパン	金属板・化粧 スレート葺	瓦葺
1.82m以下（母屋）	90×90	90×90～105×105
1.82m以下（棟木）	90×90～105×105	105×105～120×120

※3　垂木の断面寸法例（母屋間隔91cm，垂木間隔45.5cm，マツ材）■表4

取り付け位置		葺材料 	金属板・化粧 スレート葺	瓦葺
母屋上部			45×45～45×60	45×60～45×75
軒先部分	軒の出	60cm以下	45×45～45×60	45×60～45×75
		75cm以下	45×60～45×75	45×75～45×90
		90cm以下	45×75～45×90	45×90～45×105

洋小屋（参考）

洋小屋には真束小屋組や対束小屋組などがあるが，真束小屋組が用いられることが多い。

小屋組は，基本的には各部材に軸方向力しか生じないため，部材の断面を小さくしやすい。ただし，合掌と方づえの交点以外に母屋が取り付く場合，合掌に曲げモーメントが生じるので断面は大きくなる。また，小屋組や支える柱の間隔に制限がある。

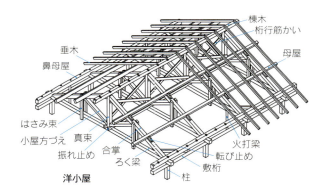
洋小屋

洋小屋の例

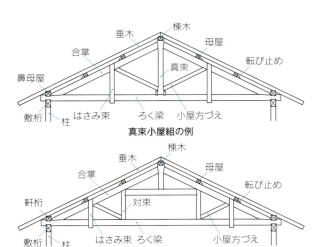
真束小屋組の例

対束小屋組の例

■図4

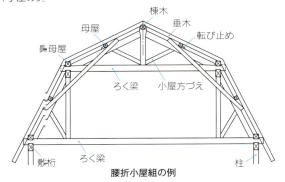
腰折小屋組の例

7 在来軸組構法(4) 接合

腰掛かま継ぎ

木構造の強さは，土台・柱・桁・梁・筋かいなどの各接合部をいかに強くするかによるところが大きく，適切な接合と接合金物の使用が重要となる。

継手や仕口は，木材の性質を考慮した伝統的な方法があり，それぞれの場所によって使い分けられるが，工期や人件費などの都合でプレカット工法が多く取り入れられている。

プレカット工法で用いられる継手や仕口は，加工機械の機能により，手加工に比べて種類が少ない。

プレカット工法の継手・仕口例

大入れほぞ差し

大入れあり掛け

耐力壁などに用いる接合金物は，壁・筋かいの種類や柱の位置などにより，使用できるものが決まる。また，接合金物を取り付ける釘やボルト・ナット・座金類も所定のものを使用しなければならない。

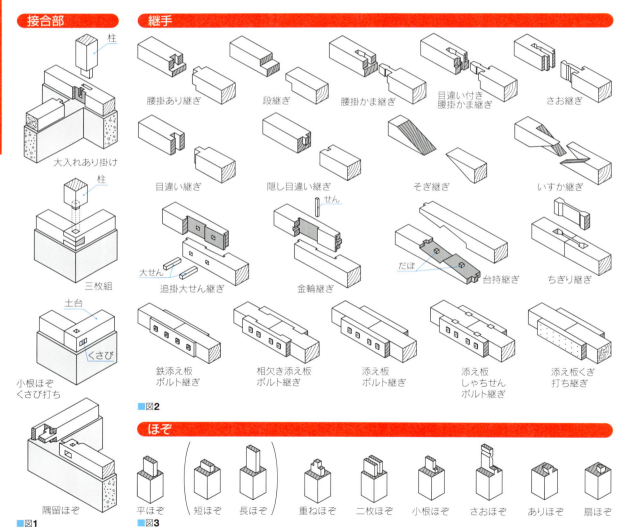

■図1　■図2　■図3

仕口

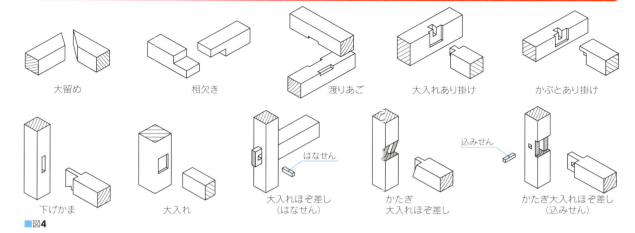

■図4

接合金物

1 接合金物の品質・性能認定マーク

（公財）日本住宅・木材技術センター（以下，センターという。）の認定制度で，センターの規格を満たすと認められた製品に次に示すそれぞれのマークを付けることができる。いずれのマークも，接合部に適した強度や耐久性をもった製品であり，安定的な生産・供給・流通が可能なことが認定条件になる。

 Zマーク「軸組工法用接合金物」
センターの接合金物規格の仕様と同一の製品の表示記号。

 Dマーク「Z(C)マーク製品規格」の同等認定
Z(C)マークの仕様と類似する製品でセンターの接合金物規格と同等以上の性能をもっている製品の表示記号。

 Cマーク「枠組壁工法用接合金物」
センターの接合金物規格の仕様と同一の製品の表示記号。

 Sマーク「接合用途」の認定
Z(C)マークの仕様とは異なるが，使用部位に適した性能をもつ製品の表示記号。

2 接合金物の例（Zマーク表示金物）

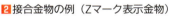
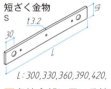
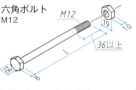
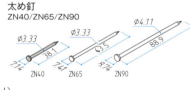
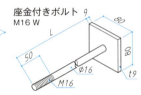

3 各接合部に用いる接合金物（平12建設省告示1460より）

筋かい端部に用いる接合金物

■表1

筋かいの種類	接合金物	使用接合具
イ	φ9以上の鉄筋	—	三角座金・ナット または太め鉄丸釘（ZN90）8本
ロ	1.5cm以上×9cm以上の木材	—	鉄丸釘（N65）5本
ハ	3cm以上×9cm以上の木材	筋かいプレート（t1.6）	角根平頭ボルト（M12）1本，ナット・座金，太め鉄丸釘（ZN65）10本
ニ	4.5cm以上×9cm以上の木材	筋かいプレート（t2.3）	角根平頭ボルト（M12）1本，ナット・座金，スクリュー釘（ZS50）17本
ホ	9cm以上×9cm以上の木材	—	六角ボルト（M12）1本，ナット・座金

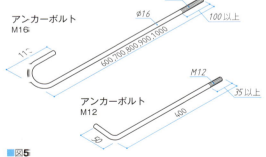

■図5

接合金物の使用例

① 柱脚
　柱脚金物

② 筋かい下部
　ホールダウン金物
　アンカーボルト・筋かい金物

③ 筋かい上部
　羽子板ボルト・筋かい金物
　ホールダウン金物

④ 桁継手部分
　短ざく金物
　ひねり金物

⑤ 2階管柱・垂木・垂木掛け
　くら金物・山形プレート

4 柱脚・柱頭に用いる接合金物（仕様規定）

通し柱と胴差の仕口に用いる金物は，規定の対象外になるが，耐力上，支障のないものを使用する。

片筋かい（45×90）の例

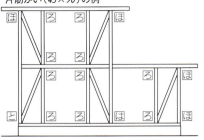

面材（構造用合板）の例

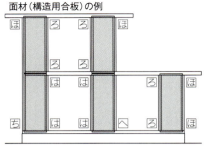

■図6

壁や筋かいの種類と適する接合金物　　　　　　　　　　■表2

壁，筋かいの種類（施行令46条）		柱の位置				
		平屋部分または最上階		その他の部分		
		①	②	③	④	⑤
木ずり	木ずりその他これに類するものを柱および間柱の片面または両面に打ち付けた壁　壁倍率片面0.5倍，両面1倍	い	い	い	い	い
片筋かい	厚さ15mm以上×幅90mm以上の木材または径9mm以上の鉄筋の筋かい　壁倍率1倍	ろ	い	ろ	い	い
	厚さ30mm以上×幅90mm以上の木材の筋かい　壁倍率1.5倍　筋かいの下部が取り付く柱	ろ	い	に	ろ	い
	その他の柱			に	ろ	い
	厚さ45mm以上×幅90mm以上の木材の筋かい　壁倍率2倍　筋かいの下部が取り付く柱	は		ろ	と	は
	その他の柱			ほ		ろ
面材	構造用合板を打ち付けた壁　壁倍率2.5倍	ほ	ろ	ち	へ	は
たすき掛け筋かい	厚さ15mm以上×幅90mm以上の木材または径9mm以上の鉄筋の筋かいをたすき掛け　壁倍率2倍	に	ろ	に	ろ	ろ
	厚さ30mm以上×幅90mm以上の木材の筋かいをたすき掛け　壁倍率3倍	と	は	と	に	と
	厚さ45mm以上×幅90mm以上の木材の筋かいをたすき掛け　壁倍率4倍	と	に	ぬ	ち	と
備考	柱の位置　①出隅の柱　②その他の軸組端部の柱　③上階および当該階の柱がともに出隅の柱　④上階が出隅の柱で当該階が出隅でない柱　⑤上階および当該階の柱がともに出隅でない柱					

接合金物（Zマーク表示金物）　　　　　　　　　　■表3

	接合金物	主な使用接合具例
い	かすがい	
ろ	かど金物（L字型）	太め釘(ZN65)10本
	かど金物（T字型）	太め釘(ZN65)10本
は	山形プレート	太め釘(ZN90)8本
に	羽子板ボルト	六角ボルト(M12)1本，ナット・座金
	短ざく金物	六角ボルト(M12)2本，ナット・座金
ほ	羽子板ボルト	に 羽子板金物接合具，スクリュー釘(ZS50)1本
	短ざく金物	に 短ざく金物接合具，スクリュー釘(ZS50)3本
へ	ホールダウン金物10kN用	柱→六角ボルト(M12)2本，ナット・座金　横架材，基礎，上下階柱を緊結→アンカーボルト・六角ボルト(M16)，ナット・角座金
と	ホールダウン金物15kN用	柱→六角ボルト(M12)3本，ナット・座金　横架材（土台を除く），基礎，上下階柱を緊結→アンカーボルト・六角ボルト(M16)，ナット・座金
ち	ホールダウン金物20kN用	柱→六角ボルト(M12)4本，ナット・角座金　横架材（土台を除く），基礎，上下階柱を緊結→アンカーボルト・六角ボルト(M16)，ナット・座金
り	ホールダウン金物25kN用	柱→六角ボルト(M12)5本，ナット・座金　横架材（土台を除く），基礎，上下階柱を緊結→アンカーボルト・六角ボルト(M16)，ナット・座金
ぬ	ホールダウン金物15kN用×2	と の接合具を2組

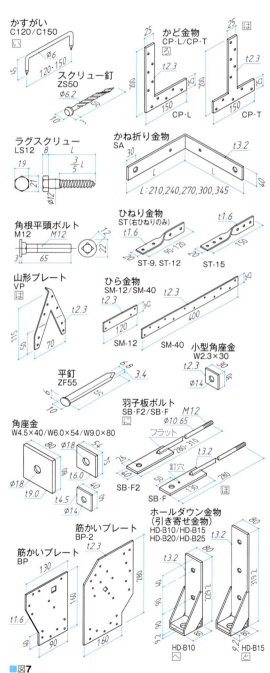

■図7

（※その他の構造耐力上主要な部分の継手・仕口は，ボルト・かすがい・込み栓などによりその部分の存在応力を伝えるように緊結する。）

枠組壁構法の接合金物

使用する釘は，接合する部位ごとに釘の種類と最低本数や間隔などが定められているので，それらを厳守して施工しなくてはならない。

太め鉄丸釘の種類［JIS A 5508］ ■表4

釘の種類	長さ	胴部径	頭部径	釘の色
CN50	50.8	2.87	6.76	緑
CN65	63.5	3.33	7.14	黄
CN75	76.2	3.76	7.92	青
CN90	88.9	4.11	8.74	赤

耐力壁の面材（せっこうボード用）取り付けねじの種類 ■表6

ねじの種類	長さ	呼び径	備考
WSN［JIS B 1112］	32以上	3.8	十字孔付き木ねじ
DTSN［JIS B 1125］	30以上	4.2	ドリリングタッピングねじ

※釘・ねじの長さは，打ち付ける板厚の2.5倍以上とする。

耐力壁の面材打ち釘の種類［JIS A 5508］ ■表5

釘の種類	長さ	胴部径	頭部径	面材の種類
CN50	50.8	2.87	6.76	構造用合板
CN40	38.1	2.34	7.54	せっこうボード
GNS45	44.5	2.45	7.54	〃 （ステンレス鋼釘）
SN40	38.1	3.05	11.13	シージングボード

※釘・ねじの長さは，打ち付ける板厚の2.5倍以上とする。

梁受け金物・根太受け金物

プレカット（参考）

● プレカット図の例

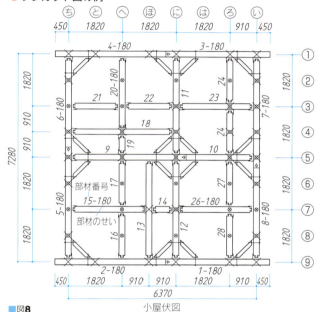

■図8　小屋伏図

プレカット加工は，CADで設計したデータで工作機械を制御するCAD/CAMシステムで行う。

加工用のデータは，プレカット図として設計図書をもとに加工工場が作成する。

部材幅はすべて120
特記のない部材のせいは120
妻側の小屋束は120×120
部材番号1, 2, 3, 4は垂木欠き@455

凡例
× 下階の柱位置
⊗ 小屋束の位置
　 大入れ蟻掛け
　 大入れもたせ
　 鎌継ぎ
── ボルト
　 羽子板ボルト

※一般の小屋伏図とは異なり，母屋，棟木などは表記しない。

● 継手と仕口（手加工の継手・仕口（p.26，27）とは形状が類似していても**名称が異なるものがある。**）

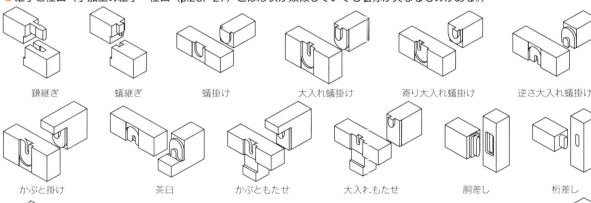

鎌継ぎ　蟻継ぎ　蟻掛け　大入れ蟻掛け　寄り大入れ蟻掛け　逆さ大入れ蟻掛け

かぶと掛け　茶臼　かぶともたせ　大入れもたせ　胴差し　桁差し

     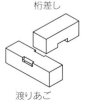

垂木欠き　大引掘り　根太掘り　土台火打　桁火打　渡りあご

■図9

8 枠組壁構法

枠組壁構法は，木材を使用した枠組に構造用合板のほか，これに類する構造用面材を打ち付けることにより，壁および床版を設ける構法である。標準材を使用し，決められた手順で組み立てていくので，構法としては明確でミスが発生しにくく，工期が短い。階数は，地階を除き3以下とする。（平13国交省告示1540参照。）

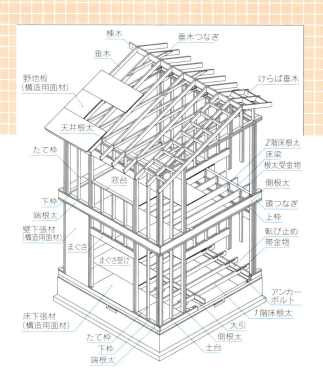

土台

①土台の寸法
　寸法型式——204，205，206，208，304，306，404，406，408 または，38mm×89mm以上のもの。
②1階の耐力壁下部には，土台を設ける。
③土台は，次により，基礎に径12mm以上で長さ35cm以上のアンカーボルト，またはこれと同等以上の引張耐力を有するアンカーボルトで緊結する。
　（イ）アンカーボルトは，間隔を2m以下にして，隅角部および土台の縦手の部分に配置する。
　（ロ）地階を除く階数が3の建築物のアンカーボルトは，（イ）のほか，1階の床に達する開口部の両端のたて枠から15cm以内の部分に配置する。

床

①床根太，端根太および側根太の寸法
　寸法型式——206，208，210，212，306 または，38mm×140mm以上のもの。
②床根太の支点間距離は，8m以下とする。根太に212などせいに比べて幅が小さい材を用いる場合は3m以下ごとに転び止めを設ける。
③床根太相互および床根太と側根太との間隔は，65cm以下。一般的には，床材の長さを何等分かした寸法（455，303など）とする。
　床根太の断面寸法は，構造計算によるか，「枠組壁工法の構造設計スパン表」（(財)住宅金融普及協会）による。
④上下階の耐力壁線がずれるなど，上階の耐力壁の直下に耐力壁がない場合，上階の耐力壁の直下の床根太に構造耐力上有効な補強をする。
⑤床材の種類および厚さ

■表1

床材	床根太間隔		
	31cm以下	31cmを超え50cm以下	50cmを超え65cm以下
構造用合板	12mm以上	12mm以上	15mm以上
パーティクルボード	15mm以上	15mm以上	18mm以上
構造用パネル	1・2・3級	1・2級	1級
硬質木片セメント板	18mm以上	不可	不可

壁

①耐力壁の長さ
　耐力壁は荷重を支えるとともに，地震力や風圧力に抵抗できる耐力をもたせる。耐力壁の配置量（壁の種類による倍率を乗じた長さ）は，平成13年国交省告示1540号により，各階の梁間方向および桁行方向ごとに求める。
②耐力壁の下枠，たて枠および上枠の寸法は，土台と同じ寸法形式に加え，405，204Wとする。
③耐力壁の種類と倍率の例

■表2

耐力壁の種類		摘要		
材料	倍率	断面	釘	釘の本数・間隔
筋かい	0.5	18mm×89mm以上	CN65	上・下枠，たて枠各2本
せっこうボード シージングボード	1.0	厚さ12mm以上	GN40 SN40	
ハードボード 構造用合板2級	2.5	厚さ5mm以上 厚さ7.5mm以上	CN50	外周部@100 中間部@200
構造用パネル パーティクルボード ハードボード 構造用合板1級 構造用合板2級	3.0	— 厚さ12mm以上 厚さ7mm以上 厚さ7.5mm以上 厚さ9mm以上		

枠組壁構法の施工方法

①給排水等の配管
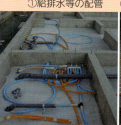

②土台・根太取り付け

③床面材の張り付け

④壁枠組の建込み

⑤建入れ直し

④耐力壁線の区画

L：耐力壁線相互の距離（12m以下）
：耐力壁線に囲まれた部分（40m²以下）

■図1

⑤外周耐力壁線の交差部

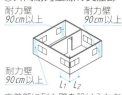

耐力壁90cm以上
耐力壁90cm以上
耐力壁90cm以上

交差部に耐力壁を設けられない場合 $L_1+L_2 ≦ 4.0$mとする。

■図2

⑥耐力壁線の開口制限

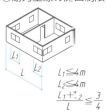

耐力壁90cm以上

$L_1 ≦ 4$m
$L_2 ≦ 4$m
$\dfrac{L_1+L_2}{L} ≦ \dfrac{3}{4}$

■図3

⑦耐力壁のたて枠間隔
　耐力壁を配置する階，建築する区域の積雪量，たて枠材の寸法型式により65〜31cm以下の間隔にする。一般的には，面材の長さを何等分かにした間隔をとる。

小屋組

　小屋組の構成は，垂木方式，屋根梁方式，トラス方式，束立て方式などがあるが，小屋裏の利用や屋根勾配，梁間などにより決める。

①垂木および天井根太の寸法
　　寸法型式──204，205，206，208，210，212，304，306 または，38mm×89mm以上のもの。
②垂木相互の間隔は，65cm以下とする。
　　垂木の断面寸法は，構造計算によるか，「枠組壁工法の構造設計スパン表」（（財）住宅金融普及協会）による。
③屋根下地材の種類および厚さ　　　　■表3

屋根下地材	垂木の間隔		
	31cm以下	31cmを超え50cm以下	50cmを超え65cm以下
構造用合板	9mm以上	9mm以上	12mm以上
パーティクルボード	12mm以上	12mm以上	15mm以上
構造用パネル	1・2・3・4級	1・2・3級	1・2級
硬質木片セメント板	15mm以上	18mm以上	不可

小屋組の種類

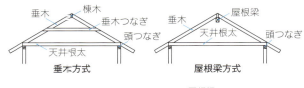

■図4

材料

①構造耐力上主要な部分に使用する枠組材（JAS）の例
　（○：使用可　△：一部可　×：使用不可）　　■表4

材料			土台 端根太 側根太 まぐさ 垂木 棟木	床根太 天井根太	上枠 頭つなぎ	たて枠	下枠	筋かい
製材	甲種	特級・1・2級	○	○	○	○	○	○
		3級	×	×	○	○	○	○
	乙種	CO・ST※1	○	×	○	○	○	○
		ユティリティ	×	×	×	○	○	×
	MSR		○	○	○	○	○	○
構造用集成材			○	○	○	△※2	○	△※2

※1：CO・STはコンストラクションおよびスタンダードを示す。
※2：構造用集成材規格に規定する非対称異等級構成集成材に係わるものを除く。
※接合金物はp.27を参照。

②枠組材の寸法型式と寸法（含水率19％以下）　　■表5

寸法型式	規定寸法[mm]
104	18×89
106	18×140
203	38×64
204	38×89
205	38×114
206	38×140
208	38×184
210	38×235
212	38×286
304	64×89
306	64×140
404	89×89
405	89×114
406	89×140
408	89×184

※寸法形式204を2枚合わせた204W（厚さ76，幅89）もある。

③構造耐力上主要な部分に使用する構造用面材の例
　（○：使用可　×：使用不可）　　■表6

材料の種類	規格	屋外に面する壁材※	左記以外の壁材	床材または屋根下地材
構造用合板（JAS）	特類	○	○	○
	1類	×	○	○
構造用パネル（JAS）	1・2・3・4級	○	○	○
パーティクルボード	JIS A 5908	×	○	○
ハードボード	JIS A 5905	○	○	×
硬質木片セメント板	JIS A 5404	○	○	×
針葉樹の下地用製材	板類の1級	○	○	×
シージングボード	JIS A 5905	○	○	×
せっこうボード	JIS A 6901	×	○	×

※屋外に面する部分（防水紙その他これに類するもので有効に防水されている部分を除く。）に用いる壁材または湿潤状態となるおそれのある部分に用いる壁材。常時湿潤状態となるおそれのある部分は，表6のように使用は不可の材料もある。

⑥2階床枠組の取り付け

⑦2階壁枠組の建込み

⑧小屋組の架設

⑨屋根枠組の取り付け

9 屋根⑴ 瓦葺き

瓦は，耐久性，耐火性，断熱性などに優れた屋根葺き材料として，古来より用いられている。

しかし，ほかの屋根葺き材料に比べて重いので，地震などの水平力を受けたとき，骨組への影響は大きくなる。また，瓦は地震や暴風により，ずれたり飛散するおそれがあるので，固定方法には注意する。

瓦葺き屋根の各部の納まり

（和形53A，4.5／10勾配）

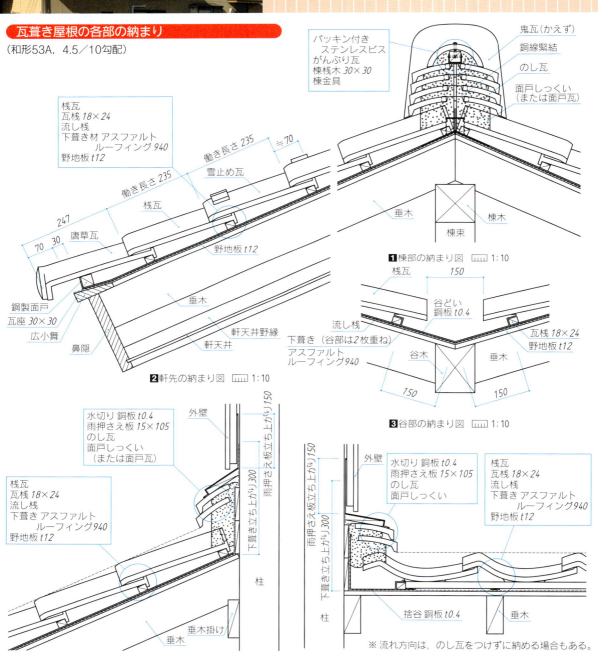

図1

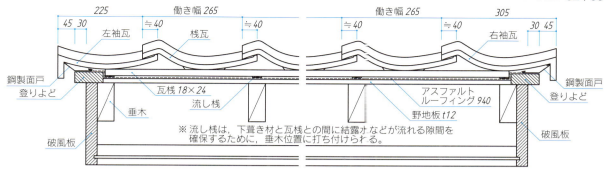

■図2　　　　　　　　　瓦の働き幅納まり図　1:10

各部の瓦の名称

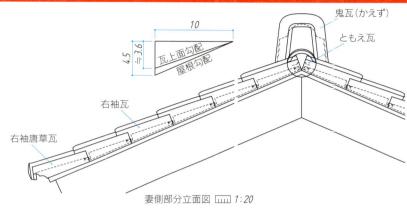

妻側部分立面図　1:20

平側部分立面図　1:20

■図3

瓦の表面の勾配は，瓦の長さ・厚さと働き長さによって屋根勾配より少し（和形53Aでは5度程度）緩やかになる。最低の屋根勾配と流れ長さの関係を次に示す。

■表1

屋根勾配	4.0/10	4.5/10	5.0/10	5.5/10	6.0/10
流れ長さ	8m	10m	12m	15m	17m

軒天井

延焼のおそれのある部分にある軒裏の仕様
- 厚さ15mm以上の強化せっこうボードに金属板張り
- 繊維混入ケイ酸カルシウム板2枚以上張りで，厚さ合計16mm以上
- 厚さ20mm以上の鉄網モルタル塗り
- 厚さ18mm以上の硬質木片セメント板張り

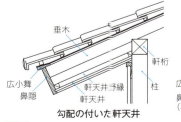
勾配の付いた軒天井

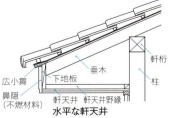
水平な軒天井

■図4

瓦葺き屋根（切妻屋根）の割付け寸法（p.32, 33の納まり図参照）

　和形53A，登りよどから袖瓦の出45mm，広小舞から軒瓦の出70mmとした場合の，登りよど外面・広小舞前面までの割付け寸法。ただし，nは平瓦（引掛桟瓦）の葺き枚数。

A：（左袖瓦の働き幅−45）＋平瓦の働き幅の倍数＋（右袖瓦の働き幅−45）
　＝180＋（265×n）＋260＝265×（n＋1）＋175
B：平瓦の働き幅の倍数＋左右の袖瓦の出＝（265×n）＋90
C：平瓦の働き幅の倍数＝265×n
D：平瓦の働き長さの倍数＝235×n
E：平瓦の働き幅の倍数＋左右の袖瓦の働き幅の平均＝（265×n）＋220

※瓦の寸法は，±4mm以内の許容差があるので実物を確認して，割付けをする。また，瓦葺き屋根の割付けは上記のとおりだが，軒の出が決まっている場合は，次のように納める。
- 流れ方向は，軒先から割付けて，棟や壁際は瓦を切断して納める。
- 軒長さ方向は，両袖を決めて平瓦の働き幅を調整する。このとき，働き幅は広げず，25mm程度以内に狭めて調整する。

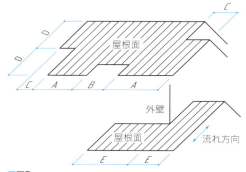
■図5

瓦葺き屋根の各部

1 和瓦

2 平瓦

■図6

瓦

1 瓦の製法・形・使用部位などによる種類　■表2

製法	形	使用部位		色
		平瓦	役瓦	
釉薬瓦（陶器瓦）	本葺き	平瓦丸瓦	軒瓦袖瓦	釉薬瓦はさまざまな色あり。いぶし瓦は銀色塩焼き瓦は赤褐色
いぶし瓦	J形	桟瓦	角瓦	
	F形	桟瓦	冠瓦	
無釉薬瓦	S形	桟瓦	冠止瓦	
塩焼き瓦	スパニッシュ	上丸下丸	巴瓦面戸瓦鬼瓦等	

瓦の種類は豊富で，上記のほか，材質によって粘土瓦やプレスセメント瓦などに分類される。

2 粘土瓦の規格　[JIS A 5208]　■表3

形状による区分	寸法による区分	寸法 [mm]				許容差	谷の深さ（山の高さ）C	参考 3.3平方メートルあたりのふき枚数（概数）
		長さA	幅B	働き寸法				
				長さa	幅b			
J形	49A	315	315	245	275	±4	35以上	49
	49B	325	315	250	265			
	53A	305	305	235	265			53
	53B	295	315	225	275			
	56	295	295	225	255		30以上	57
	60	290	290	220	250			60
S形	49A	310	310	260	260		50以上	49
	49B	335	290	270	250		40以上	
F形	40	350	345	280	305		（35以上）	40

瓦葺きの施工方法

①野地板張り　②下葺き　③流し桟・捨谷の取り付け　④瓦桟の取り付け　⑤下地完成

3 瓦の形状による種類

本葺き──伝統的な形で，受けとなる平瓦と上にかぶせる丸瓦を使用。寺社建築などに用いられる。

J形（和形）──本葺きの平瓦と丸瓦を1枚の瓦に結合したデザインで，引掛桟瓦のこと。

F形（平形）──特殊な役物瓦の種類が少なく，全体の印象がすっきりした屋根となり，使用例が多くなっている。

S形──西洋建築とともに輸入されたスパニッシュ瓦から発展した形のもので，F形同様特殊な役物瓦が少ない。

スパニッシュ──上丸瓦と下丸瓦の2ピースを使用して葺く瓦。

4 和形瓦の寸法例

表面仕上げによる種類
釉薬瓦　いぶし瓦　無釉薬瓦

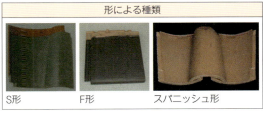

形による種類
S形　F形　スパニッシュ形

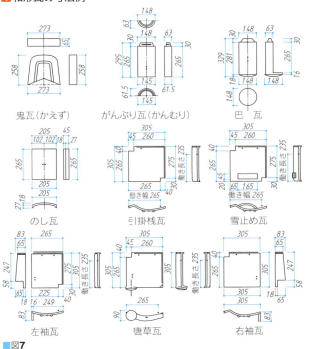

鬼瓦（かえず）　がんぶり瓦（かんむり）　巴瓦
のし瓦　引掛桟瓦　雪止め瓦
左袖瓦　唐草瓦　右袖瓦

■図7

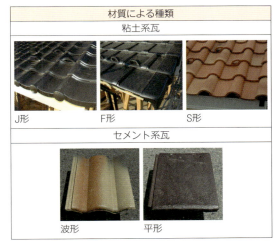

材質による種類
粘土系瓦
J形　F形　S形
セメント系瓦
波形　平形

下葺き材

アスファルトルーフィング〔1巻（幅1m）の規格〕
アスファルトルーフィング　940→長さ21m，質量22kg/巻
アスファルトルーフィング1300→長さ16m，質量23kg/巻
アスファルトルーフィング1500→長さ16m，質量26kg/巻

合成高分子系シート
　樹脂に可塑剤，安定剤，充填剤，着色剤および対紫外線剤を加えて混練し，シート状に成形加工したもの。耐候性，耐熱性にも優れた防水シートで，塩化ビニル樹脂系シートと加硫ゴム系（EPDM）シートがある。

●**参考：こけら板**
　あまり用いられなくなったが，スギ，サワラ，ヒノキなどの材で，厚み3～4mm，幅90～100mm，長さ240～300mmの柾目に沿って割った板。野地板の上に24～27mm程度ずつずらしながら，竹釘で固定する。

アスファルトルーフィング

こけら板（木羽板ともいう）

■図8

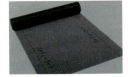

合成高分子系シート

⑥軒瓦の取り付け　⑦平瓦葺き　⑧壁際の納まり　⑨のし瓦の取り付け　⑩棟部の取り付け

10 屋根(2) 住宅屋根用化粧スレート葺き

住宅屋根用化粧スレート［JIS A 5423］とは，セメント，ケイ酸質原料などを主原料とし，繊維質原料などを混入したものを加圧成形し，オートクレーブ養生または常圧養生した化粧板で，不燃材料である。

瓦と比べると，表面塗料の耐候性は劣るが，重さは1/2～1/3程度と軽量で，納まりもよい。美観維持のため，およそ10年間隔で表面塗装が必要となる。積雪が1m以下の地域で採用できる。

化粧スレート屋根の各部の納まり
（厚さ5.2mm，働き寸法182mm×910mmの例）

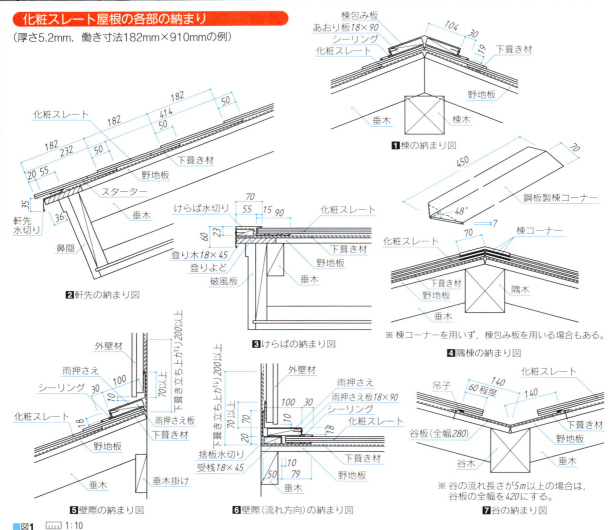

■図1　1:10

住宅屋根用化粧スレートの施工方法
①軒先水切り・登り木取り付け　②下葺き，けらば水切り取り付け　③谷板の取り付け　④スターター葺き

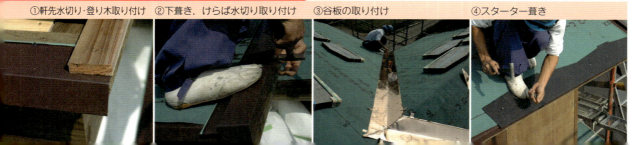

住宅屋根用化粧スレート

1 葺き寸法 [mm]

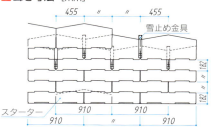

■図2　※化粧スレートは千鳥葺きにする。
　　　※雪止め金具は軒桁上部に取り付ける。

2 葺き板寸法 [mm]

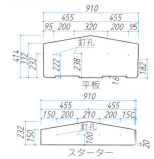

■図3

3 設計上の留意点

- 化粧スレートは，瓦に比べ複雑な屋根形状に対応しやすいが，雨仕舞が悪くなるのであまり複雑にはしない。
- ろく谷はつくらない。
- 化粧スレートの葺き幅が450mm以下になるような屋根形状にはしない。
- 窓等は，野地板面から200mm以上離した位置に設ける。
- 雪止め金具の取り付け間隔は，屋根勾配と積雪量によって決める。

4 化粧スレート

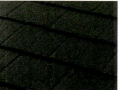

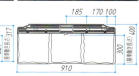

■図4

■表1

働き寸法（幅×長さ）	910×182		910×227	910×330
1枚の厚さ	5.2mm	5.5mm	12mm	12mm
1m²あたりの質量	約19kg	約19kg	約25kg	約25kg
3.3m²あたりの枚数	20枚	20枚	16枚	12枚
対応勾配	3/10以上	4/10以上	※4/10以上	※4/10以上

※下葺き材の種類により3/10まで可。

雪止め金物

換気役物

5 化粧スレートの性能

- 不燃材料
- 曲げ破壊荷重245N以上　[JIS A 1408]による。
- 吸水率28%以下
- 吸水によるそり4mm以下

下葺き（屋根工事共通）の留意点

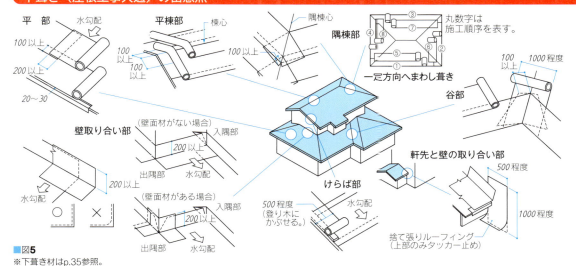

■図5
※下葺き材はp.35参照。

⑤谷部の施工　⑥葺き板の切断　⑦外壁取り合い部の施工　⑧屋根完成

11 屋根(3) 金属板葺き

金属板の屋根葺き材は，屋根荷重が軽くなり受ける地震力が小さく，振動や変形に追随しやすく耐震的に有利である。また，谷や隅部の納まりがよく，軽快なデザインの外観になる。

しかし，金属板単体では断熱性や遮音性が劣り，結露の注意も必要となる。

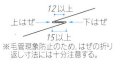

■図1 はぜの折り返し寸法
※毛管現象防止のため，はぜの折り返し寸法には十分注意する。

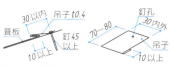

■図2 吊子

金属板葺き屋根（瓦棒葺き）の各部の納まり

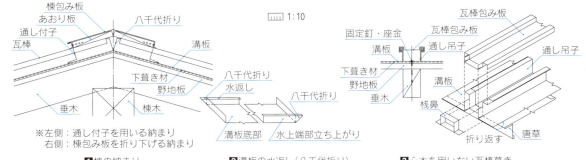

1 棟の納まり
※左側：通し付子を用いる納まり
　右側：棟包み板を折り下げる納まり

2 溝板の水返し（八千代折り）

3 心木を用いない瓦棒葺き

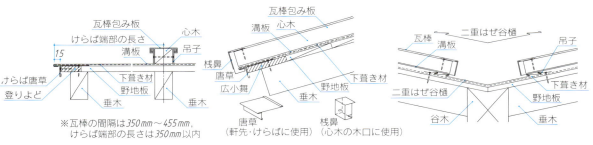

4 心木を用いた瓦棒葺き
※瓦棒の間隔は350mm～455mm，けらば端部の長さは350mm以内

5 心木を用いた瓦棒葺き（軒先・けらばに使用）

桟鼻（心木の木口に使用）

6 谷の納まり

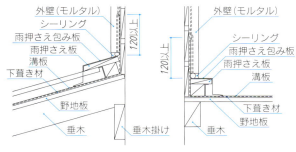

7 壁際の納まり

8 壁際（流れ方向）の納まり

■図3

平板葺きの軒先の納まり

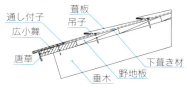

※銅板葺きの場合，葺板寸法は定尺の四つ切り（182.5mm×606）とし，上はぜ15mm，下はぜ18mm程度とする。

■図4

金属板平板葺きの施工方法

①唐草水切りの打ち付け　②下葺き　③葺き出し　④完成

金属板

- 塗装溶融亜鉛—5％アルミニウム合金メッキ鋼板
- ガルバリウム鋼板
  （塗装亜鉛55％アルミニウム—合金メッキ鋼板）
  （塗装溶融亜鉛55％アルミニウム—合金メッキ鋼板）
- 塗装溶融亜鉛メッキ鋼板
- ポリ塩化ビニル被覆金属板
- 塗装ステンレス鋼板
- 銅板および銅合金板

金属板に適した塗料

金属板用塗料は，腐食から守り，美観を保つ目的で，油性ペイント・合成樹脂調合ペイントなどが使用される。

金属板の規格例　■表1

材料	定尺寸法	定尺寸法質量	引張り強さ [N/mm²]	せん断強さ [N/mm²]	密度 [g/cm³]	熱伝導率 [W/(m·K)]
銅	365×1212	t1.5mm→5.84kg	233	158	8.9	385.2
鋼	914×1828	t1.6mm→21.3kg	350	288	7.6	62.8
ステンレス[軟質]	1000×2000	t1.5mm→23kg	617	460	7.9	—
ステンレス[硬質]	1000×2000	t1.5mm→23kg	1029	768	7.9	16.3
アルミ[A1100P]	1000×2000	t1.5mm→8.16kg	167	89	2.7	205.2
アルミ[A5052P]	1000×2000	t1.5mm→8.07kg	333	157	2.9	138.2
チタン	1000×2000	t1.0mm→9.1kg	392	412	4.5	16.7

横葺き（段葺き）

金属板横葺き（段葺き）材の例　■表2

板厚	0.4～0.5mm
原板幅	914mm(1000mm)
働き幅	190mm(220mm)－3条とり
見えがかり高さ	11mm
m²あたり必要m数	5.27m
表面形状	フラットまたはサザ波
屋根勾配	25/100以上（一般地域）
取り付け方法	釘またはドリルビス直止め

■図5　横葺き断面形状

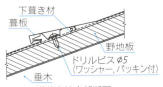
■図6　横葺き接合部断面

金属板縦葺き材の例　■表3

板厚	0.4～0.6mm
原板幅	914mm(1000mm)
働き幅	350mm(360mm)－2条とり
見えがかり高さ	30mm
m²あたり必要m数	2.78m
アーチ	最小曲率半径4m
屋根勾配	5/100以上（一般地域）
吊子ピッチ	606mm以下

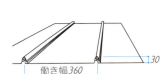
■図7　縦葺き断面形状

■図8　はめ合わせ部断面

縦葺き

平板葺き

壁際の納まり（縦葺き）

棟部の納まり（縦葺き）

アルミニウム合金製ひさし

雨仕舞の留意点

複雑な屋根形状は納まりの都合上，部材点数が多くなり，耐用年数を超過した部材が腐食などにより防水上の欠点となって，雨漏りを引き起こしやすい。また，ジョイント部も多くなるため，ディテールや施工上の不備などによって，これも雨漏りの原因になりやすい。特に谷部分は，雨水が集まる上に勾配がほかの部分の約0.7倍になり，ほこりや枯葉・泥などが溜まりやすく，それが毛管現象を引き起こし雨漏りの原因となる。そのため，漏水に備えて，部分的に下葺き材を二重にするなど，下地の防水をより万全にする必要がある。

ろく谷を避けた納まり

樋の施工方法

①樋受け金物の取り付け　②軒樋の加工　③軒樋の取り付け　④つかみ金物の取り付け　⑤立て樋の取り付け

12 外壁(1) 張り壁

外壁は，屋根とともに外観を決める大切な要素である。また求められる性能も，建物内への雨水の浸入を防いだり，日射や強風・延焼などから建築物を守るなど，屋根とほぼ同様である。

台風などで雨水が外壁裏面に回ると，気密性の高い建築物ほど乾燥しにくく土台等の腐れを誘いやすいので，高い防水性能が求められる。

窯業系サイディング［JIS A 5422］張り

セメント質原料と繊維質原料を混ぜて板状に成形したもので，防火性，断熱性，遮音性に優れている。通気工法と併用することで，壁体内の結露防止効果も高まり，構造体の耐久性も向上する。

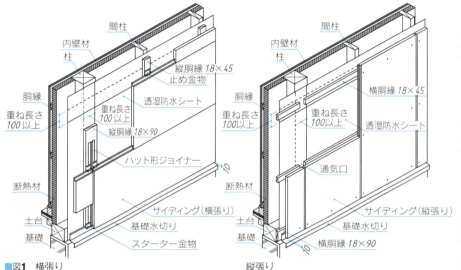

■図1 横張り　　縦張り

ガスケット式

ジョイナー工法

シーリングレス工法

目地の種類

❶ 窯業系サイディングの規格例　［単位：mm］　■表1

厚さ	14〜26
幅	160〜1100（主に450，910，1000）
長さ	910〜3300（主に1820，3030）横張り出隅用は，内寸(75)＋厚さ
密度（絶乾）	0.9〜1.2g/cm³

❷ 透湿防水シート　［JIS A 6111］

- 張り方は，横張りとし下から張り上げ下地全面に張り回す。
- 重ね代は，縦方向90mm以上，横方向は下地に面材がある場合は150mm以上。
- タッカーのピッチは縦方向を200mm以下とし，横方向は間柱間のピッチ。

サイディング

出隅用サイディング

バックアップ材・ハット形ジョイナー

❸ 窯業系サイディングの目地

- シーリング材の剥離防止のため，小口面にプライマーを塗布する。
- シーリングは2面接着とし，厚さは6mm以上とする。
- 中に空気が入らないよう底面から十分に詰め，ヘラで押さえる。

サイディング張りの施工方法

①透湿防水シート・胴縁　　②スターター金物の取り付け　　③サイディングの切断　　④取り付け

その他の張り壁

金属板張り　下見板張り　羽目板張り　ALCパネル張り

■図2

1 金属板張り

塗装溶融亜鉛めっき鋼板[JIS G 3312]：溶融亜鉛めっき鋼板に焼き付け塗装したもの。

塗装溶融55％アルミニウム－亜鉛合金めっき鋼板[JIS G 3322]：ガルバリウム鋼板とも呼ばれ、鋼板にアルミニウム合金でめっき処理したもの。亜鉛鉄板の3～6倍の耐食性がある。

ポリ塩化ビニル被覆金属板[JIS K 6744]：ポリ塩化ビニル樹脂で被覆した金属板。比較的安価。

金属板の規格　〔単位：mm〕　■表2

	厚さ	働き幅	長さ
角波	0.27～0.5	720, 780	指定長さ
波板	0.27～0.5（小波）	715（小波）	1820～3640
	0.35～0.8（大波）	685（大波）	他、指定長さ
平板	0.3～0.5	500, 914, 1000	20m、指定長さ

2 板張り　[単位：mm]　■表3

	厚さ	幅	長さ
下見板	9, 12, 15	180, 210, 240, 270, 300	1820～3640
羽目板	12, 15	75, 90, 105, 120	1820～3640

3 ALCパネル（薄形パネル）[JIS A 5416] 張り　[単位：mm]　■表4

厚さ	幅	長さ					
		1800	1820	2000	2400	2700	3000
50	600	○	○	○	△	△	△
37	または	○	○	○			
35	606	○	○	○			
密度（気乾）	450kg/m³超、550kg/m³未満						

※表面加工により平パネルと意匠パネルがある。△は平パネルのみ。p.139参照

亜鉛めっき鋼板（角波）縦張り

下見板張り

羽目板張り

ALCパネル張り

外壁の通気工法

透湿防水シートを用いると、壁体内部の湿気を排出できるので、壁体内部の結露防止に大きな効果がある。

壁体内にしみ込んだ雨水は、通気層を流れる気流に乗せて乾燥させる。また、透湿防水シートは二次防水の役割を果たす。

通気工法の構造は、柱の外面に構造用合板を張り、その上に透湿防水シートと、通気用胴縁を取り付けて空気層を設けた上に、外壁仕上げを施していく。

サイディング張り　モルタル塗り

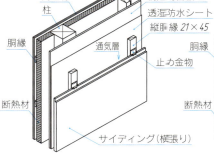

■図3

⑤止め金物による固定　⑥プライマー処理　⑦シーリング　⑧完成

13 外壁(2) 塗り壁

塗り壁は，モルタルやしっくいなど不燃材料を用いることが多く，防火性の高い外壁になる。重厚な質感が得られデザインの自由度は高いが，ひび割れやすく工期が長くなることから，外壁での使用は減少傾向にある。

モルタル塗り

1 施工上の留意点
- ラスの位置がモルタルの塗り厚さの中央になるようにする。
- 下塗り，中塗りともに各段階で十分に乾燥させる。
- 開口部回りや収縮によるクラック（ひび割れ）部分は，グラスファイバーネットなどで補強する。

モルタルの調合　セメント：砂（容積比）　　　　■表1

下地	場所	下塗り	中塗り・上塗り
ワイヤラス メタルラス ラスシート	外壁・内壁	1：3	1：3
	天井	1：2	1：3
木毛セメント板	外壁・内壁	1：2	1：3

※調合は表を標準とし，上塗りに進むほど貧調合とする。

モルタルの塗り厚　［単位：mm］　　　　■表2

下地	場所	下塗り	むら直し	中塗り	上塗り
ワイヤラス メタルラス ラスシート	外壁	※	0〜9	0〜9	6
	内壁		0〜6	6	6
	天井		—	0〜6	3
木毛セメント板	外壁	6	0〜9	0〜9	6
コンクリート	内壁	6	0〜6	6	3

※ラス下地の下塗りは，ラス面より1mm程度厚くする。

2 吸水調整剤
- 下地の吸い込み調整や下地とのなじみを改善するために，吸水調整剤（シーラー，接着増強剤とも呼ばれる）を用いる。

3 既調合モルタル
- 工場生産により色や強度などについて，均質なものが量産されている。製品に対する信頼性も高く多用されている。

4 混和材
- 消石灰やドロマイトプラスター，合成樹脂などが混和材として用いられる。使用量は，製造所の仕様などによる。

ラス下地

1 ラスの種類
- ワイヤラス：細い鉄線を編んだ金網で，菱形ラス，甲形ラス，丸形ラスなどがある。
- メタルラス（平ラス）：薄鋼板に切れ目を入れて引き伸ばしたもの。
- 波形ラス：平ラスを波形に加工したもので，モルタルが裏まで回りやすい。
- リブラス：平ラスに力骨として突起をつけたもので，塗り厚の厚い場合に用いる。
- ハイラス：メタルラスよりも厚い鋼板を使用し，網目も10mm×20mm程度と細かい。
- ラスシート：3mm程度の凹凸をつけた亜鉛メッキ薄鋼板の片面にメタルラスを溶接したもの。

2 ラスの寸法 ［単位：mm］
- ワイヤラス：1種2000×4000，2種1820×3640
- メタルラス：1種2000×4000，2種610×1820
- ラスシート：幅　648，828，900
  　　　　　長さ1829，2134，2438，2743，3048

ラスとモルタル

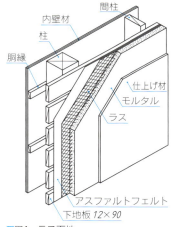
■図1　ラス下地

3 ラスの打ち付け　　　■表3

	脚長さ	打ち付け部位	打ち付け間隔	ラスの重ね長さ
タッカー針	19mm以上	下地板	100mm	45mm以上
ステープル	25mm以上	胴縁	200mm	

塗り壁（モルタル塗り）の施工方法

①水切の取り付け　　②ラス取り付け　　③モルタル練り混ぜ　　④下塗り

直塗り用面材下地

1 下地材
構造用合板にポリマーモルタルを下塗りしたモルタル塗り用の下地材。下地板，防水紙，ラス，下地モルタルまでの役割を果たすもので，表面に直接仕上げ材を塗ることができ，工期短縮がはかれる。

面材寸法　［単位：mm］　　　　　　　　　　　　　　■表4

厚さ	幅	長さ
7.5, 9, 12	910, 1000	1820, 2000, 2730, 3030

2 張り方
- 釘打ちの例（壁倍率4.0倍）
  外周：間隔100mm以内
  内部：間隔200mm以内
  四隅：隅から50mm間隔で各隅2本
  釘打ち位置：木口から10mm以上内側
- 馬に張ることや目地補強ネットを使用することで継目のひび割れを少なくする。

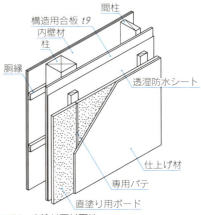
■図2　直塗り面材下地

塗り壁の表面仕上げの例

吹き付け塗装仕上げ

こて刷毛模様仕上げ

扇模様仕上げ

リシンかき落とし

しっくい塗り

しっくい塗りは調湿性・耐火性・耐久性・意匠性に優れているため，寺社建築や民家の蔵などに古来より使用されている。

- しっくい塗りは，消石灰・砂・のり・すさを主な材料とし，水でよく練って塗るもので，原料の粒子が細かいため表面はツルツルとした感じの仕上げとなる。下塗りをモルタル塗りなどとし，中塗り，上塗りをしっくい塗りとする場合と，下塗りから上塗りまでをしっくい塗りとする場合がある。砂は強度の向上と増量に，のりとすさは作業性の向上とひび割れ防止のために混入する。
- 塗り厚さ：壁は15mm，天井は12mmを標準とする。

小舞下地

1 材料
- 間渡し竹は，しの竹の径12mm以上，または径40mm〜60mmの真竹を4〜8等分に割ったものを用いる。
- 小舞竹は，しの竹または真竹を割ったもので，間渡し竹と同程度かやや細めのものを用いる。
- 小舞縄は，しゅろ・麻・わらなどの太さ5mm程度の縄を用いる。

2 取り付け方
- 間渡し竹の取り付けは，縦・横ともに柱や貫から60mm程度の位置，中間部を300mm程度の間隔とし，両端は掘込み，貫部分は釘打ちする。
- 小舞竹は，横36mm，縦45mm程度の間隔とし，間渡し竹に小舞縄でからみ付ける。

小舞下地の例

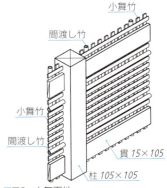
■図3　小舞下地

⑤中塗り　⑥シーラー塗布　⑦クラック部の補強　⑧仕上げ塗り

14 外部開口部(1) 窓

外部開口部に要求される主な性能には，耐風圧性・気密性・水密性・断熱性・遮音性・防火性などがある。

また，外部開口部の主な材質には，アルミニウム合金製のほか，断熱・防露性の向上を目的とした木製，プラスチック製およびこれらの複合材料製がある。

建具の構造には，一重構造と多重構造のものがある。また，使用するガラスによって，複層ガラス用の建具と単板ガラス用の建具がある。さらに最近では，アルミ形材の中間部を樹脂材料でつないだ熱遮断構造サッシやアルミ形材とプラスチック形材をはめ合わせたアルミ樹脂複合構造サッシなどの断熱・防露構造サッシも供給されている。

外部開口部の取り付け形式

内付け型：枠の大部分が取り付け開口内に納まる形式。
半外付け型：枠の一部が取り付け開口の外に出る形式で，一般的に多く用いられている。
外付け型：枠の大部分が取り付け開口の外に持ち出しとなる形式で，内障子をつける場合に用いられている。
※枠材は，ガラス戸・網戸・雨戸の枠が一体となった，雨戸枠一体型が多く用いられている。

半外付けサッシ

1 在来軸組構法 大壁納まり

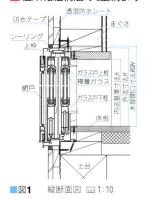

■図1 縦断面図 1:10

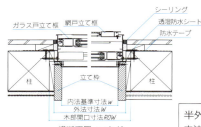

横断面図 1:10

窓とシャッター雨戸の例

半外付け大壁用サッシの幅と高さ

内法基準寸法……サッシ枠の有効内法幅（w）と高さ（h）
外形寸法……軸組の範囲内のサッシ枠の外形寸法
　幅（W）＝w＋（両側で40）
　高さ（H）＝h＋（上下で70）
木部開口寸法……サッシを取り付けるのに必要な軸組部材の有効開口寸法
　（柱間隔や，窓まぐさと窓台の必要内法）
　幅（ROW）＝内法基準寸法（w）＋50
　高さ（ROH）＝内法基準寸法（h）＋75

2 半外付け引き違いサッシ（在来軸組構法 大壁納まり）標準規格サイズ表

○：標準寸法規格サイズ　●：入隅寸法規格サイズ　◎：標準規格サイズ　空欄：標準規格としないサイズ（9尺系には2枚引きと4枚引きを設定）　■表1

呼　称		3尺系				4.5尺系				6尺系					9尺系					12尺系			
関東間		●	○			●	○			●	○				●	○				●			○
関西間					○				○				○				○				○		
九州・四国間				○				○				○						○				○	
メーターモジュール				●	○			●	○			●	○				●	○				●	○
内法基準寸法 幅(w)		690	740	780	805	830	1145	1195	1280	1330	1500	1600	1650	1750	1760	1780	1805	1830	1860	2330	2510	2560	2700	2780	2810	2830	3330	3470	3660	3770
高さ(h) サッシH/W		730	780	820	845	870	1185	1235	1320	1370	1540	1640	1690	1790	1800	1820	1845	1870	1900	2370	2550	2600	2740	2820	2850	2870	3370	3510	3700	3810
300	370			◎							◎																				
500	570			◎							◎																				
700	770			◎							◎																				
900	970			◎			◎				◎									◎							◎			
1100	1170			◎			◎				◎									◎							◎			
1300	1370						◎				◎									◎							◎			
1500	1570										◎									◎							◎			
1800	1830										◎									◎							◎			
2000	2030										◎									◎							◎			
2200欄間通し	2230										◎									◎							◎			
2200欄間付き	2230										◎									◎							◎			

※サッシH/Wは縦に外形寸法（H），横に外形寸法（W）を示す。
※表は，単体半外付けサッシのほかに，雨戸付き・シャッター付き・面格子付き・二重サッシ等の規格サイズと装飾窓専用の引き違い・片引き・両引きサッシ等を含んでいる。種類ごとの標準規格サイズは各社カタログを参照のこと。

外付けサッシ

1 在来軸組構法　真壁納まり

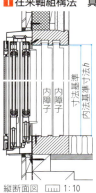
縦断面図　1:10
■図2

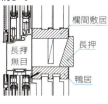

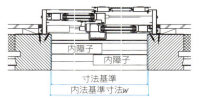
横断面図　1:10

外付け真壁用サッシの幅と高さ
サッシh/w……内法基準寸法（サッシ枠の有効内法寸法）
寸法基準……柱や，敷居と鴨居の間隔などサッシを取り付けるのに必要な内法の目安
＊高さは，上部で3mmのチリ，下部のチリは0mmで寸法基準を設定。
＊幅は，105角の柱で，左右を合わせて5mmのチリを取った場合で寸法基準を設定。

アルミニウム合金製窓の例

外付けサッシと内障子

外付け樹脂サッシ

2 外付け引き違いサッシ（在来軸組構法 真壁納まり）標準規格サイズ表

◎：標準寸法規格サイズ　○：標準規格サイズ　空欄：標準規格としないサイズ（9尺系には2枚引きと4枚引きを設定）　■表2

呼称		3尺系			4.5尺系			6尺系			9尺系			12尺系	
関東間		○				○			○			○			○	
関西間			○		○				○				○			○
九州・四国間							○			○			○			○
メーターモジュール				○		○			○			○			○	
寸法基準	幅															
高さ	サッシh/w	810	885	900	1265	1385	1400	1720	1810	1860	1900	1915	2400	2630	2760	2865	2900	3540	3720	3825
300	303	◎	◎	○	◎	○		◎												
500	503	◎	◎	○	◎	○		◎												
700	703	◎	◎	○	◎	○		◎												
900	903	◎	◎	○	◎	○		◎		○			◎							
1100	1103				◎	○		◎		○			◎		○			○		
1350	1353				◎	○		◎		○			◎		○			○		
1550	1553							◎		○			◎		○			○		
1800	1803							◎		○			◎		○		○	○		
2000	2003							◎		○			◎		○		○	○		
2200欄間通し	2203							◎		○			◎		○		○	○		
2200欄間付き	2203							◎		○			◎		○		○	○		
2200長押欄間付き	2253							◎		○			◎		○		○	○		

※表は，単体外付けサッシのほかに，雨戸付き・シャッター付き等の規格サイズを含んでいる。種類ごとの標準規格サイズは各社カタログを参照のこと。

木製雨戸・戸袋の例

ガラス

1 種類

- フロート板ガラス（FL）
- 型板ガラス（F）
- 網入板ガラス（PW）
- 網入型板ガラス（FW）
- 熱線吸収ガラス（HA）
- 熱線反射ガラス（SR）
- 低放射ガラス（Low-E）
- 強化ガラス（T）
- 合わせガラス（L）
- 複層ガラス（SI）

（　）内は略記号。メーカーにより若干異なる。
※特徴はp.105参照。

複層ガラスのサッシ切断模型

2 厚さ

■表3

ガラスの種類	厚さ [mm]
フロート板ガラス	1.9　2.5　3　4　5　6　6.5　8　10　12　15　19
型板ガラス	2.8　3　4　6
網入り板ガラス	6.8　10
合わせガラス	合わせる板ガラスの厚さと合成樹脂の中間膜の厚さ（0.38または0.76mm）を合計した厚さ
フロート強化ガラス	4　5　6　6.5　8　10
複層ガラス	板ガラス＋中空層（A）＋板ガラス 例）FL5＋A6＋FL5　PW6.8＋A12＋FL5 □空層の厚さ(A)は6～16mm。6, 12, 16が多い。

外部開口部の施工方法

①窓まぐさの取り付け　　②枠の取り付け　　③防水テープ張り　　④内部の枠の取り付け

15 外部開口部(2) 扉・出窓・天窓

扉は出入口につけられる建具で、開き戸をさすことが多く、引き戸より気密性が高い。

出窓は居間や台所などに取り付けられることが多く、雨仕舞の面等から一体型のものが用いられることが多い。

天窓は採光用には効率的であるが、雨仕舞や夏季の直射光対策などに配慮が必要となる。

扉

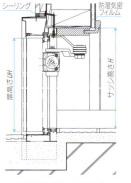
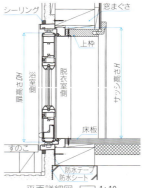

玄関開き戸のサイズ例 ■表1

欄間	DH	呼称	3尺系		4.5尺系		6尺系	
		DW	740	840	1095	1195	1550	1650
		H/W	780	880	1135	1235	1590	1690
無	2000	2030	◎	◎	◎	◎	◎	◎
	2300	2330	◎	◎	◎	◎	◎	◎
付	2300	2330	◎	◎	◎	◎	◎	◎

親子扉の場合
　親扉幅＝864
　子扉幅＝DW－870

浴室開き戸のサイズ例 ■表2
（在来軸組構法　半外付け）

DH		DW	597	697	847
		サッシH/W	650	750	900
1792		1818	◎	◎	◎
1976		2000	◎	◎	◎

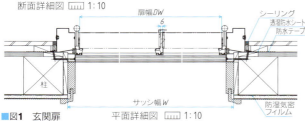
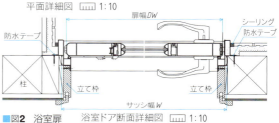

■図1　玄関扉　　■図2　浴室扉

出窓

出窓の平面形状と外観例

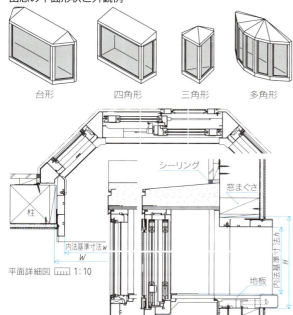

台形　　四角形　　三角形　　多角形

出窓のサイズ例
（在来軸組構法・枠組壁構法　大壁納まり）　◯：標準寸法規格サイズ
◎：標準規格サイズ　空欄：標準規格としないサイズ　　■表3

	呼称		3尺系		4.5尺系		6尺系				9尺系	
在来軸組構法	関東間		◯		◯		◯				◯	
	関西間							◯				
	九州・四国間						◯					
	MM											
枠組壁構法	2×4		◯		◯			◯			◯	
	2×4MM								◯				
内法h	内法w		690	740	1195		1600	1650	1760	1780	1860	2430	2560
	サッシH/W		730	780	1235		1640	1690	1800	1820	1900	2470	2600
500	570		◎		◎		◎	◎	◎		◎	◎	◎
700	770		◎		◎		◎	◎	◎		◎	◎	◎
900	970		◎		◎		◎	◎	◎		◎	◎	◎
1100	1170				◎		◎	◎	◎		◎	◎	◎
1300	1370				◎		◎	◎	◎		◎	◎	◎
1500	1570				◎		◎	◎	◎		◎	◎	◎

■図3　在来軸組構法大壁納まりの例　　断面詳細図 1:10

※種類ごとの標準規格サイズは各社カタログを参照のこと。

天窓

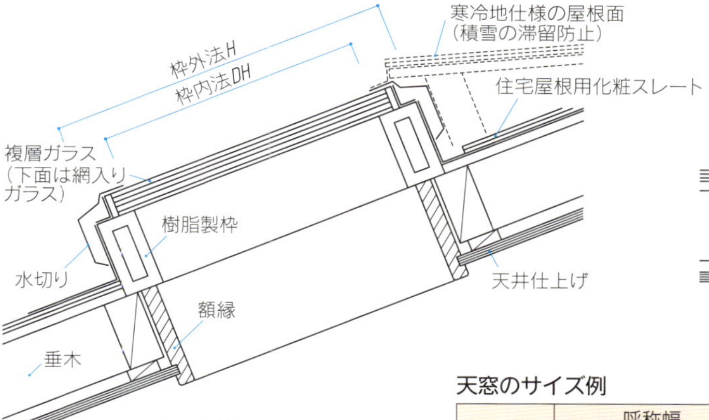

■図4 天窓

天窓のサイズ例　■表4

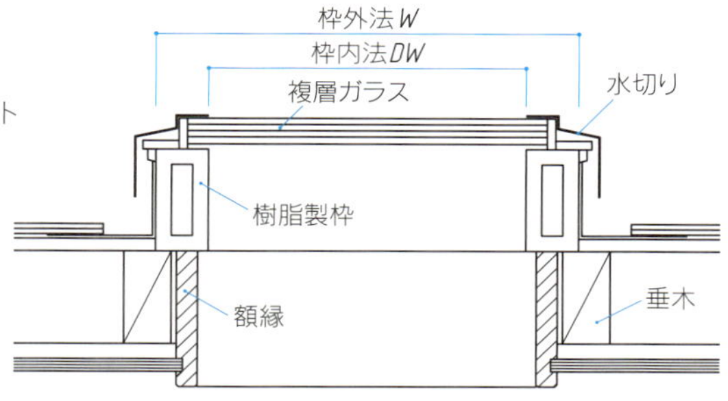

呼称高	枠外法H	枠内法DH/DW	1.3尺 枠外法W=405 枠内法=315	2.1尺 630 540	2.6尺 780 690	3.6尺 1080 990	4.6尺 1380 1290
1.5尺	440	350	0404※				1304※
1.9尺	590	500		0605	0705	1005	1305
2.9尺	890	800		0608	0708		1308
3.9尺	1190	1100				1011	
4.4尺	1340	1250	0413※		0713		

※開閉は手動式のみ

木製の外部開口部

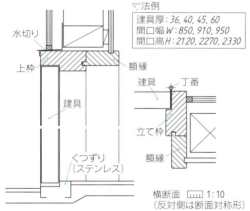

■図5　玄関扉（開き）
寸法例
建具厚：36, 40, 45, 60
開口幅W：850, 910, 950
開口高H：2120, 2270, 2330

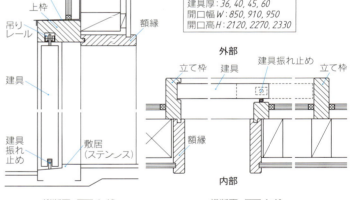

■図6　玄関扉（引き：上吊り片引き）
寸法例
建具厚：36, 40, 45, 60
開口幅W：850, 910, 950
開口高H：2120, 2270, 2330

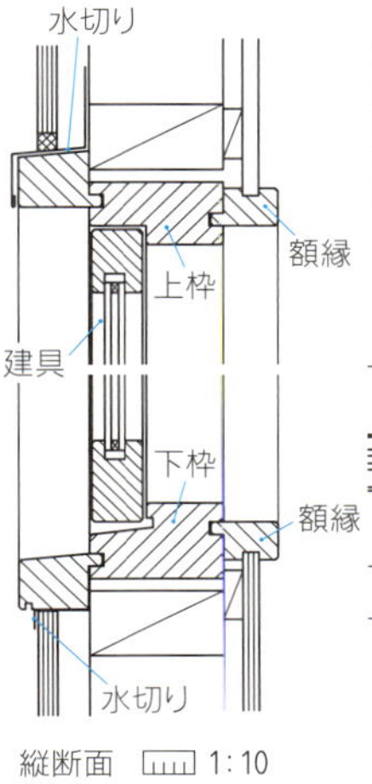

■図7　窓（開き）
寸法例
建具厚：30, 36, 40
片開き開口幅W：300～910
両開き開口幅W：600～1820
開口高H：910, 1060, 1220, 1365

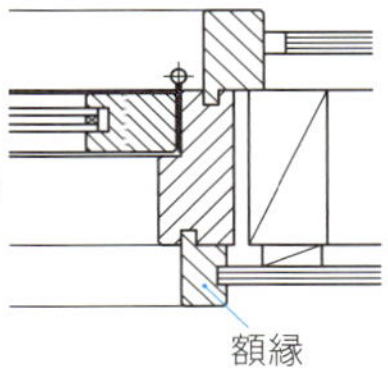

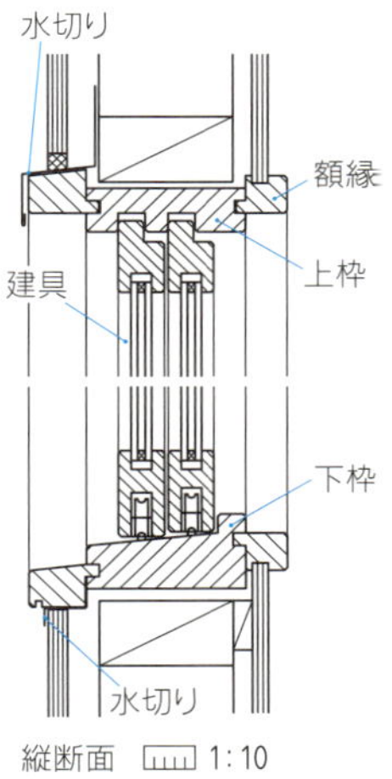

■図8　窓（引き）
寸法例
建具厚：30, 36, 40
開口幅W：600～3535
開口高H：910, 1060, 1220, 1365

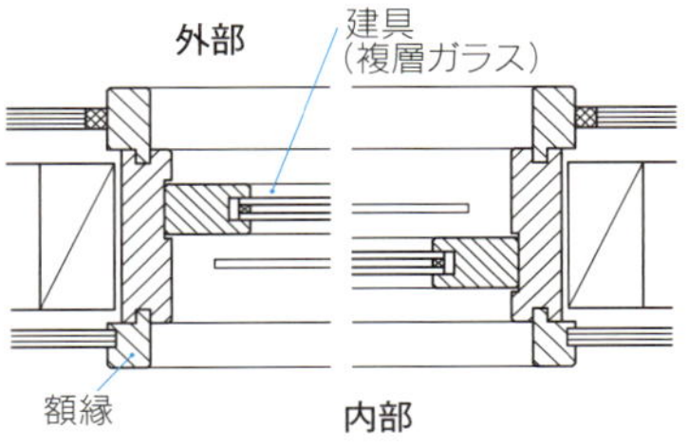

16 断 熱

外部からの熱の影響を少なくし，室内の温熱環境を快適にするように建築物の外周部には断熱材を取り付ける。取り付け方法や材料には各種のものがあるが，求める性能や部位に適した方法をとる。

分類　　　　　　　　　　　　　　　　　　　　　　　　　　■表1

外張断熱	軸組などの構造材の外側を断熱材で覆ってしまう方法で，断熱効率は高い。構造体の内部に結露が生じにくいので，結露による構造材の腐朽のおそれは少なく，建築物の耐久性の向上がはかれる。室温を安定させやすく省エネ効果は高いが，充塡断熱に比べコストは高くなる。
充塡断熱	柱などの構造材の間に断熱材を充塡する方法で，比較的，低コストで施工できるが，ヒートブリッジ（p.107参照）ができやすく，構造体の内部に結露が生じることがある。結露による断熱性能の低下や構造体周囲の腐朽を防ぐように，断熱層の室内側には防湿フィルムを張るなどの対策をとる。

材料　　　　　　　　　　　　　　　　　　　　　　　　　　■表2

	人造鉱物繊維系		発泡プラスチック系		有機繊維系
材料名	グラスウール	ロックウール	押出法ポリスチレンフォーム	硬質ウレタンフォーム	吹込み用セルローズファイバー
記号	GW	RW	XPS	PUF	LFCF
形状	フェルト状	フェルト状	ボード状	ボード状・現場発泡	綿状
主原料	ガラス原料	高炉スラグ・玄武岩	ポリスチレン	ポリイソシアネートポリオール	新聞紙など再生資源物
熱伝導率W/(m・K)	0.031〜0.050以下	0.034〜0.045以下	0.020〜0.040以下	0.017〜0.029以下	0.038〜0.040以下

JIS A 9521　　JIS A 9523

断熱構造とする部分

図1に示す部分は，部位の熱貫流率（U），断熱材の熱抵抗（R）の基準値が平28国交省告示266により定められている。p.49に熱抵抗の基準値による各部位の仕様例を示す。

断熱構造はこのほか開口部も対象となり，熱貫流率と日射遮蔽性能の規定があり，いずれも満足させる。

①天井（小屋裏が外気に通じている場合）
①屋根（小屋裏が外気に通じていない場合）
②外気に接する壁
④その他の床（換気口で外気に通じている床）
③外気に接する床
⑥その他の土間床等の外周部分の基礎壁（換気口により外気と通じている基礎壁）
⑤外気に接する土間床等の外周部分の基礎壁

■図1

開口部の断熱

熱貫流率の基準値と仕様例　　　　　　　　　　　　　　　■表3

地域区分		1〜3	4	5〜7
熱貫流率の基準値 W/(m²・K)		2.3	3.5	4.7
基準値を満たす仕様例	窓	樹脂製建具 Low-E二重複層ガラスA12	金属製建具 Low-E二重複層ガラスA9	（庇や軒あり）金属製建具二重複層ガラスA6 （庇や軒なし）金属製建具 Low-E二重複層ガラスA6
	ドア	金属製断熱フラッシュ構造 ガラス部分は窓と同じ	金属製フラッシュ構造 ガラス部分は窓と同じ	金属製フラッシュ構造 ガラス部分は窓と同じ

地域区分8は規定なし。ただし，日よけとなる庇や軒がない場合は，窓をLow-E二重複層ガラスにする。

日射遮蔽性能の規定　イ）からニ）のいずれか1つを満たすこと　　■表4

地域区分	1〜4	5〜7	8
イ）開口部の日射熱取得率	規定なし	0.59以下	0.53以下
ロ）ガラスの日射熱取得率	規定なし	0.73以下	0.66以下
ハ）付属部材（紙障子・外付けブラインドなど）	規定なし	設ける	設ける
ニ）開口部の日よけとなる庇・軒等	規定なし	設ける	設ける

日射熱取得率：日射による熱が室内に侵入する割合。値が小さいほど熱が入りにくい。

＊地域区分と都市の例　　　■表5

地域区分	都市の例	
1	夕張市	寒冷地
2	札幌市	↕
3	盛岡市	温暖地
4	秋田市	
5	宇都宮市	
6	東京23区	
7	長崎市	
8	那覇市	

※同じ道府県内でも，気象条件により地域区分は異なる。詳細は平28国交省告示265号で確認すること。

各部の断熱の例

①天井（グラスウール）　　②壁（グラスウール）　　③床（ポリスチレンフォーム）

各部の断熱材の配置例

在来軸組構法の一戸建て住宅が，建築物省エネ法の基準を満たすために必要な仕様を各表に示す。枠組壁構法等は熱抵抗(R)の基準値が異なり，仕様もここに示した例とは異なるので注意する。この仕様例は品確法の断熱等性能等級の等級4に相当する。

熱抵抗(R)の単位：$m^2 \cdot K/W$

1 屋根・天井
（充填断熱）

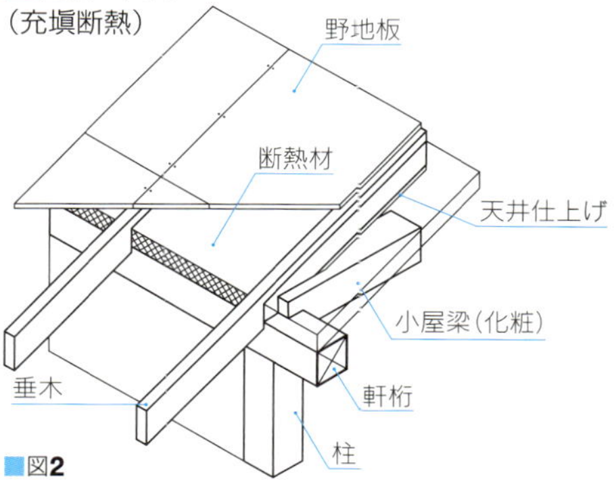

■図2

■図3

■表7

地域区分	熱抵抗(R)基準値	仕様例
1・2	5.7	吹込み用グラスウール（300mm）
3～7	4.0	高性能グラスウール14K（155mm）
8	0.78	グラスウール10K（100mm）

■表6

地域区分	熱抵抗(R)基準値	仕様例
1・2	6.6	高性能グラスウール24K（120mm＋120mm）
3～7	4.6	高性能グラスウール16K（90mm＋90mm）
8	0.96	グラスウール10K（100mm）

K：材料の密度（kg/m³）の目安を示す。

2 壁
（外張り断熱）

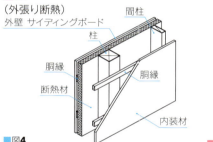

■図4

（充填断熱）

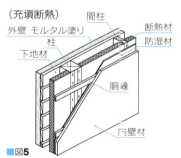

■図5

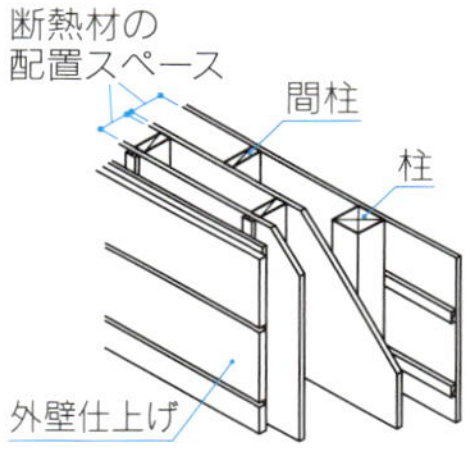

■図6
充填断熱で，断熱材が軸組に入りきらない場合は，スペース確保のために下地を組む。

■表8

地域区分	熱抵抗(R)基準値	仕様例
1・2	2.9	押出法ポリスチレンフォーム（45mm＋40mm）
3～7	1.7	押出法ポリスチレンフォーム（50mm）
8	規定なし	―

■表9

地域区分	熱抵抗(R)基準値	仕様例
1・2	3.3	高性能グラスウール36K（105mm）
3～7	2.2	高性能グラスウール14K（85mm）
8	規定なし	―

3 床
基礎に囲まれた1階の床

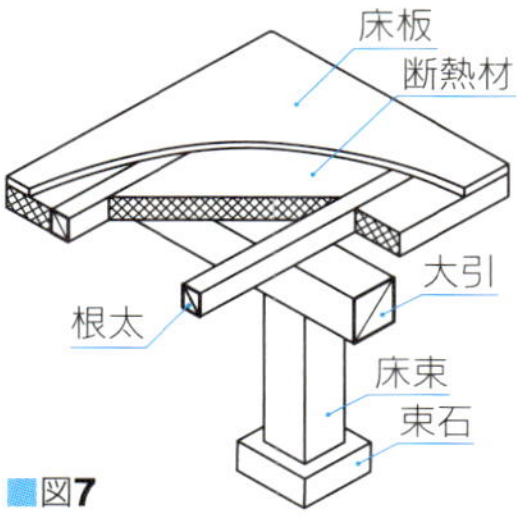

■図7

4 土間床等の外周部分

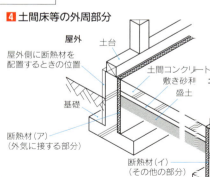

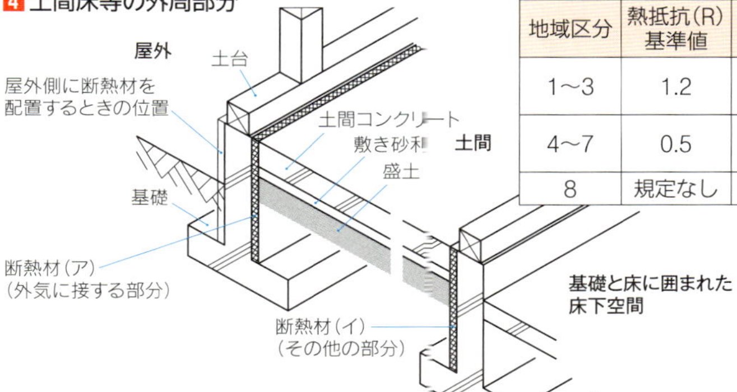

■図8

■表12 断熱材（イ）

地域区分	熱抵抗(R)基準値	仕様例
1～3	1.2	押出法ポリスチレンフォーム（35mm）
4～7	0.5	押出法ポリスチレンフォーム（20mm）
8	規定なし	―

■表10

地域区分	熱抵抗(R)基準値	仕様例
1～3	3.3	押出法ポリスチレンフォーム（100mm）
4～7	2.2	押出法ポリスチレンフォーム（65mm）
8	規定なし	―

■表11 断熱材（ア）

地域区分	熱抵抗(R)基準値	仕様例
1～3	3.5	押出法ポリスチレンフォーム（100mm）
4～7	1.7	押出法ポリスチレンフォーム（50mm）
8	規定なし	―

17 床(1) 和室の床

和室の床は畳敷きが多く，廊下や縁側など板張りとする室では縁甲板を用いることが多い。

また，伝統的に，和室の床は縁側などの周囲の床より高くすることがあるが，1〜3cm程度の軽微な段差は，高齢者にとって確認しづらく，転倒事故の原因になりやすいため注意を要する。

畳は日本固有の敷物で，現在の畳に似た構造になったのは平安時代で，鎌倉時代から室町時代にかけて書院造りが生まれ，部屋全体に畳を敷き詰める使い方に発展した。庶民が使用できるようになったのは江戸時代中期以降である。

床の段差を付けない例

断面詳細図

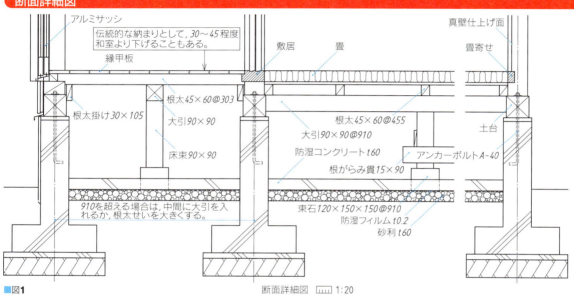

■図1　断面詳細図　1:20

和室の平面基準寸法

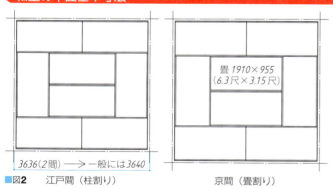

■図2　江戸間（柱割り）　　京間（畳割り）

1 江戸間
　柱の心間寸法を1間（6.0尺≒1818mm）または半間（3.0尺≒909mm）単位で割付け，それによって畳の寸法を決める。この方法を柱割りといい，柱の断面寸法によって畳の平面寸法が異なる。

2 京間
　畳の寸法を6.3尺（≒1910mm）×3.15尺（≒955m）として畳を配置したのち，柱の割付けを決める。この方法を畳割りという。京間においても江戸間のように柱割りとすることもあるが，この場合，1間を6.5尺（≒1970mm）として配置する。

和室の床の施工方法

①束石の据え付け　②大引・根太掛けの取り付け　③床束・根がらみ貫の取り付け　④根太の打ち付け

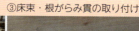

畳敷き

1 畳の敷き方

畳の敷き方には，祝儀敷きと不祝儀敷きがあった。祝儀敷きが，現在一般的に使われている敷き方で，本来は婚礼や祝い事のときの敷き方であり，不祝儀敷きは葬儀のときの敷き方であった。茶道では畳の敷き方・畳縁がお作法に重要な役割を果たし，畳縁を踏まないこともお作法の一つである。

床の間の前に敷く畳は，床の間に平行に敷くことが基本で，畳の長辺が，床の間に接するように配置する。床の間のない室では長辺が出入り口に接するように配置する。接する畳の数が多いほど，敷き込むときの高さ調整が困難になるので，4枚の畳が田の字形にならないように配置することが望ましい。

2 畳床（たたみどこ）の種類

- **稲わら畳**：昔から使われている稲わらを用いた畳床。
- **ポリスチレンフォームサンドイッチ稲わら畳**：稲わらの間にポリスチレンフォーム板をはさんだ畳床。
- **タタミボードサンドイッチ稲わら畳**：稲わらの間にタタミボード（軟質繊維板）をはさんだ畳床。
- **建材畳**：稲わらは用いず，タタミボードなど芯材のみの畳床。

3 畳表（たたみおもて）の材質

藺草のほかに，ポリプロピレンや塩化ビニル，紙製品などがある。

4 へりの有無

へり付きとへりなしがあるが，へりなしの方が高価になる。

（4.5畳） （4.5畳） （6畳） （8畳） 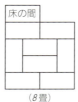 （10畳）  （12.5畳）

■図3 畳の敷き方（祝儀敷き）

5 畳の基準寸法 [単位：mm（尺）]

■表1

長さ	A（丈）	B（幅）	厚さ
京間（関西間）	1910(6.30)	955(3.15)	厚さは，55mmを標準とするが，15〜60mmまで各種の厚さがある。
大津間	1848(6.10)	924(3.05)	
中京間	1818(6.00)	909(3.00)	
江戸間（関東間）	1758(5.80)	879(2.90)	

※畳の寸法は一応の基準であって，実際には畳寄せなどの内法寸法を測ってつくるもので，すべてが同じ大きさとはならない。

■図4 畳の形状と寸法

縁甲板張り

材　種：ヒノキ，マツ，ヒバ，ケヤキなど
※むくの製品と合板や集成材の表面に突板（薄くそいだ板）を張った製品がある。
張り方：室の長手方向に縁甲板の長手を配置するのを基本にする。

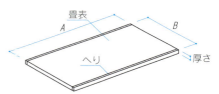

■図5 縁甲板の形状と寸法

床束の例（参考）

番線（鉄線）で締め付けた束　鋼製束

直線部の配置
折れ曲がり部の配置
（突付け張り）
（石畳張り）

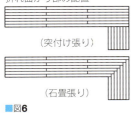

■図6

真壁仕上げ面
雑巾ずり
縁甲板
根太 45×60
根太掛け 30×90
土台

縁甲板と壁の断面詳細図
■図7

床（縁甲板・畳）と壁の納まり

床下の除湿（参考）

床下に炭を敷き詰めた例

⑤防腐剤塗布　⑥断熱材の取り付け　⑦荒床張り　⑧畳の敷き込み

18 床(2) 洋室の床

洋室の床は，フローリングボード，ビニル床材，カーペットなどを張って仕上げる。フローリングボードは，根太に直接張る場合と下張り板の上に張る場合があり，下張りをした場合のほうが床鳴りは起きにくい。

そのほかの仕上げ材では，下張り板を張ってから仕上げを施す場合が多い。

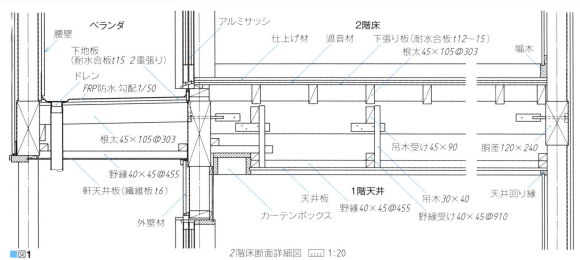

■図1　2階床断面詳細図　1:20

フローリングボード

1. **単層フローリング材**：フローリングボード・フローリングブロック・モザイクパーケットなど，合板や集成材ではない単一材の製品。
2. **複合フローリング材**：合板や集成材を基材にして表面加工などを施した製品で，一般にフロアーと呼ばれる。基材の種類により1類から3類まである。

※フローリングボードや複合フローリングは根太に直接張ることができるが，床鳴り防止やより丈夫な床とするため，下張り板の上に張ることが多い。

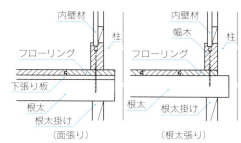

■図2　断面詳細図　1:10

フローリングボード

フローリングブロック

モザイクパーケット

複合フローリング材

床衝撃音の遮音（参考）

上階で生じた振動や騒音を下階に伝えないために，次のような対策を行う。

- 遮音性を高めるためには，下張り板とフローリングの間に遮音シートやせっこうボードの重ね張りなどを施す。
- 天井吊木は根太ではなく，吊木受けに打ち付ける。
- 吸音性を高めるために，床の仕上げ材にカーペットなどを用いたり，床下にグラスウールなどを充塡する。

遮音シートの例

ビニル床材

1 ビニル床シート：表面に模様が付けられた，塩化ビニル製のシートで，合板やモルタルの上に接着剤で張り付ける。

[単位：mm] ■表1

見付け寸法	厚さ	備考
1820×900	1.8〜3.5	必要な長さに切断して使用

2 ビニル床タイル：Pタイル（プラスチックタイル）とも呼ばれるが，塩化ビニル製が多い。合板やモルタルの上に接着剤で張り付ける。

[単位：mm] ■表2

見付け寸法	厚さ
300×300，400×400，500×500	2, 2.5

コルク床材

ブナ科のコルクガシが原料で，断熱性・弾力性・吸音性・耐水性・防虫性等に優れている。合板やモルタルの上に接着剤で張り付けるものと置き敷くものがある。

[単位：mm] ■表3

タイプ	見付け寸法	厚さ
接着	300×300, 305×305, 610×915	3, 5, 7, 10
置き敷き	295×900, 300×900, 610×915	10.5

カーペット

1 織りじゅうたん：羊毛を主原料とした製品で，厚さは9〜14mm程度。受注生産によることが多く，形状は定まっていない。

2 タフテッドカーペット：ナイロンを主原料とし，パイル糸を基部に固着させた製品。厚さは6〜8mm程度。製品は幅1820mmのロール状になっており必要長さに切断して用いる。

3 タイルカーペット：合成樹脂製の基盤の上にナイロンを主原料としたパイル糸を固着させた製品。厚さ6.5mm程度で，見付け寸法は500×500mmが多い。

4 ニードルパンチカーペット：ポリエステルを主原料とした製品。厚さは4〜5mm程度で，製品は幅1820mmのロール状で，必要長さに切断して用いる。

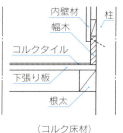

■図3　断面詳細図　1:10
（ビニル床材）（コルク床材）

ビニル床シート　　ビニル床タイル
ビニル床シートの施工例　　コルクタイル

タフテッドカーペット　　タイルカーペット

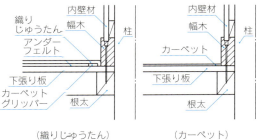

■図4　断面詳細図　1:10
（織りじゅうたん）（カーペット）

●**参考：グリッパー工法**
カーペットをたるみなく敷き詰めるために，部屋の外周にグリッパー（傾いた無数の釘が出ている）を配置し，部屋の一辺ごとにカーペットを伸張させてロックする工法。グリッパーと壁部の幅木との間には，カーペットの厚み分の隙間を確保し，その隙間にカーペットの端部を巻き込んで仕上げる。

●**参考**

下張り板と透湿防水シートを張った例　　納戸内に設けられた床下点検口　　温水による床暖房の配管（配管間隔は150mm）

洋室の床の施工方法

①根太と下張り板　　②遮音材（せっこうボード）張り　　③フローリング張り　　④幅木の取り付け

19 床(3) 土間床

玄関・ポーチ・テラス・浴室など、雨や水がかかるような場所や土足で上がる床は、耐久性などから土間の床にするのが一般的である。

土間の床は、土間コンクリートの上に、タイルや石などを張る場合とモルタル塗りなどで仕上げる場合があり、防水については特に考慮しないのが一般的である。

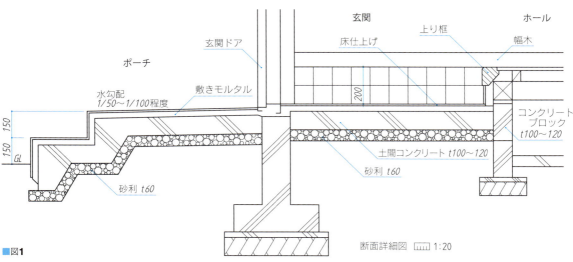

■図1　断面詳細図　1:20

タイル張り

1 タイルの呼び名
施釉の有無、用途、成形方法、類による（例：無釉、外装床タイル、湿式成形、Ⅱ類）

2 タイルの分類
釉薬による区分
1. 施釉タイル　2. 無釉タイル

用途による区分
1. 内装壁タイル　2. 内装壁モザイクタイル
3. 内装床タイル　4. 内装床モザイクタイル
5. 外装壁タイル　6. 外装壁モザイクタイル
7. 外装床タイル　8. 外装床モザイクタイル

成形方法による主な区分
1. 乾式成形
2. 湿式成形

吸水率による区分
1. 3%以下→Ⅰ類
2. 10%以下→Ⅱ類
3. 50%以下→Ⅲ類

玄関ポーチ

3 敷きモルタル工法
土間コンクリートの上に敷きモルタルを平らに均して敷き、セメントペーストを塗ってタイルを敷き詰める。敷きモルタルは、水分をきわめて少量にしたモルタルで、バサついた状態からバサモルタルとも呼ばれる。

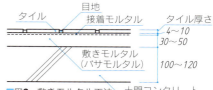
■図2　敷きモルタル工法

4 圧着工法
土間コンクリートの上をモルタルで平らに均し、硬化後、接着用モルタルまたは接着剤を塗り、モルタルを圧着する。水がかかる床には適さない。

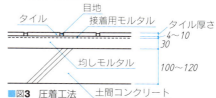
■図3　圧着工法

土間床の施工方法

①敷きモルタル均し　②セメントペースト塗り　③タイル敷き詰め　④立ち上がり部のタイル張り

磁器質タイル

せっ器質タイル

陶器質タイル

モザイクタイル

石張り

1 敷きモルタル工法
土間コンクリートの上に敷きモルタルを平らに均して敷き，セメントペーストを塗って石を敷き詰める。

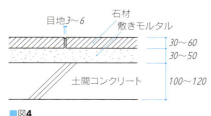
■図4

2 圧着工法
土間コンクリートの上をモルタルで平らに均し，硬化後，接着用モルタルまたは接着剤を塗り，石材を圧着する。

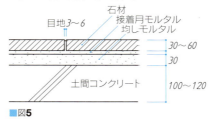
■図5

脱衣室の土間床

タイルを張った台所

3 床（玄関・ポーチ・テラス）に適した石材と表面仕上げの例

本御影石（花崗岩）
左：磨き仕上げ
右：ジェットバーナー仕上げ

御影石
小叩き仕上げ

稲田石（花崗岩）
左：磨き仕上げ
右：ジェットバーナー仕上げ

人造大理石（磨き仕上げ）

モルタル塗り

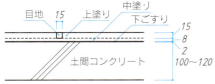
■図6

1 モルタルの材料調合　■表1

工程	材料	調合比
下ごすり	セメント：砂：混和材	1：1：0.1
中塗り	セメント：砂	1：2～4
上塗り	セメント：砂	1：2

2 目地
目地は2m²程度，または長さ3m以内に設け，セメント量を少なくした貧調合のモルタルまたは目地用モルタルを詰める。

叩き

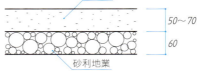
■図7

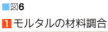

叩きとは，砂混じりの粘土・消石灰・にがりを混ぜたものを床に敷き込み硬化させた，和風の土間床の仕上げをいい，三和土とも表記する。土の種類により，深草叩き，三州叩きなどと呼ばれる。強度が高くないので，10年に一回程度の補修が必要となる。

コンクリート直押さえ

その他の仕上げ

1 コンクリート直押さえ仕上げ：コンクリートを打ち込んだ直後に，コンクリートが硬化していく過程で，そのままコンクリート床の表面を平滑に仕上げていく左官仕上げ工法。

2 人造石研ぎ出し仕上げ：表面仕上げ層にカナリヤ石や黒大理石などの種石を混入したモルタルを上塗りし，それを研ぎ出して自然な素材感を出す工法。種石の大きさは3～10mm程度で，工場生産の均質な塗り材にはない質感が魅力で，経年変化により味わい深い表情を見せる。

3 洗い出し仕上げ：コンクリートの表面を金鏝で均したあとに，水で表面を洗い流し，中の骨材（砂利，砂）が表面に出るように仕上げるもの。

人造石研ぎ出し

玉砂利洗い出し

20 内壁(1) 和室の壁

和室の壁は伝統的な左官仕上げの土塗り壁にすることが多い。土塗り壁は，仕上げの上塗りに土などを塗って仕上げたもので，「珪藻土壁」「聚楽壁」「大津壁」「砂壁」などがある。
　室内に湿気が多いときは素材が湿気を吸収し，乾燥期には放出するので結露防止や適度な湿度の維持に効果があり，わが国の気候・風土に適している。

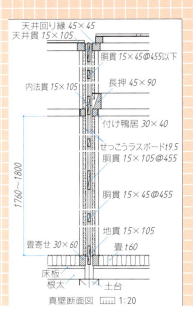

真壁断面図　1:20

塗り壁
1 土塗り壁の仕上げ

珪藻土壁

土壁

砂壁

内装薄塗材壁（京壁調）

和風の塗り壁
- しっくい壁
  - 白しっくい……白色系のしっくいで，顔料の混入はない。
  - 色しっくい……しっくいに灰墨や顔料を混ぜて着色したもの。ねずみしっくい，浅黄しっくい，玉子しっくいなどがある。
  - 南蛮しっくい……下塗りに使われるが，瓦の面戸ふさぎなどにも使われる。
- 砂壁…………色砂をのりで練ったもので，多くの色調がある。
- 土壁
  - 聚楽……京都市内の聚楽で産出された土をいうが，現在では産出がない。
  - 大津……色土に石灰を混ぜたもので，各種の色調のものがある。仕上り面の質感はしっくいに類似する。

産出がない材料は，色調や質感が類似した内装薄塗材という工業製品があり，それらを旧来の名称で呼ぶことが多い。

　このほか，珪藻土系の塗り壁もある。珪藻土は調湿機能や結露防止の効果があり，アセトアルデヒドを分解し，シックハウス対策に有効であるとされる。珪藻土系の内装薄塗材は，珪藻土の含有率に差があり，なかには揮発性有機化合物が含まれている製品もあるので，採用にあたっては注意する。

2 壁土材料
　荒壁・裏返し用は，稲わらのわらすさで長さ6～9cm。むら直し・中塗り用は，同材で2cm程度の揉みほぐしたもみすさ。むら直し・中塗りの壁土は，ツタ入り粘土を使用する。
※ひび割れ防止のため，下地ほど粘性が高く，仕上げに近づくほど砂の比率が高く粘性が低いものを用いる。

3 壁下地回りの留意点
- 付け鴨居　付け鴨居は鴨居の高さに装飾的に取り付けられるが，壁面を上下に分けてひび割れ防止にもなっている。また，長押（内法長押）は鴨居の上に付けられるが，内法高さがそろっていない場合や高さが1.82mを超えるような場合は付けない。
- ちりじゃくり　柱・畳寄せ・付け鴨居などに，隙間防止や壁塗りしろの目安として，5mm程度の溝を入れておく。

和室の壁の施工方法

①せっこうラスボードの下地　②せっこうラスボード張り　③畳寄せの取り付け

④長押の取り付け

4 せっこうラスボード下地

ラスボードの場合の塗り厚さは，下塗り・中塗り・仕上げ塗りの合計で，約2cm程度として，柱などにちりじゃくりを行う。

45cm間隔以内に取り付けられた貫・胴縁または間柱などに，せっこうラスボードを亜鉛メッキ釘などで打ち付ける。

5 せっこうボード下地

普通ボードの上に，下塗り（せっこうプラスター）・仕上げ（土壁など）をそれぞれ3mm程度の薄塗りをする。せっこうボードは，4周と中間部を45cm以下の間隔で貫・胴縁や間柱などの下地材へ亜鉛メッキ釘などで打ち付ける。ジョイント部は，グラスファイバーテープを張り補強する。

6 小舞下地

60cm以下の間隔に入れた貫に，2cm程度に割った竹を縦4.5cm，横3.5cm程度の間隔で並べたもの。（p.43参照）

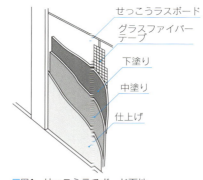
■図1　せっこうラスボード下地

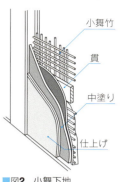
■図2　小舞下地

ちりじゃくりの例

下塗り材の例

小舞下地の例

下塗り（荒壁）の例

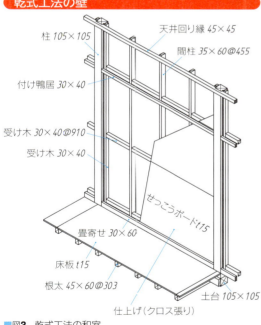
■図3　乾式工法の和室

●参考：床の間

■図4　床脇・付書院の開口高さの例

⑤養生　　⑥塗り材準備　　⑦下塗り　　⑧仕上げ塗り

21 内壁(2) 洋室の壁

洋室の壁は，クロス張り・塗り壁・板張りなど，仕上げ材や施工方法は多様である。近年では，建材から発生する揮発性有機化合物(VOC)の問題などから，石油を原料としたものより，天然素材のものに関心が高まっている。しかし，建材は天然素材でもその固結材や配合量などについて注意が必要である。
また，内装仕上げ材の選定にあたっては，予算や好みによるところが大きいが，耐久性や生産から廃棄まで環境への影響なども考慮することが望ましい。

天然素材を用いた部屋の例

壁の構成 ■表1

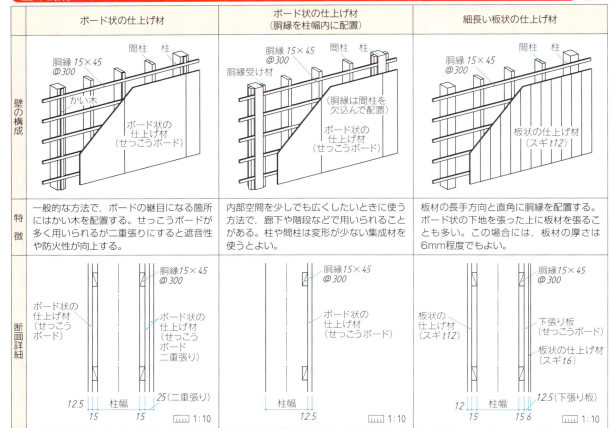

	ボード状の仕上げ材	ボード状の仕上げ材（胴縁を柱幅内に配置）	細長い板状の仕上げ材
特徴	一般的な方法で，ボードの継目になる箇所にかい木を配置する。せっこうボードが多く用いられるが二重張りにすると遮音性や防火性が向上する。	内部空間を少しでも広くしたいときに使う方法で，廊下や階段などで用いられることがある。柱や間柱は変形が少ない集成材を使うとよい。	板材の長手方向と直角に胴縁を配置する。ボード状の下地を張った上に板材を張ることも多い。この場合には，板材の厚さは6mm程度でもよい。

洋室の壁の施工方法

①腰板張り胴縁下地 ②腰板張り ③腰板張り完成 ④見切り縁取り付け ⑤ボードの継目処理

⑥コーナービード取り付け ⑦塗装（白木ワックス） ⑧シーラー塗布 ⑨コーナー処理 ⑩塗り作業

下地用面材（せっこうボード）

1 せっこうボード［JIS A 6901］の種類　■表2

種類（記号）	概　要
せっこうボード　　　　（GB-R）	普通ボードとも呼ばれる，標準的なせっこうボード。
シージングせっこうボード（GB-S）	せっこうおよびボード用原紙に防水処理を施したもので，多湿な部位などに使用。
強化せっこうボード　（GB-F）	耐火性・耐衝撃性向上のため，無機質繊維などを混入したもの。
せっこうラスボード　（GB-L）	表面に長方形のくぼみをつけた塗り下地材。
化粧せっこうボード　（GB-D）	表面を仕上げ材料として化粧加工したもの。
不燃積層せっこうボード（GB-NC）	不燃性ボード用原紙を用いた不燃材料認定の化粧材。

2 せっこうボードの長さ・幅［mm］と種類　■表3

		幅				
		440	455	606	910	1210
長さ	910	—	D, NC	—	D, NC	—
	1820	D	D	F	全種	—
	2420		D	R, F, D	R, S, F, L, D	R, S, F, D
	2730	D	D		R, S, F, D	
	3030	—	—	F	R, S, F	—
	3640	D	—	—	—	—

厚さ：9.5，12.5，15，(16，18)，21，(25) mm。
※種類により16mm以上はないものがある。（ ）内は常備外品。
※種類は，表2の（記号）の末尾の記号による。

3 せっこうボード使用上の留意点

- 曲面加工は，t9.5mmで曲率半径1.5m，t12.5mmで2mが目安で，さらに小さい曲率にする場合は，片面の表面紙を10cm〜15cm間隔に切って，曲面になじませる。
- 間柱や貫・胴縁など下地材の間隔は，45cm以下とする。

釘・ビスなどの打ち付け間隔　■表4

	周辺部	中間部	端部
壁	15cm以内	20cm以内	1cm程度内側
天井	12cm以内	15cm以内	

- 継目部分，出隅・入隅部分　取り付け金物の頭部分などは，ジョイントコンパウンド，ジョイントテープなどを用いて処理する。
※関連規格　せっこうボード用目地処理材［JIS A 6914］，せっこうプラスター［JIS A 6904］

■図1

継目部分

仕上げ

さねはぎ加工の無垢板の例
（壁・天井用の板材）
厚さ：9mm〜12mm
幅：90mm〜120mm
長さ：2m，3m，4m
種類：スギ・ヒノキ・ヒバ・マツなど
（節目などを気にしなければ安価なものもある。）

クロス：p.142参照。
塗　装：p.102参照。

珪藻土入りせっこうプラスターの例　上塗り材の例

シックハウス対策（参考）

1 建築基準法の規制（住宅の居室の内装仕上げの制限）の概要

ホルムアルデヒドを発散する規制対象の建築材料の区分と表示記号　■表5

ホルムアルデヒドを発散する規制対象の建築材料の区分	ホルムアルデヒドの発散速度［$\mu g/m^3 h$］	JIS，JASなどの表示記号	内装仕上げの制限
建築基準法の規制対象外	5以下	F☆☆☆☆	制限なし
第3種ホルムアルデヒド発散建築材料	5超20以下	F☆☆☆	使用面積が制限される
第2種ホルムアルデヒド発散建築材料	20超120以下	F☆☆	
第1種ホルムアルデヒド発散建築材料	120超	F☆（※）	使用禁止

上記の規制対象となる建材としては，
①木質建材（合板，木質フローリング，パーティクルボード，MDFなど）
②壁紙，③ホルムアルデヒドを含む断熱材，④接着剤，⑤塗料，⑥仕上げ塗料など
（※）旧表示でE2，Fc2と表示されているものや表示なしのものを含む。

2 F☆☆・F☆☆☆材料の使用面積の制限

ホルムアルデヒド発散建築材料の使用面積に表6の数値を乗じた値が，当該居室の床面積を超えてはいけない。（施行令20条の7）
複数の種類の材料を使う場合は，それぞれの使用面積に数値を乗じ，合計したものが床面積を超えないようにする。

$N_2 \cdot S_2 + N_3 \cdot S_3 \leq A$

N_2, N_3：表6の数値　　A：居室の床面積
S_2, S_3：第2種，第3種それぞれの使用面積

使用材料とN_2, N_3　■表6

居室の換気回数	第2種（F☆☆）N_2	第3種（F☆☆☆）N_3
0.7回／h以上	1.2	0.2
0.5回／h以上〜0.7回／h未満	2.8	0.5

第2種，第3種の材料を使用した部分ごとに$N \times S$を求め合計する。

■図2　居室の床面積

3 建築基準法の規制（天井裏等の制限）の概要

機械換気設備を設ける場合には，天井裏等（天井裏，小屋裏，床下，壁内，物置その他これらに類する部分）からの居室等へのホルムアルデヒドの流入を防ぐため，次の1〜3のいずれかの措置が講じられていること。

収納スペースなどであっても，建具にアンダーカット等を設け，かつ，換気計画上居室と一体的に換気を行う部分については，居室とみなされ，内装仕上げの制限の対象となる。

1 建材による措置
　天井裏等に第1種，第2種ホルムアルデヒド発散建築材料を使用しない。
2 気密層・通気止めによる措置
　天井裏等に気密層を設ける，または間仕切壁と天井および床との間に合板等による通気止めを設けて，天井裏等と居室を区画する。
3 換気設備による措置
　居室に加え，天井裏等についても換気設備により換気する。

22 天井(1) 和室の天井

和室の天井は，形状や天井板の張り方・材質の違いなどによって，目透かし張り天井・さお縁天井・格天井・船底天井・傘張り天井・網代天井・すの子天井など多種多様である。

材質は，一般的にはスギが多く用いられている。ほかには，ヒノキやキリが用いられることがある。

スギ板には，薩摩杉（屋久杉ともいい，笹杢(ささもく)が特長）・春日杉・吉野杉・秋田杉・神代杉（うずら杢が最上）・黒部杉（ねずこともいう）などがある。木理には，柾目・杢目・板目・中杢（中央部が杢目で両端部が柾目）などがある。

目透かし張り天井

目透かし張り天井

和室に最も多く使用されている天井で，一般的に，合板の上に天然杢の突き板を張った「裏桟付き目透かし用化粧合板」が用いられている。ほかの天井板に比べ，施工が容易であり，比較的安価である。

裏桟付き目透かし用化粧合板（厚さ18mm，幅440mm，長さ3.64m） ／ 天井板と野縁の取り付け（接着剤と金物の併用） ／ 回り縁の取り付け（釘・くさびによる固定） ／ 金物の再締め付け ／ 天井板の汚れ防止（手あか防止に手袋を使用）

さお縁天井

骨組と化粧を兼ねたさお縁の上に天井板を張ったもので，さお縁の間隔は室の広さなどにより決める（例，柱間/4≒45cm，柱間/5≒36cm）。
- さお縁の取り付け方向は，室の長手方向または床の間と平行にする。また，次の間は主室と同じ方向にする。
- 天井板はさお縁と直角方向に窓や縁側など光が当たるほうから張っていく。
- 天井板の羽重ねの刃の厚さは3mmくらいで，羽重ねしろは15mm以上とする。
- 天井板の継目は，元と末を合わせる送り継ぎとする。

さお縁天井

二重回り縁とさお縁 ／ 次の間のさお縁天井 ／ 天井板が広縁側から張り出されたさお縁天井 ／ 羽重ね

和室の天井（目透かし張り天井）の施工方法

①回り縁欠き ／ ②回り縁の取り付け ／ ③回り縁の取り付け完了 ／ ④天井板張り出し ／ ⑤野縁の取り付け

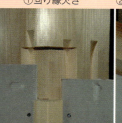    

格天井

格縁を格子状に組み，木理の向きを交互に変えて天井板（鏡板）を張る。
- 格縁の桝目（格間）は奇数にし，大きさは60〜75cm角にする。
- 吊木の取り付けには，図のように格縁に直接取り付けるほか，さお縁天井のように野縁を介して固定する。

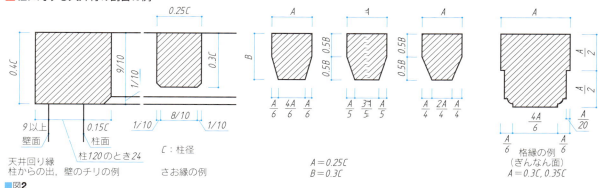

■図1　格縁と吊木の取り付け例

天井材の寸法

1 柱が12cm角の場合の天井材の寸法例［単位：mm］
天井回り縁：せい＝48，幅＝51
さお縁：せい＝30〜36，幅＝せいの9割〜同寸
格　縁：せい＝36〜42，幅＝36〜42

2 柱に対する天井材の割合の例

■図2

和室の天井高さの決め方

①室の広さに合わせて高さを決める。（小壁の高さを畳数に応じた高さとする）
　小壁の高さは，「鴨居下端から天井板下端まで」の場合と「内法長押上端から回り縁下端まで」の場合とがある。また，畳数に乗ずる値は，9cm（12畳）〜12cm（6畳）程度である。
　〈前者の例〉　内法高さが176cmの8畳の和室の場合では，天井高＝176＋（8×9）＝248cm
②定尺長さの柱・間柱を用いて，施工可能な最高の天井高さにする。
　天井板上端から梁下端までの空きは，梁の位置や向きや施工方法によって，0〜10cm程度必要となる。
　〈3mの柱を使用した例〉　土台下端から胴差上端までを310cm，土台下端から畳上端までを24cm，上階の床梁せいを30cm，天井板の厚さを1.8cm，天井板上端から梁下端までの空きを6cmとすると，天井高さは約248cmとなる。
③壁下地材などの寸法に合わせ決める。（材料の切断および端材処理の無駄を省く）
　小壁部分などについて，壁下地材などを等分し，端材を出さないように天井高さを決める。
　〈例〉　せっこうラスボードを1枚と1/3（182cm＋182/3cm）に，畳寄せ・天井回り縁との重なりをみて約240cmとなる。

天井のむくり

平らな天井は目の錯覚により垂れ下がっているように感じるので，和室・洋室ともに，天井の中央部をスパンの1/200程度むくらせる。ただし，照明器具や空調機器を天井に直付けする場合などは，その納まりの都合により，むくらせない場合もある。

■図3

天井仕上げの例

網代張り天井

板張り天井（キリ材）

すの子張り天井

格天井

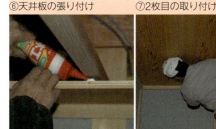
⑥天井板の張り付け　⑦2枚目の取り付け

⑧吊木の取り付け

⑨断熱材の敷きつめ

⑩張り逃げ

23 天井(2) 洋室の天井

洋室の天井には、クロス張り・板張り・化粧合板張り・ロックウール吸音板張りなど、仕上げ材を張る天井と、塗料やしっくい・珪藻土などを塗る天井とに大別することができる。

壁と同様に、塗り仕上げなどは工期や予算などの都合で使用されることが少なくなってきていたが、近年、環境や健康に対する関心が高まり、天然素材のものの使用が増える傾向にある。

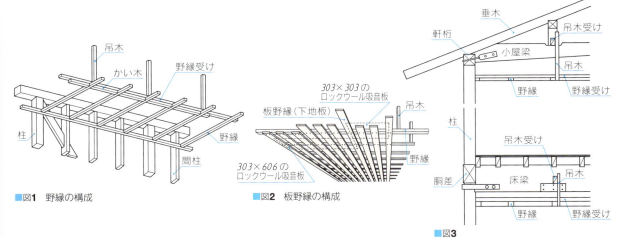

■図1 野縁の構成　　■図2 板野縁の構成　　■図3

板張り天井（ピーラー材）

板張り天井（スギ白太材）

しっくい塗り天井

天井の骨組構成

■表1

骨組部材名	目的	部材間隔	部材の寸法例[単位mm]
吊木受け	吊木の上部を固定し、天井の荷重を小屋組または床組に分担させる。	91cm程度の間隔で小屋梁・床梁などに取り付ける。（スパンは2m以下）	末口φ70、45×90
吊木	天井骨組を所定の高さに吊り、固定する。	縦横91cm内外に、上部を吊木受けまたは梁（2階根太などは避ける）に、下部を野縁受け・野縁に打ち付ける。	30×40、40×45
野縁受け	野縁を支持し、天井面を固定する骨組材。和室の天井では用いない。	せっこうボード・合板類などの場合は、中心間隔を天井板幅に合わせ、野縁の間にかい木を入れて継目の下地とする。板張りやロックウール吸音板張りの場合は、91cm程度の間隔に入れる。	30×40、40×45
野縁	天井板・下張り材を支持する骨組材。	45cm程度で、天井板長さを数等分した間隔。和室では、天井板の桟木やさお縁が野縁の役割をして、野縁（91cm程度の間隔）が野縁受けの役割を果たす。	30×40、40×45
かい木	野縁交差部を相欠きとしない場合の天井板継目部分の下地材。	せっこうボード・合板類などの天井板継目部分（野縁受け下端）に打ち付ける。	30×40、40×45
板野縁	天井板の広さが比較的狭い場合（303mm×303mm、303mm×606mmなど）の下地板。	15cm程度で、天井板幅を数等分した間隔。	12〜15×90

洋室の天井の施工方法

①端野縁の取り付け　②野縁受けの取り付け　③野縁の取り付け　④吊木・かい木の取り付け　⑤断熱材の取り付け

天井の断面詳細図

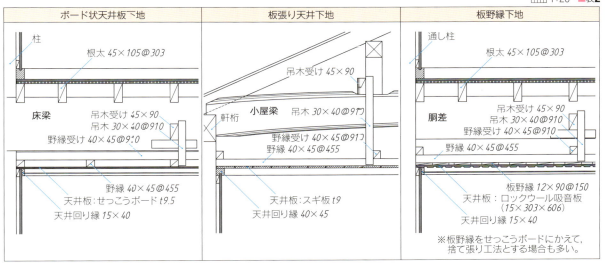

1:20　表2

※板野縁をせっこうボードにかえて、捨て張り工法とする場合も多い。

天井仕上げ材の例

洋風天井用せっこうボード

ロックウール吸音板

化粧合板（タモ）

おがくず入りクロス

洋風天井せっこうボードの例　表3

厚さ	サイズ
9.5	455×910, 910×910

ロックウール吸音板の例　表4

厚さ	サイズ
9, 12, 15, 19	303×606

内装材料の防火認定（参考）

内装材の防火性能は、製品に付けられている防火認定番号で確認できる。

表示例　NM－1864
（材料コード）－（製品ごとの番号）

表5

材料コード	防火性能
NM	不燃
QM	準不燃
RM	難燃

天井点検口
サイズ：30cm角、45cm角、60cm角
30cm×60cm

すのこ天井
（上部は屋根裏部屋）

天井仕上げの留意点

- 野縁材は、天井の不陸（水平でないこと）など、仕上げを左右するので、必ず乾燥したものを使う。
- 天井は経年変化により陰影がはっきりするので、せっこうボードの釘頭や目地、出隅、入隅などの角部へのパテしごきなどは壁以上にていねいに行い、不陸をなくす。また、クロス張りでは、ダウンライトなどボードを切り込んだ部位は、乾燥後しわが出ないようにきちんと巻き込んで処理する。
- 塗装や塗りの場合は、剥離防止のためにシーラーなど下地処理剤を塗布する。塗り材は、塗り厚を3mm程度までとし、厚塗りしない。また、壁との際は、回り縁を付けたほうがきれいに納まる。
- 無垢板の場合は、板幅が元と末などでわずかに違うことが多く、張り進むに従って斜めになりやすいので注意する。また、壁際の板幅調整や継ぎ目を千鳥に張るなど、納まりを工夫する。

⑥せっこうボード張り　⑦継目の補強　⑧色・仕上がりの確認　⑨仕上げ（塗り）　⑩仕上げ（クロス張り）

24 内部開口部

住宅内の各室に設けられる開口部は、人や物が通るために有効な高さや幅が必要となり、閉じたときには気密性や遮音性が求められる。枠や建具は変形がなく、開閉の際は静かで軽快なものとなるようにする。また、車椅子を使用した生活への対応など、将来的な変化への配慮も必要である。

敷居やくつずりの納まりは、高齢者の転倒事故の原因などになる段差や出っ張りをつくらないようにする。

出入口の幅・高さ

出入口の幅
（イ）和室は、柱間と柱寸法により開口幅は決まる。
（ロ）洋室は、有効幅は750mm以上とする。

出入口の高さ
（イ）和室は、伝統的な寸法として1760mm（近年では1820mmが多くなっている。）
（ロ）洋室は、建具に用いる面材寸法に合わせて1820mmや2000mmとする場合が多い。

※一般に、各室の外部と内部の開口部（鴨居下端や上枠下端）の高さはそろえることが多い。この場合、サッシの規格寸法も参考にして高さを決める。

洋間の開口部

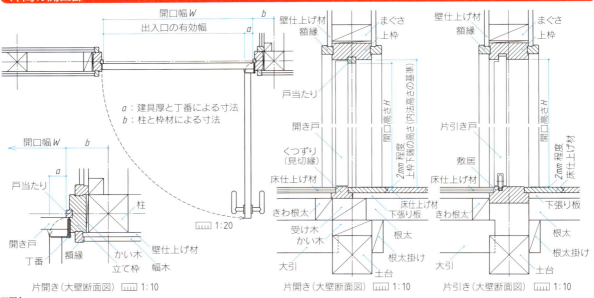

■図1

1 開口部枠の取り付けの留意点
・各枠材は柱・土台（窓台）・梁（窓まぐさ）などに45cm以下の間隔で固定する。
・開き戸の吊元側は、戸の重さに耐えられるようにしっかりと固定する。

2 洋間の建具の例

額縁・枠・戸当たりの例

床面と平らに取り付けた下枠の例（V字型溝レール）

大壁開口部の施工方法

①部材加工　②仕口加工　③組み立て　④枠取り付け

和室の開口部

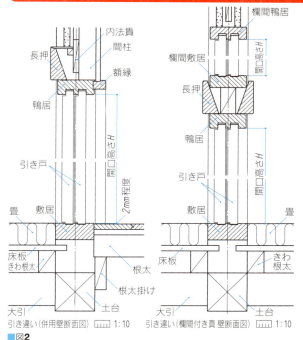

■図2

- 鴨居・上枠は、中央部をわずかに（各部材長さの1/500〜1/800程度）むくらせる。

敷居・敷居すべり・建具の例
（竹製の敷居すべりや、ケヤキ材を埋め木したものもある）

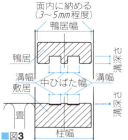

■図3

1 敷居・鴨居の溝寸法の例

- 敷居・鴨居の溝幅＝21mm
  地方等により18mmの場合もある。
- 中ひばたの幅＝9〜15（一般12）mm
  襖は9mmの場合もある。
- 敷居の溝深さ＝2〜3mm
  溝の摩減防止や建具の潤滑のため、敷居すべりなどを取り付ける。
- 鴨居の溝深さ＝12〜15（一般14）mm

2 内法回りの木割りの例
■表1

敷 居	幅	畳敷き側は柱面とそろえる。板張り側は柱の面内に納める。（柱面より3〜6mm入れる。）
	せい	柱の0.4〜0.5倍
畳 寄	幅	柱面とそろえ、壁面より9mm以上中へ入れる。
	せい	敷居と同じ。
鴨 居	幅	柱の0.9倍、柱の面内に納める。
	せい	柱の0.35〜0.4倍
付鴨居	幅	柱の面内に納め、壁面より9mm以上中へ入れる。
	せい	鴨居と同じ。
長 押	幅	下幅：鴨居上に18mm以上のせる。（市場品は36mm程度）上幅：10mm程度（市場品は7mm程度）
	せい	柱の0.8〜0.9倍（半長押の0.6〜0.7倍）
		柱からの出：柱の0.14倍（市場品の使用では15mm程度）
吊り束	見付け	柱の0.9〜0.95倍
	見込	鴨居幅と同じか、3mm以下中へ入れる。
欄間敷居	幅	柱の0.8倍、吊り束がある場合は柱の0.7倍
	せい	柱の0.3〜0.4倍、鴨居せいの0.8倍
欄間内法高さ		8畳→320〜450mm、12畳→530〜650mm
欄間鴨居	幅	欄間敷居と同じ。
	せい	柱の0.3倍
天井回り縁	幅	壁面より9mm以上中へ入れる。
	せい	柱の0.4倍
		柱からの出：柱の0.1〜0.18倍
さお縁	幅	柱の0.25〜0.3倍
	せい	柱の0.3倍、または幅の3mm増し。

3 障子の種類（形状・組子・格子など）
■表2

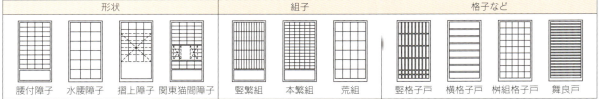

形状				組子			格子など			
腰付障子	水腰障子	摺上障子	関東猫間障子	竪繁組	本繁組	荒組	竪格子戸	横格子戸	桝組格子戸	舞良戸

建具金物（参考）

ドアチェック　　レバーハンドル　　プッシュブルハンドル

真壁開口部（鴨居）の施工方法

①仕口ひかり　②仕口墨付け　③仕口加工　④間柱孔加工　⑤取り付け

25 階段

階段は上下階を連絡する通路であり、その形状は、間取りなどの関係により直階段・かね折れ階段・折り返し階段など、いろいろなものがある。特に階段は、転落事故などが起きる危険な場所でもあり、高齢者も安全に昇降できるものでなくてはならない。

踏面と蹴上げの決め方

（下図の設計例：階高3000mm，階段水平距離3600mm）

①仮の段数を求める。
　　階高3000mmを蹴上げの目安値190mmで割ると，≒15.79となり16段とする。
②蹴上げを求める。
　　階高3000mmを①の仮の段数16で割り，187.5mmとなる。
③踏面を求める。
　　階段の水平距離3600mmを段数から1を減じた数15で割り，240mmとなる。
④踏面と蹴上げの適否［55cm≦T（踏面）＋2R（蹴上げ）≦65cm］を検討する。
　　T＋2Rは240＋（2×187.5）＝615となり，適当である。
※この前後の段数についてもT＋2Rを計算し，最も適当なものに決定する。

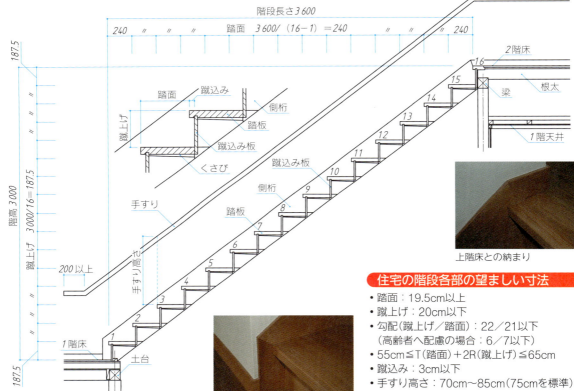

住宅の階段各部の望ましい寸法

- 踏面：19.5cm以上
- 蹴上げ：20cm以下
- 勾配（蹴上げ／踏面）：22／21以下
  （高齢者へ配慮の場合：6／7以下）
- 55cm≦T（踏面）＋2R（蹴上げ）≦65cm
- 蹴込み：3cm以下
- 手すり高さ：70cm～85cm（75cmを標準）
- 有効幅：85cm以上

■表1

施行令23条による住宅の階段	
踏面	15cm以上
蹴上げ	23cm以下
有効幅	75cm※

※直上階の居室の床面積200m²以下

■図1
※階段の有効幅は，「左右の柱中心距離－（柱径＋下地材・壁材厚さ）」となる。また，手すりの出が10cm以下であれば，手すりはないものとみなして有効幅を算定することができる。

階段の施工方法

①勾配と位置決め

②部材の墨付け

③部材加工

④回り部分の取り付け

階段の種類

1 昇降方向による種類

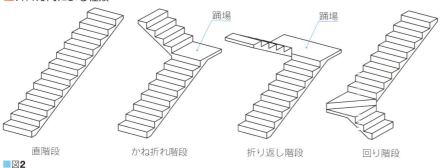

直階段　　かね折れ階段　　折り返し階段　　回り階段

■図2

2 構成による種類

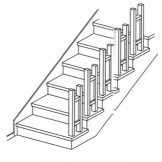

側桁階段　　　　　　側桁・ささら桁階段

■図3

手すりの例

踏板のすべり止め

階段の設計上の留意点

- 同一階段では踏面・蹴上げ寸法を途中で変えないようにする。
- 回り階段は踏面が一定でないので足を踏みはずしやすいこともあり，避けることが望ましいが，設ける場合には次の点に注意する。
  - (イ) 90度の回り部分では，踏板は45°にする。
  - (ロ) 足を踏み外したときの転落距離を考慮し，上階に近い所には回り部分を設けない。
- 手すりをしっかりと固定するための下地（受け材）を入れる。
- 暗い階段は危険なので，足下灯をつけるなどして明るくする。
- すべり止めは，踏板に溝をつけるなど，踏面と同一面に納めるようにする。

側桁に鋼板を用いた階段

木構造住宅用エレベーターの例（参考）

- 3人（200kg）乗り
- 油圧式エレベーター
- ピット深さ450mm以上
- オーバーヘッド 2350mm以上
- 柱間1515mm×1515mm
- モーター容量1.5kw
- 昇降スピード 20m/分

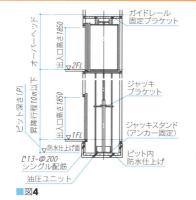

■図4

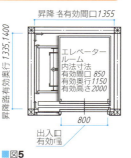

■図5

折りたたみ式収納階段
屋根裏物置などに使用。階段幅は450mm

⑤側桁の取り付け　⑥踏板の取り付け　⑦蹴込み板・補強板の取り付け　⑧完成

26 住宅の設備(1) 台所

台所（キッチン，厨房）の機器には，システムキッチンといわれるカウンター，流し（シンク），コンロ，オーブンレンジ，食器洗い機などが一体化された形式のものが多い。コンロには，主にガスとIH（鍋などを磁気線で発熱させ食品に熱を与える形式）があり，用途に応じて選択する。

このほか，配膳のための作業台や炊飯器，トースターなどを置くスペースも必要になる。

I 型配置

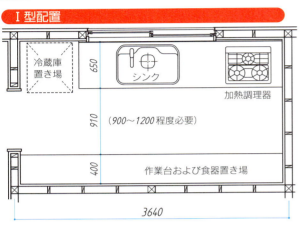

平面図

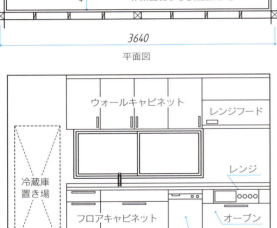

展開図

■図1 1:50   展開図

対面式配置

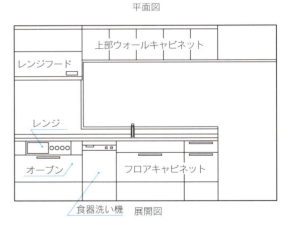

平面図

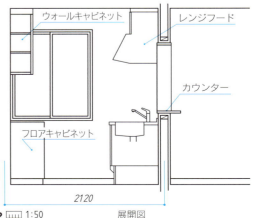

展開図

■図2 1:50   展開図

調理の流れと使用機器

材料の保存・準備	材料の洗浄	下ごしらえ	加熱・調味	盛り付け	食事テーブル	食器洗浄	食器・台所用具片づけ
食品庫 冷蔵庫	流し台	調理台	コンロ オーブン レンジ	作業台 調理台		流し台 食器洗い機	戸棚 食器棚

システムキッチンの構成材と寸法

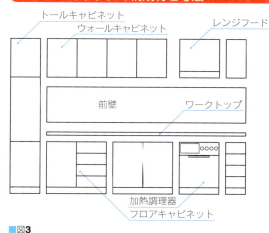

ワークトップ
　組み合わせたフロアキャビネットなどを覆う甲板。ステンレス，人造石，合成樹脂製がある。ワークトップを加工し，シンクを納める。
　奥行き　600，650，700mm（アイランド型は900〜1000）
　幅　1800〜3600mm（100mmまたは150mmきざみで各種）
ワークトップ天端は床面から800，850，900mm。

フロアキャビネット
　床の上におく厨房器具や食品の収納用のキャビネット。鋼板，合板に表面加工したものを用いる。
　奥行き　600mm以上（ワークトップの奥行きに合わせる。）
　幅　300〜1800mm（100または150mmきざみで各種）

トールキャビネット
　床から天井近くまでの高さのあるキャビネット。

ウォールキャビネット
　壁に取り付けるキャビネット。フロアキャビネットと同質。
　奥行き　300，350mm（450mm以下）
　幅　300〜1800mm（100または150mmきざみで各種）

■図3

その他の平面形式

L型配置

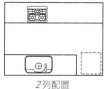

2列配置

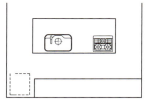

アイランド型配置

■図4

車椅子対応の台所（参考）

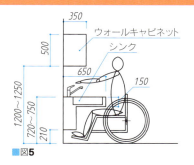

　図5に示した数値は標準的な寸法で，使用者の体形や動きに合わせ，各部の寸法を調整する。
　シンクの深さは120mm程度と通常の製品より浅いものを用い，車椅子の状態でシンクの下に足が入るようにする。

■図5

施工方法

①下地　　②調理器・フロアキャビネットの取り付け　③ウォールキャビネットの取り付け　④完成

27 住宅の設備(2) 浴室・脱衣洗面所

ユニットバス（和風）

現場製作

ハーフユニットバス

浴室には，浴槽を含む必要な器具から内部仕上げまですべてがセットになって，現場で組み立てられるユニットバスがあり，住宅では施工の容易さからこの形式を用いることが多い。このほか，浴室に必要な構成部材を選択して設計し，現場で製作していく形式がある。

ユニットバス（和風）による浴室と脱衣洗面所

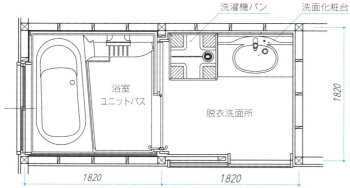

■図1　1坪サイズ平面図　1:50

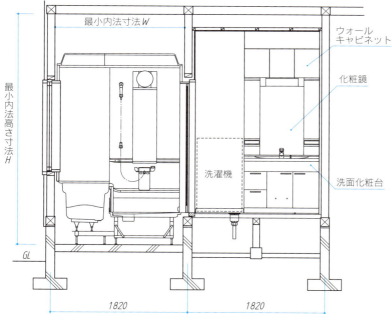

■図2　1坪サイズ断面図　1:50

洗濯機パン

洗濯機パンの寸法例　[単位：mm]　■表1

幅	640	800	900	950
奥行き		640		700

脱衣洗面所

洗面化粧台の寸法例　[単位：mm]　■表2

幅	600・750・900・1000・1200
奥行き	600程度

● 参考：液化石油ガス（LPG）のボンベ設置スペース

■図3

ガスボンベ（50kg容器）
直径370程度　高さ1280程度

- ガスボンベは通気のよい屋外に設置する。
- 給湯用ボイラーなど燃焼機器の2m以内には設置しない。
- 日当たりのよい建築物の南側への設置は避ける。

ユニットバス（和風）のサイズと寸法例　■表3

タイプ	柱心寸法 [mm]	バスユニット設置に必要な最小内法寸法	
		幅×奥行き [mm]	高さ [mm]
1.25坪サイズ	2275×1820	2100×1700	2846
1坪サイズ	1820×1820	1700×1700	
0.75坪サイズ	1365×1820	1245×1645	

現場製作の浴室

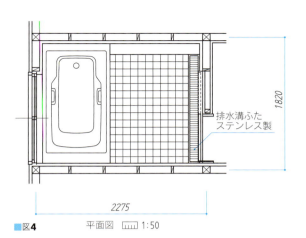
■図4　平面図　1:50

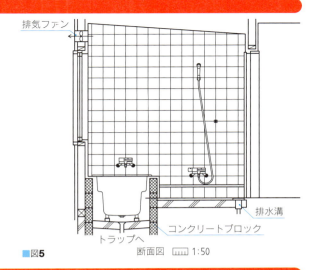
■図5　断面図　1:50

浴槽

1 浴槽の材質による種類と寸法例　[単位：mm]　■表4

人工大理石	いものホーロー	FRP
1700×1000×600	1600×900×600	1200×750×600
1600×800×600	1400×800×600	1000×750×650
1500×800×600	1200×800×600	800×700×650

2 設置方法

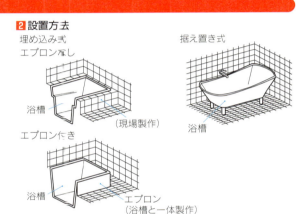

■図6

ユニットバス（参考）

ユニットバス

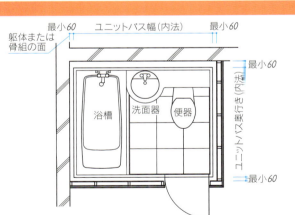
■図7　ユニットバス平面図　1:50

ユニットバスの寸法による種類　[単位：mm]　■表5

種類の記号	奥行き（内法）×幅（内法）
1624	1600×2400
1620	1600×2000
1418	1400×1800
1218	1200×1800
1216	1200×1600
1116	1100×1600
1115	1100×1500
1014	1000×1400

内法高さは2050mm程度。設置に必要な高さは内法高さ＋300mm。

施工方法

①下地　　②浴槽周辺部石張り　　③壁石張り　　④完成

28 住宅の設備(3) 便所

便器には洋式と和式があるが洋式を用いることが多い。洋式の便所を図1に示す。

標準的な便所

収納・手洗い付き便所

和風便器

小便器

手洗い器

標準的な便所

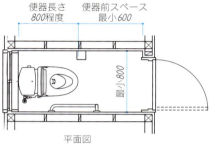

便器長さ 800程度
便器前スペース 最小600
最小800
平面図

A展開図
B展開図　D展開図
C展開図
1:50

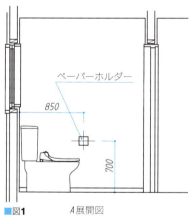
A展開図
ペーパーホルダー
850
700

B展開図
排気ファン

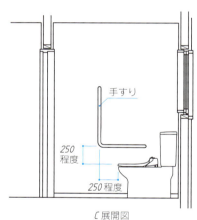
C展開図
手すり
250程度
250程度

D展開図
通気ガラリ

■図1

1 収納や手洗いスペースを考慮した便所

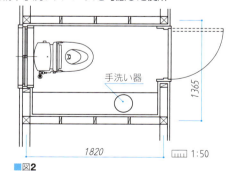

手洗い器
1365
1820
1:50

■図2

2 介助スペースを考慮した便所

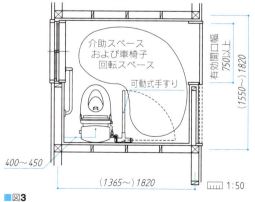

介助スペースおよび車椅子回転スペース
可動式手すり
有効開口幅 750以上
1820 (1550～)
400～450
(1365～)1820
1:50

■図3

排水

住宅の排水は大きく分けて，便所からの汚水，台所や洗面所・風呂などからの雑排水，雨水の3種類がある。これらのうち汚水と雑排水は汚染されているので，図4・図5に示すような方法で処理する。

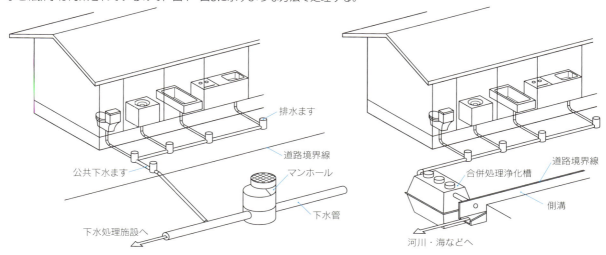

■図4 下水道が整備されている地域　　地域により雨水は，下水管に放流する場合と，側溝に放流する場合がある。

■図5 下水道が整備されていない地域　　雨水は直接，側溝へ放流する。

浄化槽

1 浄化槽のしくみ

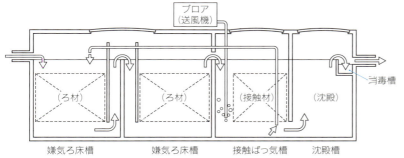

■図6 嫌気ろ床，接触ばっ気方式の浄化槽（BOD※除去型）

排水ます

嫌気ろ床槽……嫌気性微生物により，汚水の有機物を分解する。
接触ばっ気槽……好気性微生物により，有機物の分解を促進させる。
沈殿槽……汚泥を沈殿させ，上澄みした水を消毒槽に送る。
消毒槽……塩素系の薬剤で滅菌し，放流する。
※Biochemical Oxygen Demandの略で，水の汚れを示す指標のひとつ。

浄化槽

2 浄化槽の大きさと設置場所

大きさは下水を処理する人数により求める。これを処理対象人員といい，人員数の算定は［JIS A 3302］による。住宅は実際の居住者数ではなく，床面積より算定する。延べ面積130m²以下では5人，130m²を超えるときは7人となり，この人員数の下水を処理する能力をもった浄化槽を選択する。

5人分の処理能力をもった浄化槽を5人槽，7人分を7人槽といい，図7のような大きさの製品が多い。これにより，平面的な設置スペースは，施工スペースを含め2×3〜3.5m必要になる。

建築物の直下や近くは図8のように土圧が作用するので，浄化槽を埋設できない。建築物から2m程度離して設置するのが望ましいが，図9のように地中に擁壁を設けて設置することもある。

■図7 浄化槽の大きさ

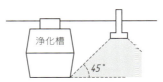

■図8 基礎の土圧の影響範囲

■図9 浄化槽の保護

29 住宅の設備(4) 冷暖房設備・換気設備

冷暖房設備

適切な室内温度環境は，17～28℃である。冬季は20℃前後，夏季は26℃前後を目安に室温調整をする。湿度は40%～70%が適切であるが，住宅用ルームエアコンは除湿機能はあるが加湿機能のないものが多い。この場合，夏季の高湿度には対応できるが，冬季には室内が低湿度になりがちなので注意を要する。

1 ルームエアコンの基本構成

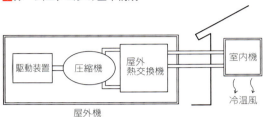
■図1

2 屋外機の圧縮機を動かす動力源の種類

ルームエアコン
- 電動機駆動式……電気モーターで圧縮機を動かす方式で多用されている。
  EHP（Electric Heat Pump）
- ガスエンジン駆動式……ガス（LNG，LPGなど）でガスエンジンを作動させ，圧縮機を動かす。電気駆動式に比べ，冷暖房熱量の大きな機種が多い。
  GHP（Gas engine driven Heat Pump）

3 室内機

壁掛け型
幅　　　　高さ　　　　奥行き
700～800×300程度×200程度

天井ビルトイン型
見付け寸法（カバーパネル）
1000～1100×450～550

4 室外機

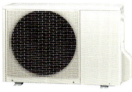

幅　　　　高さ　　　　奥行き
770程度×550程度×300程度

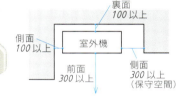

■図2　機器の周囲に空間がとれていないと運転効率が低下する。

室外機設置スペース（平面）
裏面 100以上
側面 100以上
前面 300以上
側面 300以上（保守空間）

ルームエアコンの選定

選定方法には，メーカーが推奨する室面積から選定する方法と，簡易計算による方法がある。

1 カタログに示された室面積による方法

カタログ表示例

		能力	消費電力
暖房	6～8畳 (10～13m²)	2.8kW	○○W
冷房	7～10畳 (11～17m²)	2.5kW	○○W

推奨面積は，木構造では和室の南向き，鉄筋コンクリート構造では洋室の南向きの場合で示すことが多い。地域の気候や設置する室の条件などを考慮して機器を選定する。

機種による定格能力(kW)の組み合わせ例　■表1

暖房	2.5	2.8	3.6	4.2	5.0
冷房	2.2	2.5	2.8	3.6	4.0
暖房	6.7	7.1	8.5	9.5	10.6
冷房	5.6	6.3	7.1	8.0	9.0

寒冷地仕様の機器には，暖房能力を高くした組み合わせのものがある。
定格能力：機器を最大に近い出力で運転したときの単位時間あたりの熱エネルギーの移動量。

2 簡易計算による方法

設置する室の冷暖房負荷（W）を求め，それ以上の冷暖房の定格能力をもった機器を選択する。　　$F = D \times E$

F：室の冷暖房負荷（W）　D：表2の数値（W/m²）　E：室面積（m²）

住宅の単位面積あたりの冷暖房負荷　　■表2

			冷房負荷（W/m²）	暖房負荷（W/m²）
住宅 木構造平屋建て	和室	南向き	220	275
		北向き	160	265
	洋室	南向き	190	265
		西向き	230	265
共同住宅 鉄筋コンクリート構造	洋室	南向き 最上階	185	250
		中間階	145	220

数値の設定条件は次のようになるが，これらの条件と設置室の状況を比較して機器を選定する。

- 夏季は，外気温が33℃になるような日でも室温を27℃程度にする。
- 冬季は，外気温0℃になるような日でも室温を20℃程度にする。
- 換気回数は1～1.5回/hとする。在室者数は10m²あたり3人とする。
- 室面積に対する窓面積の割合は，和室南向きで40%，和室北向きで20%，それ以外はすべて30%とする。
- 照明器具は蛍光灯10W程度を使用したものとする。

換気設備

室内の汚染された空気を入れ換え良好な環境にするために，また，シックハウス対策の一部として換気設備を設ける。
シックハウス対策としては，住宅等の居室では24時間を通して換気回数を0.5回／h以上にする。

1 換気方式

■図3　第1種機械換気設備
給気量と排気量のバランスをとりながら，給気・排気ともに機械を用いる。室温調整はしやすいが，設備費はやや高額になる。

■図4　第2種機械換気設備
給気を機械で行い，外気圧より室内の気圧を高くし，室内の汚染空気を排気口から押し出す。

■図5　第3種機械換気設備
排気を機械で行い，外気圧より室内の気圧を低くし，新鮮な外気を給気口から自然に流入させる。

2 シックハウス対策としての換気計画（第3種機械換気設備とした場合）

各居室個別に排気する方式

■図6

天井裏等の換気（すべての方式に共通）
次のいずれかの方法をとる。
1. 天井裏等に用いる材料をすべてF☆☆☆☆とする。
2. 気密層／通気止めを設け，天井裏等の空気が居室に流入しないようにする。
3. 換気設備を設ける。

一般的な排気ファンの排気量

使用箇所	排気量 [m³/h]
台所	500（最大）
浴室	150〜200
便所	25

室内を通気させて排気する方式

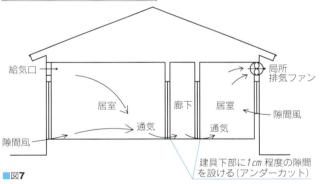
■図7

局所換気用器具（排気ファン）

（天井埋め込み）

（壁付け）

セントラル換気用器具

排気ファン

分岐チャンバー

ダクトを設ける方式（セントラル換気）

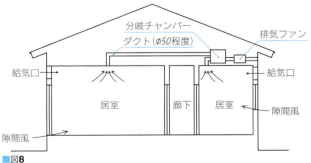
■図8

ダクト

排気グリル

30 住宅の家具や器具

各部の寸法はおおよそを示す。製品により寸法は異なるので詳細な寸法はメーカーのカタログなどで調べる。

居間

配置例と設置スペース

L型配置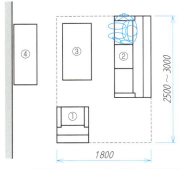

対面形配置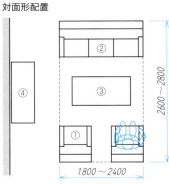

※点線はソファー・テーブルの配置範囲を示す。

● 1人掛けソファー①

● 2〜3人掛けソファー②
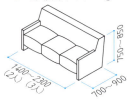

● サイドボード
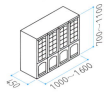

● ライティングビューロ

● ピアノ（アップライト）
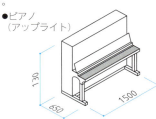

質量が250kg程度あるので，設置位置の床は補強しておく。

● テーブル③

● テレビボード④
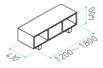

● 参考：テレビの大きさ（スタンドを含む外形寸法）

	幅 高さ 奥行		幅 高さ 奥行
32型	740×510×200	55型	1240×760×300
40型	920×580×220	65型	1460×880×350
50型	1130×710×250		

食堂

● テーブル（4人掛け）

● 椅子

● 食器棚
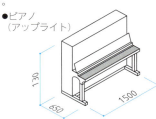

● テーブル（円形）

径1000〜1200

● 幼児用椅子

配置例と設置スペース

4人掛け
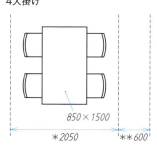
850×1500
＊2050　＊＊600

6人掛け
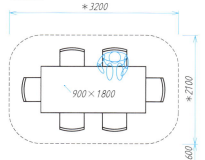
＊3200
900×1800
2100

＊ 椅子の出し入れを考慮した必要スペース
＊＊ 椅子の背後を歩行するときに必要なスペース

● 参考：1人に必要なテーブル上のスペース
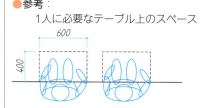

寝室

配置例と設置スペース

シングル×2台／セミダブル×2台／ダブル×1台

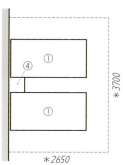

*ベッドメイキングや歩行用のスペース（幅600程度）をとったときの配置に必要なスペース。

- ●ベッド 2000～2050
- 幅　シングル 1000～1050 ①
　　セミダブル 1200～1250 ②
　　ダブル 1400～1600 ③
- ●ナイトテーブル ④ 400×400×500
- ●ベビーベッド 800×1250、高1050
- ●チェスト 500×1000、高750
- ●ワードローブ（洋服ダンス） 600×800、高1800
- ●ドレッサー 450×700、高1400／スツール 350×450、高450

子供室

- ●本棚 350×600、高1800
- ●参考　本や紙のサイズ
  - A版：A4 210×297、A5 148×210、A6 105×148、文庫本
  - B版：B4 257×364、B5 182×257（本書）、B6 128×182
- ●机 650×1000、高720
- ●二段ベッド 900×2050、高1550
- ●椅子 450×450、高800

ふつうのベッドの寸法は寝室用と同じ。

和室

- ●座卓 900×1200～1500、高350
- ●こたつ 750×750、高400／こたつ敷き 1900×1900
- ●和タンス 450×1060、高1780
- 座布団の大きさ ■表2
  - 550×590
  - 590×630
  - 630×680

その他

- ●冷蔵庫 600～700×600～700、高1700～1800
- ●洗濯機 550～600×550～600、高900～1000
- ●電子レンジ 480×500、高350　上面、側面は100程度の隙間をとる。
- ●電気炊飯器 230×220、高220
- ●電気ポット 220×280
- ●台所用ゴミ箱 350×450、高600
- ●掃除機 250×300、高950　収納時の大きさ
- ●アイロン台 100×350、高1250　収納時の大きさ
- ●衣類
  - 幅　成人男子450　成人女子380
  - 長さ　上着　成人男子750　成人女子600
  - コート　成人男子1200　成人女子1000
- ●手動車椅子 W500～600×L950～1000、H850～900　折りたたみ時 L950×W350×H650
- ●靴　1足分の大きさ　長さ 300 幅 250 高さ 150

布団の大きさ（平面） ■表1

	敷き布団		掛け布団	
	幅	長さ	幅	長さ
シングル	1000	2100	1500	2100
セミダブル	1200	2100	1700	2100
ダブル	1450		1950	

31 住宅の外構

住宅の外部空間には，車庫や物干場など生活のためのさまざまな機能が要求される。また，門や庭など住宅のイメージを決める要素も多くあるため，事前に十分な検討をしておく。

屋外空間の構成

外構
- 門 …… 門扉，門付属物（門灯・ポスト・チャイム・表札等）
- 塀 …… フェンス，垣，生垣等
- 庭
  - 前庭（門から玄関をつなぐ庭）……歩道，植栽，庭園灯等
  - 主庭（主要居室に面した庭）……花壇，パーゴラ，テラス，池，植栽，庭園灯，庭門，景石等
  - 中庭（坪庭，建築物に囲まれた庭）……灯籠，植栽等
  - 裏庭（サービスヤード，勝手口に面した実用的な庭）……物干場，物置，ゴミ置場等
  - 通路（前庭，主庭，裏庭を連絡する道）……延べ段，植栽等
- 車庫，自転車置場等
- 階段，スロープ
- 擁壁 …… 地面に高低差があるとき土砂が崩れないように設ける壁状の構造物

外構に用いる製品例

1 門・塀

門扉

片開き　600・700・800×1000・1200
両開き　1200・1400・1600×1000・1200

※右扉内開きが一般的である。

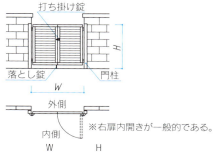

郵便受け
（種類）壁面埋め込み式
　　　　スタンド式
　　　　外掛け式
　　　　門扉取り付け式

埋め込み式　390×190×260
　　　　　　490×190×260

金属製格子フェンス［JIS A 6513］

H	W
600	
800	2000
1000	

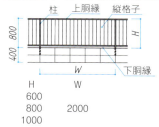

2 床材

インターロッキング
198×98×60・80
225×111×60・80

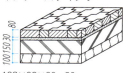

舗石ブロック
100×100×20
200×200×20
100×200×20
150×150×20
300×300×20
150×300×20

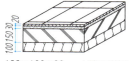

敷石
450×450×40
450×750×40
450×600×40
450×900×40

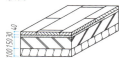

鉄筋コンクリートU字溝［JIS A 5372］

U字溝ふた

グレーチング

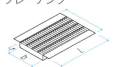

■表1

呼び名	U字溝				U字溝ふた			グレーチング			
	a	b	c	L	t	b	L	t	b	a	L
150	150	150	30		35	210		25	140	210	
180	180	180	35		40	250		25	170	240	
240	240	240	45	600	50	330	500	32	230	300	
300A		240	45	1000			600				995
300B	300	300	50	2000	55	400		44	287	375	
300C		360	50								
360A	360	300	50		55	460		50	347	435	
360B		360	50								
450	450	450	55		60	560		55	436	550	
600	600	600	70		75	740		75	588	720	

3 テラス・デッキ

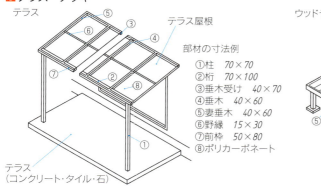

テラス / テラス屋根

部材の寸法例
- ①柱　70×70
- ②桁　70×100
- ③垂木受け　40×70
- ④垂木　40×60
- ⑤妻垂木　40×60
- ⑥野縁　15×30
- ⑦前枠　50×80
- ⑧ポリカーボネート

テラス（コンクリート・タイル・石）

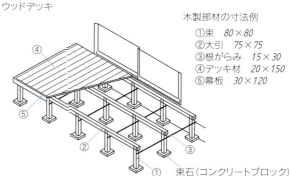

ウッドデッキ

木製部材の寸法例
- ①束　80×80
- ②大引　75×75
- ③根がらみ　15×30
- ④デッキ材　20×150
- ⑤幕板　30×120

束石（コンクリートブロック）

4 駐車スペース

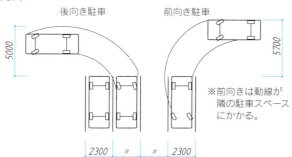

後向き駐車　5000／2300
前向き駐車　5700／2300
※前向きは動線が隣の駐車スペースにかかる。

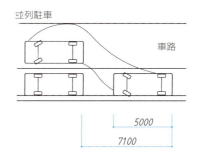

並列駐車　車路　5000／7100

駐車場

歩行者用通路　1500以上／5500
2300　一般／2900　杖使用／3300　車椅子使用

屋根付駐車場[JIS A 6604]
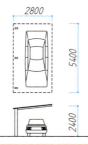
2800／5400／2400
1台タイプ　2800×5400
2台タイプ　5700×5400

駐輪場

1900／500 500 500

エクステリア関連製品例

物置
間口　600、900、1140
奥行　550、750、900
高さ　1000、1300、1600、1900

倉庫
間口　1900、2200、2600、3000、3600
奥行　800、1200、1500、1900、2200、2600、2900
高さ　2100、2350

物干し台
高さ1650×幅950　パイプφ32

ゴミ箱
（丸型）
45型　445×510
60型　500×540
70型　490×630
90型　535×700

（角型）
45型　340×445×570
60型　370×510×620
70型　395×500×645
90型　430×550×710

ベビーカー
（使用時）W500×D900×H1100
（収納時）W500×D550×H950

ベランダ用物干し
550／70／150
取り付け位置
腰壁（上向き）（水平）（下向き）（収納時）ベランダ
壁面　1000／1800

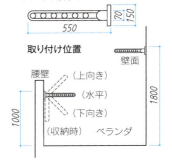

2章 鉄筋コンクリート構造

鉄筋コンクリート構造の建築物ができ上がるまで

A ラーメン構造の建築物
陸屋根：アスファルト防水
外壁：薄付け仕上げ材塗り・コンクリート打放し

B 壁式構造の共同住宅
勾配屋根：瓦葺き
外壁：薄付け仕上げ材塗り

1 縄張り 配置図を元に，敷地内に建築物の位置を杭と縄で示していく。

2 根切り 基礎の形状に合わせ地盤を掘削する根切り工事を行う。

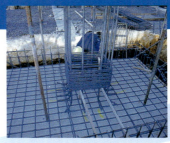

3 基礎の配筋 捨てコンクリートの上に墨出しをして，所定の位置に基礎の配筋を行う。

7 支保工 スラブの型枠を組み，これを下から支保工で支える。

8 梁の配筋 スラブの型枠上で梁の鉄筋を組み，梁の型枠の中に落とし込む。

9 スラブの配筋 スラブ筋を組んで行く。スペーサーでかぶり厚さを確保する。

13 外部開口部 サッシを取り付け，詰めモルタルやシーリングを施し，雨水が浸入しないようにする。

14 外壁 防水性・耐火性・耐久性に富んだ仕上げ材料を堅固に取り付ける。

15 断熱 室外と室内の熱貫流を少なくするために断熱を行う。省エネルギーに効果があるので多くの工事に用いられる。

2章・鉄筋コンクリート構造

A ラーメン構造

B 壁式構造

4 柱の配筋 基礎から立ち上げた柱の主筋に1階の柱の主筋を継ぎ、帯筋を配置する。

5 柱・梁の型枠 柱の型枠を組み立て、それに梁の型枠を連続させ組み立てる。

6 壁の配筋 壁の配筋は片側の型枠を組み立ててから配筋を行うことが多い。

10 コンクリート打ち込み 1階分の配筋と型枠が完了したら、1階分まとめてコンクリートの打ち込みを行う。

11 躯体の完成 部位ごとに規定のコンクリート強度の発現を確認して型枠をはずす。

12 防水 雨がしみ込まないよう屋根の防水工事を行う。

16 天井 不燃性を高めるように、下地に鋼製の部材を用いる。乾式工法のため、工期の短縮につながる。

17 壁 鋼製の壁下地にボードを張り、クロス張りや塗装などで仕上げる。

18 床 モルタルやセルフレベリング材で水平な下地をつくり、その上に仕上げ材を施す。

1 基礎(1) 直接基礎

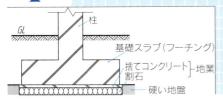

硬く良好な地盤に直接設置する基礎で，柱下部に基礎スラブを設け荷重を分散させて地盤に伝達させる。基礎の種類は，建築物の規模や地盤の強さや性質により選定する。

●種類

■表1

名称	フーチング基礎		べた基礎
	独立基礎	連続基礎	
概要	1本の柱を1つの基礎スラブで支え，これを基礎梁で連結し基礎を一体化する。	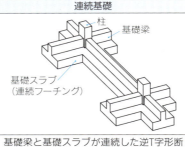基礎梁と基礎スラブが連続した逆T字形断面の基礎で，剛性が高く，不同沈下への抵抗性が高い。	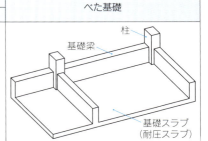建築物底面全体を1つの基礎スラブとして建築物を支える。地盤が軟弱であったり地階がある場合に用いる。

●独立基礎

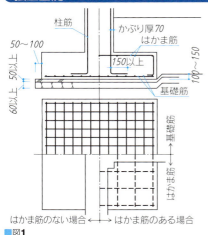

■図1

断面形状：基礎スラブの断面形状は，コンクリートの打ち込みを考慮してハンチのない長方形断面にすることが多い。

地業：敷込み砂利の厚さは60mm以上とする。

捨てコンクリート：厚さ50mm以上とし，表面は平らに仕上げ，基礎スラブや基礎梁の外縁より50～100mm出す。

基礎筋（ベース筋）：基礎スラブ下端に格子状に配置する鉄筋で，かぶり厚さは70mm以上とする。

はかま筋：偏心や浮上りを生じる基礎には配筋するが，通常の基礎では必要としない。

●独立基礎の基礎スラブの仮定寸法　縦×横×厚さ[m]　■表2

スパン[m]		5×5	6×6	7×7
階数	1	1.6×1.6×0.4	1.9×1.9×0.5	2.2×2.2×0.6
	2	2.2×2.2×0.6	2.7×2.7×0.8	3.1×3.1×0.9
	3	2.7×2.7×0.8	3.3×3.3×1.0	3.8×3.8×1.2

●独立基礎と基礎梁の取り付け位置

■表3

1 基礎梁を基礎スラブ底面近くまで下げた例	2 基礎梁を基礎スラブ上部まで上げた例
・基礎筋と基礎梁筋が交錯しないよう基礎スラブの底面を100～150下げることが多い。	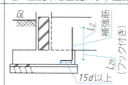・基礎と基礎梁を一体とするために図のような補強筋を入れる。補強筋：基礎の幅に応じて2～4-D16とする。(L_2，L_{2h}はp.90参照。)

基礎梁の大きさ：最下階の梁せいの1.5倍，幅はせいの1/2程度

●基礎の施工方法

①ベンチマーク　②根切り　③ダンプトラックとバックホー　④捨てコンクリート

2章・鉄筋コンクリート構造

連続基礎

■図2
基礎筋とはかま筋の配筋は，独立基礎に準ずる。

●基礎スラブの配筋
基礎筋は主筋と配力筋で構成する。
① 隅柱の部分は，桁行，梁間，両方向の主筋を連続して配置する。
② 中柱の部分は，どちらかの方向の主筋を連続して配置する。
③ 側柱の部分は，外周に沿って主筋を連続して配置する。

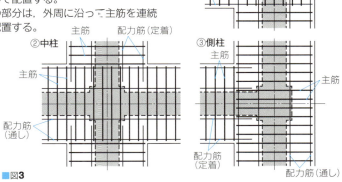
■図3

べた基礎

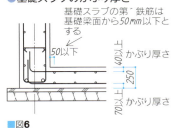
■図4

●基礎スラブのかぶり厚さ

■図6

●基礎スラブの配筋（L_x，L_yなどはp.93の床スラブの配筋を参照。）
基礎スラブの補強筋として，径9mm以上の鉄筋を30cm以下の間隔で配置する。

■図5

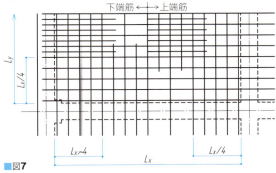
■図7

基礎梁

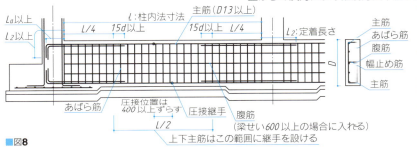
■図8

図8は，独立基礎をつなぐ一般的な基礎梁を示す。スラブからの荷重や地盤からの反力により配筋方法や継手位置が異なるので注意する。

●あばら筋
径：D10（φ9）以上
間隔：梁せいの1/2以内かつ250mm以内

●腹筋
割付本数　　　　　　　　　　■表4

D< 600	不　要
600≦D<1050	2-D10（1段）または2-D13
1050≦D<1500	4-D10（2段）または4-D13
1500≦D<1950	6-D13（3段）
1950≦D<2400	8-D13（4段）

●幅止め筋
D10（φ9）を1000mm間隔以内

⑤配筋　　⑥型枠組み立て　　⑦型枠完成　　⑧基礎完成

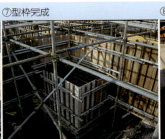

2 基礎(2) 杭基礎

建築物が重く地盤が軟弱な場合や，基礎直下の硬質地盤が薄かったり，建築物が異質の地盤にまたがるような場合には，杭を用いた杭基礎とする。杭基礎は，工法により既製杭と場所打ちコンクリート杭に大別される。

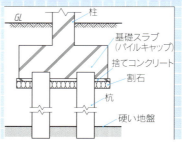

基礎スラブ

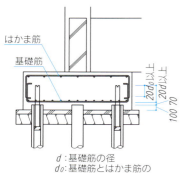
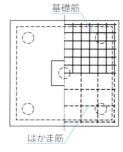

■図1

- 砂利地業の厚さは60mm以上とする。
- 捨てコンクリート：厚さ50mm以上とし基礎スラブ端部より100mm以上出す。
- 基礎筋：鉄筋を曲げ末端にフックを付ける。
- はかま筋：偏心や浮き上がりが生じる場合や杭頭処理筋を拘束するために配筋することがある。
- 杭頭の基礎への埋め込み：埋め込み長さは設計図書に特記する。
- 杭頭補強筋：設計図書に特記する。

杭の最小中心間隔（D：杭径） ■表1

既製コンクリート杭	2.5D以上 かつ 75cm以上
場所打ちコンクリート杭	2D以上 かつ D+1m以上
〃 （拡底杭）	($D+D_0$) 以上 かつ (D_0+1m) 以上 D：軸部径，D_0：拡底径
鋼 杭	2D以上 かつ 75cm以上

既製杭

1 工法

■表2

打ち込み杭	打撃（直打ち）工法	既製の杭を打撃や振動により所定の深さまで打ち込む。機械設備は簡単であるが，騒音や振動を伴うことから市街地での使用は困難である。
埋め込み杭	プレボーリング工法（併用打撃工法・根固め工法）	あらかじめ設置深さまで孔を掘削しておき，これに既製の杭を入れる。このあと，打撃または振動で支持層に打ち込む，または，根固め液で固定する。
	中掘り工法（併用打撃工法・根固め工法）	中空の杭にアースオーガーを挿入し，掘削しながら杭を押し込んでいく。設置する深さに達したら，打撃により支持層に定着させる，または，根固め液で先端部を定着させる。
圧入杭	回転圧入工法	鋼管先端に掘削刃があり，鋼管を回転させて所定地盤まで埋設する。低騒音・低振動で長い杭も可能であり機械設備も比較的小規模のため使用が増えている。

■表3

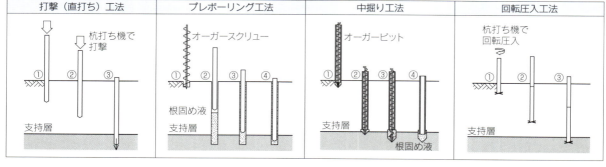

杭基礎の施工方法（プレボーリング工法）

①掘削　②杭の吊り込み　③杭打ち　④基礎スラブの配筋

2 杭の規格 ［JIS A 5372，JIS A 5373，JIS A 5525］

● コンクリート杭

イ) 遠心力鉄筋コンクリート杭 ［RC杭］

外径[mm]	200 250 300 350 400 500 600
長さ	3〜15mの間に1mきざみで製品がある。

ロ) 高強度プレストレストコンクリート杭 ［PHC杭］

外径[mm]	300 350 400 450 500 600 700 800 900 1000 1100 1200
長さ	4〜15mの間に1mきざみで製品がある。

ハ) 高強度プレストレストコンクリート拡径杭 ［ST杭］

呼び名*	3035 3540 4045 4050 4550 4555 5060 6070 7080 8090 90100 100 10
長さ	4〜15mの間に1mきざみで製品がある。

*外径 D_1，D_2 をcm単位で連続してあらわした値。

二) 節付高強度プレストレストコンクリート杭 ［PHC節杭］

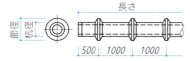

呼び名*	3045 3550 4050 4055 4560 5065 6075 7090 80100 90110 100120
長さ	4〜15mの間に1mきざみで製品がある。
節間隔	1m

*杭径，節径をcm単位で連続してあらわした値。

ホ) 外殻鋼管付コンクリート杭 ［SC杭］

外径[mm]	318.5 355.6 400 450 500 600 700 800 900 1000 1100 1200
長さ	5〜15mの間に0.5mきざみで製品がある。

● 鋼杭

イ) 鋼管杭

外径[mm]	318.5 355.6 400 450 500 600 700 800 900 1000 1100 1200 1300 1400 1500 1600 1800 2000
長さ	6〜15mの間に0.5mきざみで製品がある。

ロ) 回転圧入鋼管杭

外径[mm]	［小径］114.3 139.8 165.2 190.7 216.3 267.4 318.5 355.6　［大径］400 450 500 550 600 700 800 900 1000 1100 1200
長さ	6〜15mの間に0.5mきざみで製品がある。

場所打ちコンクリート杭

■表4

アースドリル工法	地表近くは表層ケーシング，地中部は安定液を注入して，孔壁の崩れを防ぎながら回転バケットにより掘削・排土を行う。所定の深さに達したら鉄筋かごを挿入し，コンクリートをトレミー管を使って底部より打ち込む。機材や設備が少なく迅速な作業ができる。杭径φ800〜3000　杭長さ60mまで可能。
オールケーシング工法	孔壁の崩れを防ぐためケーシングチューブを圧入しながら，ハンマーグラブで掘削・排土する。掘削後，鉄筋かごを挿入し，ケーシングチューブを引き抜きながらコンクリートをトレミー管を使って打ち込む。杭径φ1000〜2000，杭長さは40m程度まで可能。
リバースサーキュレーションドリル工法	孔には安定液または水を注入し，回転ビットで掘削しながら中空ロッド先端部より泥水を吸い上げ，沈殿タンク（スラッシュタンク）で泥を取り除き水は再び孔にもどす。振動・騒音が少ない。杭径φ800〜3000　杭長さ70mまで可能。
BH(boring hole)工法	ボーリングマシーンにドリルビットを取り付け，先端部から安定液を吹き出しながら回転させて掘削する。掘削した土砂は安定液とともに上部より排出する。土砂を機械で排出後，安定液を再び孔にもどす。騒音・振動が少なく，施工機械も小型で軽量なため狭い場所でも施工できる。杭径φ600〜1500　杭長さ50mまで可能。

■表5

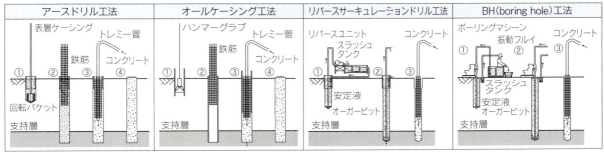

3 躯体の種類と材料

構造の種類

1 ラーメン構造
柱と梁の節点を剛接合した構造体で外力に抵抗する。

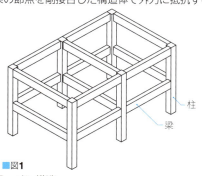

■図1

2 壁式構造
板状の壁とスラブで躯体を構成する。柱や梁の張り出しがない。

■図2

3 壁式ラーメン構造
桁行方向を柱と梁のラーメン構造とし，梁間方向は連層の耐力壁による壁式構造としたもの。

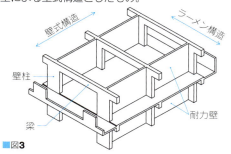

■図3

4 プレキャストコンクリート（PCa）構造
工場生産された床や壁のコンクリートパネルを現場で組み立てる。

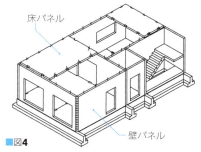

■図4

鉄 筋

鉄筋は棒状の鋼材（棒鋼）と溶接金網に分かれる。棒鋼は，断面が円形の丸鋼と表面に突起をつけた異形鉄筋があるが，主筋には丸鋼は使用しない。

1 鉄筋コンクリート用棒鋼

※記号欄の数値は降伏点下限値 [N/mm²] ■表1

	表示例	径または呼び名 [mm]		標準長さ	記号	圧延マーク	識別色
丸 鋼 JIS G 3191	φ16	9，13，16，19，22，25，28，32		3.5〜12m	(steel round bar)		
					SR235	適用なし	赤
					SR295	適用なし	白
異形棒鋼 JIS G 3112	D16	D6，D10，D13，D16，D19，D22，D25，D29， D32，D35，D38，D41，D51		3.5〜12m	(steel deformed bar)		
					SD295A	なし	なし
					SD295B	I	白
					SD345	・	黄
		節　リブ　　　圧延マーク　　両端面に識別色			SD390	・・	緑
		竹節(横節)鉄筋　波節(斜め節)鉄筋　ねじ節鉄筋			SD490	・・・	青

2 溶接金網（ワイヤーメッシュ），鉄筋格子（バーメッシュ）[JIS G 3551]

■表2

種類		材料規格	主な鉄線径または呼び名	網目寸法 [mm]	外形寸法
溶接金網	鉄線 丸径	SWM-P，SWM-C	φ2.6，φ3.2，φ4.5，φ5.5，φ6，φ9 [mm]	50，75，100， 150，200， 250，300	2m×1m 4m×2m
	異形	SWM-R，SWM-1	CD5，CD6，CD7，CD8，CD9		
鉄筋格子	棒鋼 丸鋼	SR235，SR295	φ6，φ10，φ13，φ16 [mm]		
	異形	SD295A・B，SD345	D6，D10，D13，D16		

鉄筋加工とコンクリート打ち込み

①切断

②曲げ加工

③トラックアジテーターとポンプ車

④コンクリート打ち込み

コンクリートの種類

■表3

普通コンクリート	気乾単位容積質量が2.1〜2.5t/m³のコンクリートで，設計基準強度は18〜48［N/mm²］，耐久設計基準強度は一般劣化環境（おもに屋外）でポルトラントセメントを用いた場合には，短期18，標準24，長期30，超長期36［N/mm²］とする。
軽量コンクリート	骨材に軽量骨材を使用し質量の低減をはかったコンクリートで，軽量粗骨材を用いた1種（1.8〜2.1t/m³）と，軽量の粗骨材・細骨材を用いた2種（1.4〜1.8t/m³）がある。コンクリート中に多量の気泡を発生させたものも軽量コンクリートに含まれるが，気泡コンクリートということが多い。
高強度コンクリート	設計基準強度が48N/mm²を超えるコンクリートで，建築物の高層化に伴い使用が増加した。
高流動コンクリート	混和剤により流動性を高めることで，振動締固め作業を行わなくても密実なコンクリートをつくることができる。流動性はスランプフロー値で示され，45〜65cmを目標値とする。

コンクリートの材料

コンクリートは，水・セメント・細骨材・粗骨材を調合設計で求めた調合により練り混ぜてつくる。混和剤を加えることで，流動性を高めたり，凍結融解に対する抵抗性を向上させるなどの性能を付与できる。

1 セメント

■表4

分類	名称	記号	特徴
ポルトランドセメント［JIS R 5210］	普通ポルトランドセメント	N	一般の工事用として多く使用される。
	早強ポルトランドセメント	H	水和熱が大きく強度も早く出ることから，緊急工事や寒冷期の工事に使われる。
	中庸熱ポルトランドセメント	M	水和熱や収縮率が小さいため，ダムなど大断面構造物や夏期の工事に使用される。
	低熱ポルトランドセメント	L	水和熱や収縮率が小さく，高流動コンクリートや高強度コンクリートに適している。
混合セメント	高炉セメント（A種，B種，C種）［JIS R 5211］	BA，BB，BC	普通ポルトランドセメントとほぼ同様な工事，大断面構造物や地下構造物に用いられる。
	フライアッシュセメント（A種，B種，C種）［JIS R 5213］	FA，FB，FC	流動性がよく水和熱や収縮率が小さいため，大断面の構造物に使用される。
エコセメント	普通エコセメント［JIS R 5214］	E	都市ゴミの焼却灰を主原料の半分以上に使用。普通ポルトランドセメントとほぼ同等の性能がある。（速硬エコセメントは無筋コンクリートに使用する。）

2 骨材 ［JIS A 0203］

■表5

細骨材	10mm網ふるいをすべて通過し，5mm網ふるいを質量で85%以上通過する骨材。
粗骨材	5mm網ふるいに質量で85%以上とどまる骨材。

● 骨材の種類

普通骨材	砂，砂利などの天然骨材，砕砂・砕石などの人工骨材，高炉スラグなどの副産骨材。
軽量骨材	火山れきなどの天然骨材，膨張頁岩などを焼成した人工骨材，膨張スラグなどの副産骨材。

3 混和剤　コンクリートに所要の性能を与えるために添加するもの。　［JIS A 6204］ ■表6

AE剤	微細な気泡を生じさせ，ワーカビリティー，耐凍害性の向上を図る。減水率6%以上。
減水剤	セメント粒子を分散させることで流動性を増す。減水率4%以上。
AE減水剤	AE剤と減水剤の効果をあわせもつもの。減水率8%以上または10%以上。
高性能AE減水剤	流動性を向上させることから，高強度コンクリートや高流動コンクリートなどに使用される。減水率18%以上。
流動化剤	あらかじめ練り混ぜたコンクリートに添加することで流動性を増大させる。

レディーミクストコンクリート（生コンクリート）［JIS A 5308］

使用されるコンクリートのほとんどはJIS表示許可工場で製造し，トラックアジテーター（生コン車）で現場へ運搬される。発注にあたっては，コンクリートの要求性能を明確にしておく。

練り混ぜを開始してから荷卸し地点に到着するまでの時間は90分以内とする。

● 呼び方

■表7

普通　21　18　20　N
　①　　②　③　④　⑤

①	コンクリートの種類	普通，軽量，舗装，高強度
②	呼び強度	18, 21, 24, 27, 30, 33, 36, 40, 42, 45, 50, 55, 60
③	スランプ　　　　　[cm]	8, 12, 15, 18, 21
	スランプフロー　　[cm]	45, 50, 55, 60
④	粗骨材の最大寸法　[mm]	15, 20, 25, 40
⑤	セメントの種類	表4　セメントの記号参照

● トラックアジテーターのコンクリート積載量

■表8

表示積載量　[t]	11	10	8	7	5.5	5	4	3	2
最大コンクリート容量 [m³]	4.68	4.25	3.40	2.97	2.34	2.12	1.70	1.27	0.85

4 ラーメン構造

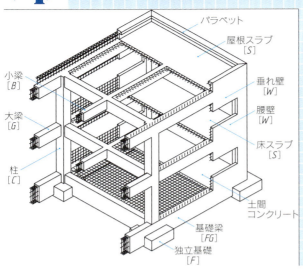

　柱と大梁の節点を剛接合とした骨組で建築物を支えるものをラーメン構造という。これに壁や床、屋根などのスラブを一体的に造って空間を構成する。階高やスパンを大きくとることができ、開口部の位置や大きさを自由に設けることができる。

部材名称と略符号

C	Column	柱
G	Girder	大梁
B	Beam	小梁
S	Slab	床板
W	Wall	壁
F	Footing	基礎
FG	Footing Girder	基礎梁

柱の形状と配置

　柱はX方向Y方向それぞれ等間隔に格子状に配置し、上下階は同じ位置とする。1本の柱が負担する床面積は30〜50m^2、柱間隔（スパン）は5〜7mとする。柱間隔は6m×6m程度が経済的とされる。

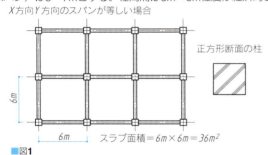
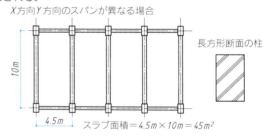

■図1

梁の形状と配置

大梁	柱と柱をつなぐ部材で、床を支えるとともに床の荷重を柱に伝える。柱と一体となり水平力に抵抗する。
小梁	スラブの面積や積載荷重が大きい場合のほかに、吹き抜けがある場合に入れる。
片持梁	柱の外側に持ち出し、スラブを支える。片持梁の長さは2m程度までとする。
逆梁	スラブを梁で吊る形式。開口部を大きくとれるため共同住宅で用いられる。

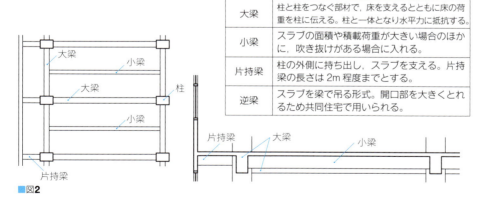

■図2

ラーメン構造の部材

①全景　②柱　③梁　④大梁，小梁

部材断面の仮定

柱や梁の寸法は，その部材が負担する力によって異なるため，スパンから表1を参考に断面を仮定する。仮定の妥当性は，構造計算により確かめる。

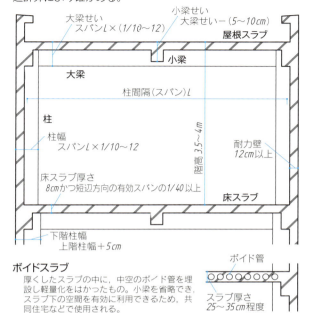

■表1

柱	最上階の柱幅＝スパンL×（1/10～1/12） 1階下がるごとに5cmを加える。	
大梁	最上階の梁せい＝スパンL×（1/10～1/12） 梁幅　　　＝梁せい×（1/2～2/3） 梁せいは2～3階下がるごとに5cm加える。	
小梁	梁せい＝取り付く大梁のせい－（5～10cm） 梁幅　＝梁せい×（1/2～2/3）	
床スラブ	厚さ8cm以上かつ短辺有効スパンの1/40以上。 通常は15cm程度とすることが多い。	
壁	耐力壁	鉛直荷重を支え水平力に抵抗する壁。 壁厚12cm以上（通常は15～20cmが多い。） 重心と剛心が近づくように配置する。
	非耐力壁	鉛直荷重や水平力を負担しない壁。 鉄筋コンクリートの壁では，間仕切壁厚10cm以上，外周壁厚12cm以上。柱や梁との間に構造スリットを設け，柱や梁から構造的に絶縁する。
階高	基準階の階高＝3.3～3.6m（事務所建築） 1階階高＝4m（店舗では6m）程度	
基礎梁	梁せい＝最下階の梁せい×1.5 梁幅　＝梁せい×1/2	

ボイドスラブ
厚くしたスラブの中に，中空のボイド管を埋設し軽量化をはかったもの。小梁を省略でき，スラブ下の空間を有効に利用できるため，共同住宅などで使用される。

■図3

柱・梁・壁の位置と外観の違い

■表2

	柱心・梁心・壁心が一致	柱心・梁心が一致 梁・壁の外面合わせ	柱・梁・壁の外面合わせ	柱心・梁心が一致 壁持ち出し
平面（柱断面）	［屋外］／［屋内］	［屋外］／［屋内］	［屋外］／［屋内］	［屋外］／［屋内］
断面（梁断面）	［屋外］／［屋内］	［屋外］／［屋内］	［屋外］／［屋内］	［屋外］／［屋内］
立面（外観）				

⑤片持梁　　⑥屋上防水　　⑦外観1　　⑧外観2

5 配筋(1) 柱と梁

鉄筋の配置は，躯体の強度や耐久性に大きく影響する。各種の規準に従い，正確に配置することが求められる。

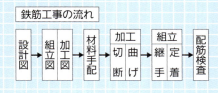

鉄筋工事の流れ：設計図 → 組立図 → 加工図 → 材料手配 → 加工切断・曲げ → 組立継手・定着 → 配筋検査

柱と梁の配筋

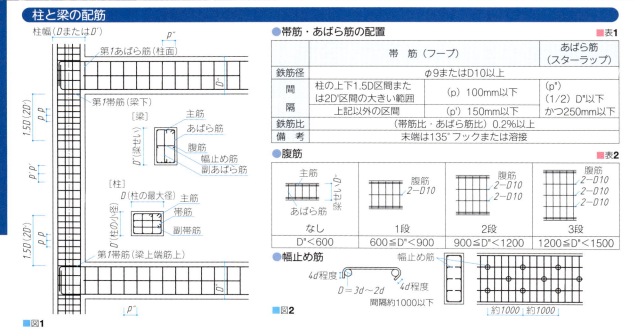

■図1

● 帯筋・あばら筋の配置　　　　　　　　　　　　　　　　　■表1

	帯筋（フープ）		あばら筋 （スターラップ）
鉄筋径	φ9またはD10以上		
間隔	柱の上下1.5D区間または2D'区間の大きい範囲	(p) 100mm以下	(p") (1/2) D"以下 かつ250mm以下
	上記以外の区間	(p') 150mm以下	
鉄筋比	（帯筋比・あばら筋比）0.2%以上		
備考	末端は135°フックまたは溶接		

● 腹筋　　　　　　　　　　　　　　　　　　　　　　　　■表2

あばら筋のみ	1段	2段	3段
なし	腹筋 2-D10	腹筋 2-D10 2-D10	腹筋 2-D10 2-D10 2-D10
$D"<600$	$600≦D"<900$	$900≦D"<1200$	$1200≦D"<1500$

● 幅止め筋

■図2

定着長さと継手位置

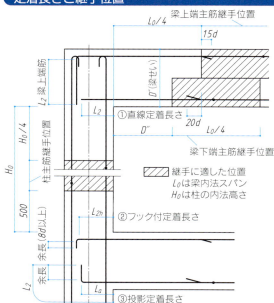

■図3

　鉄筋の定着方法は，フックの有無により直線定着（①）とフック付定着（②）に分かれる。仕口内でフック付定着の長さがとれない場合は，投影定着長さ（③）を用いた方法による。

■表3

Fc [N/mm²]	①直線定着長さ (L_2)		②フック付定着長さ (L_{2h})		③投影定着長さ (L_a)	
	SD295A·B	SD345	SD295A·B	SD345	SD295A·B	SD345
18	40d	40d	30d	30d	20d	20d
21	35d	35d	25d	25d	15d	20d
24〜27	30d	35d	20d	25d	15d	20d
30〜36	30d	30d	20d	20d	15d	15d
39〜45	25d	30d	15d	20d	15d	15d
48〜60	25d	25d	15d	15d	15d	15d
配筋規準 検討項目	・L_2		・L_{2h} ・余長		・L_2 ・余長 ・L_a	

柱・梁の施工方法

①結束線とハッカー　　②スペーサー

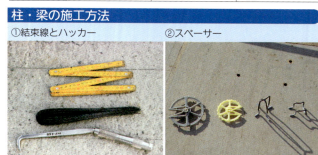

継手

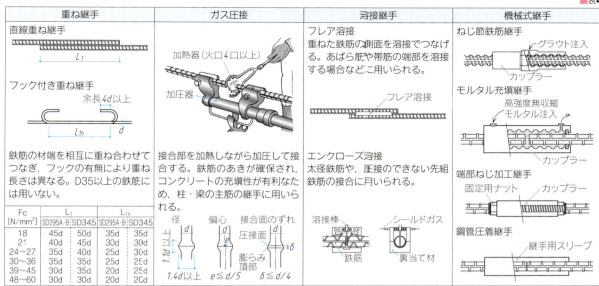

■表4

Fc [N/mm²]	重ね継手 直線重ね継手 L₁		フック付き重ね継手 L₁ₕ	
	SD295A・B	SD345	SD295A・B	SD345
18	45d	50d	35d	35d
21	40d	45d	30d	30d
24〜27	35d	40d	25d	30d
30〜36	35d	35d	25d	25d
39〜45	30d	35d	20d	25d
48〜60	30d	30d	20d	25d

Fc：コンクリートの設計基準強度［N/mm²］　太さの異なる鉄筋の場合は細い鉄筋径による。

重ね継手：鉄筋の材端を相互に重ね合わせてつなぎ，フックの有無により重ね長さは異なる。D35以上の鉄筋には用いない。

ガス圧接：接合部を加熱しながら加圧して接合する。鉄筋のあきが確保され，コンクリートの充填性が有利なため，柱・梁の主筋の継手に用いられる。

溶接継手：
フレア溶接：重ねた鉄筋の側面を溶接でつなげる。あばら筋や帯筋の端部を溶接する場合などに用いられる。
エンクローズ溶接：太径鉄筋や，圧接のできない先組鉄筋の接合に用いられる。

機械式継手：ねじ節鉄筋継手，モルタル充填継手，端部ねじ加工継手，鋼管圧着継手

かぶり厚さ

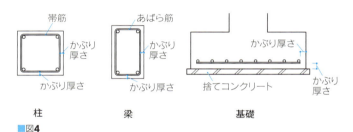

■図4　柱／梁／基礎

一般劣化環境*における設計かぶり厚さ（JASS5）［mm］　■表5

部位・部材の種類		非腐食環境（おもに屋内）	腐食環境（おもに屋外）計画供用期間の級		
			短期	標準・長期	超長期
構造部材	柱，梁，耐力壁	40	40	50**	50
	床・屋根スラブ	30	30	40**	50
非構造部材	構造部材と同等の耐久性を要求する	30	30	40**	50
	計画供用期間中に保全を行う	30	30	40**	40
直接土に接する部材		50			
基礎		70			

- ＊鉄筋の腐食を促進する塩害や凍害などの影響を受けない環境
- ＊＊印は仕上げを施せば10mm減じてよい。　短期（およそ30年）　標準（およそ65年）　長期（およそ100年）　超長期（100年超）

あき

■図5　異形鉄筋／丸鋼

次のうち最も大きい値よりもあける。
- 呼び名の数値または鉄筋径の1.5倍
- 使用骨材最大寸法の1.25倍
- 25mm

折曲げ（フック）

［mm］　■表6

図	折曲げ角度	鉄筋の種類	鉄筋の径による区分	鉄筋の折曲げ内法直径（D）
180° 余長4d以上	180°	SR235 SR295 SD295A SD295B SD345	φ16以下 D16以下	3d以上
135° 余長6d以上	135° 90°		φ19 D19〜D41	4d以上
90° 余長8d以上		SD390	D41以下	5d以上
	90°	SD490	D25以下	
			D29〜D41	6d以上

※　dは，丸鋼では径，異形鉄筋では呼び名に用いた値とする。
・片持スラブ先端，壁筋の自由端側の先端で90°フックまたは180°フックを用いる場合は，余長は4d以上とする。

③圧接　④柱配筋　⑤梁配筋　⑥型枠

6 配筋(2) 壁・スラブ・階段

スラブは床の荷重を梁に伝える。壁やスラブは地震などの水平力に有効に働くことから、構造や配置などを十分に検討する。階段は構造的には斜めのスラブと考えるが、配筋や型枠が複雑になり施工が難しい部分となる。

壁の配筋

1 配筋
- 耐力壁の厚さは120mm以上かつ壁板内法高さの1/30以上。
- 壁厚さが200mm以上では複配筋とする。
- 使用鉄筋はD10以上とし、配筋間隔は300mm以下とする。ただし、千鳥状の複配筋の場合は片側450mm以下の間隔。
- 開口部補強筋は、D13以上かつ壁筋と同等以上とする。

単配筋の場合

複配筋の場合

2 耐力壁の配置
○：重心　×：剛心　重心と剛心が近いこと。

[可] [可] [不可] [不可]

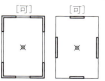

- 平面的に縦横バランスよく配置する。
- 上下階同じ位置とするか、下階の壁の方が多くなるようにする。

3 開口補強
※L_2（直線定着長さ）
　L_{2h}（フック付定着長さ）
p.90参照。

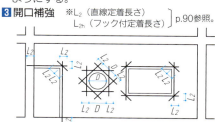

4 柱への定着
※aの区間は通し筋でもよい。

5 スラブへの定着

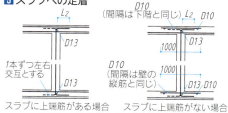

スラブに上端筋がある場合　　スラブに上端筋がない場合

6 梁への定着
※aの区間は通し筋でもよい。

7 壁の端部と交差部の配筋

単配筋の場合

複配筋の場合

8 構造スリット

 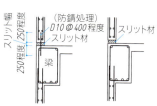

〔地震時の転倒防止のために鉄筋を入れた場合〕

壁・スラブ・階段の施工方法

①壁配筋　　②壁型枠　　③スラブ型枠と支保工　　④スラブ筋

床スラブの配筋

1 周辺固定スラブの配筋

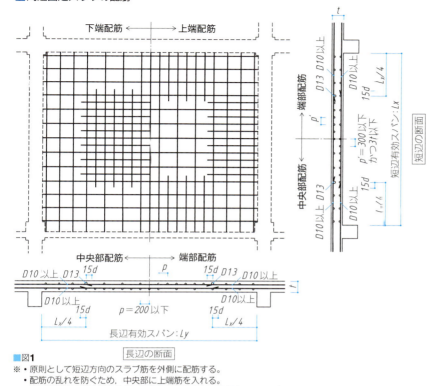

■図1

※・原則として短辺方向のスラブ筋を外側に配筋する。
・配筋の乱れを防ぐため、中央部に上端筋を入れる。
・継手位置は上端筋は中央部、下端筋は端部とし、梁幅内には設けない。

● スラブ筋の定着

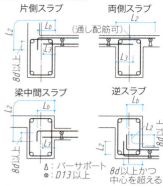

L_b：スラブ上端筋の投影定着長さを示し、梁の中心を超えるようにする。
L_3：スラブ下端筋の定着長さの規定による。
■図2

2 片持スラブの配筋

隣接するスラブと同一高さに設ける場合

梁の中間に設ける場合

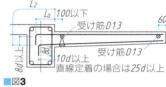

■図3

階段の配筋

1 片持スラブ式（1辺支持）

階段スラブを壁から片持スラブとして支える形式で、幅が1.5m程度までの階段に用いる。

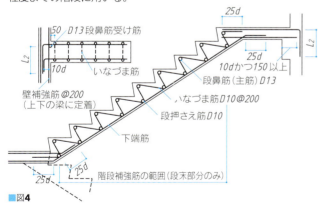

■図4

2 傾斜スラブ式（2辺支持・3辺支持）

上下端の梁または上下端の梁と壁で階段を支持する形式で、片持スラブ式より階段幅を広くできる。

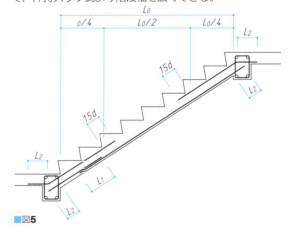

■図5

⑤インサート、スペーサー　⑥階段の配筋　⑦コンクリートの打ち込み　⑧均し作業

7 壁式構造

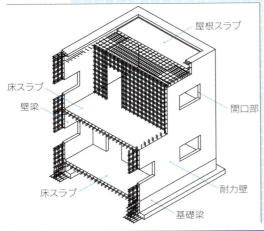

一体化した壁とスラブにより荷重や外力に抵抗する構造で，ラーメン構造のように柱や梁がないため施工が容易で経済的な構法である。また，室内に柱などの張り出しがないため室内空間を有効に利用することができる。壁の多い共同住宅などには適した構造であるが，大きな空間を必要とする工場や倉庫，不整形な平面，開口部が大きな建築物，上下階の壁の位置がずれている建築物などには適さない。

設計基準

- ●高　さ…………地上5階建て以下，軒高20m以下，階高3.5m以下
- ●使用コンクリート…$18N/mm^2$以上，粗骨材最大寸法20mm以下
- ●耐力壁となる壁

　　$L≧0.3h$ かつ 45cm以上
　　L：壁の長さ
　　h：同一の実長を有する部分の高さ

●耐力壁の必要壁量（床面積1m²あたりの長さ）　■表1

地上階	平家建てまたは最上階から3つめまでの階	12cm/m²
	最上階から4つめ以下の階	15cm/m²
地下階		20cm/m²

●耐力壁の最小厚さ　Hは各階の鉛直支点間距離　■表2

地上階	平家建て	12cm かつ $H/25$
	2階建ての各階 3，4，5階建ての最上階	15cm かつ $H/22$
	その他	18cm かつ $H/22$
地下階		18cm かつ $H/18$

●壁の長さ

●壁量

　図1　X方向壁量＝$\Sigma Lx \div S$（床面積）
　　　　Y方向壁量＝$\Sigma Ly \div S$（床面積）

●厚さ

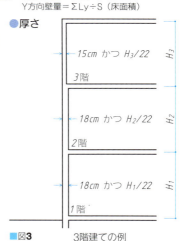

■図3　3階建ての例

布基礎の配筋

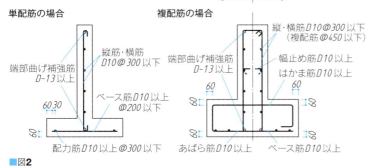

■図2

施工方法

①基礎　　②床スラブのコンクリート打ち込み　③壁の配筋　　④壁の型枠

耐力壁の配筋

- 耐力壁の長さは450mm以上，厚さ120mm以上とする。ただし，厚さ200mmを超える場合は複配筋とする。
- せん断補強筋（縦筋・横筋），端部に端部曲げ補強筋，出隅部と交差部に交差部縦補強筋を配筋する。せん断補強筋はD10以上300mm間隔以下（複配筋千鳥配置の場合は450mm間隔以下），端部曲げ補強筋・交差部縦補強筋はD13以上。
- 幅止め筋はD10以上で，耐力壁の長さまたは壁梁のせいが600mm以上の場合に配置する。配置間隔は，水平方向，鉛直方向ともに1m程度以下（壁梁部分では鉛直方向500mm以下）とする。端部にはフックを付ける。

■表3

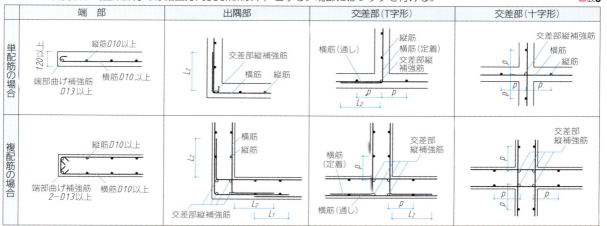

（日本建築学会　壁式構造配筋指針）

壁梁の配筋

- 壁梁の幅は接続する耐力壁の厚さ以上とし，200mmを超える場合は複配筋とする。
- 曲げ補強筋はD13以上とし，壁梁の上下に配置する。
- 壁梁の縦筋と中間部横筋はD10以上で間隔は300mm以下とし，第1縦筋は耐力壁面より設計間隔（P）の1/2以下に配置する。

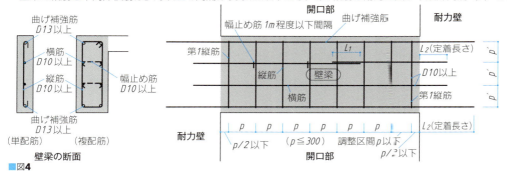

■図4

耐力壁・壁梁とスラブの配筋

- 耐力壁とスラブの交差部には，耐力壁が複配筋では2-D13，単配筋では1-D13の補強筋を配置する。
- スラブ筋はD10以上D16以下とし，短辺方向は200mm間隔以下，長辺方向は300mm間隔以下かつスラブ厚さの3倍以下に配置する。

■表4

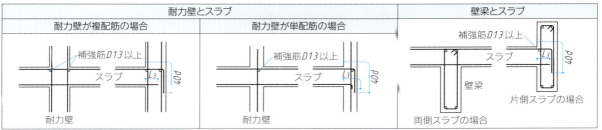

⑤支保工　⑥屋根スラブの配筋　⑦コンクリート打ち込み　⑧型枠の取りはずし

8 屋根

鉄筋コンクリート構造の屋根は陸屋根が多いが，コンクリートは十分な防水性がないため，表面に不透水性皮膜を形成して防水するメンブレン工法がよく用いられる。

メンブレン工法 ─┬─ アスファルト防水
　　　　　　　├─ シート防水
　　　　　　　└─ 塗膜防水

防水工法の適用部位

	屋根	ベランダ	外壁	地下外壁	室内床	水槽
アスファルト防水	○			○	○	
シート防水	○	○			○	○
塗膜防水	○	○	○	○	○	○

陸屋根の防水

1 アスファルト防水 [JIS K 2207]

動植物繊維でつくられたフェルトにアスファルトを含浸加工したアスファルトルーフィングと溶融したアスファルトを交互に張り合わせて，3〜5層で厚さ10〜15mmの防水層を形成する。防水層が厚く複層になるので防水性能は高い。歩行用屋根では防水層の上に保護コンクリートを打つが，非歩行用屋根では最上層に砂付きルーフィングを用いて露出防水とする。

- 出隅，入隅部は面取りを行う。
- ルーフィングの重ねは，縦横方向100mm程度とする。
- 伸縮目地は立ち上がり部より600mm以内，水平面は縦横3m以内に入れる。目地幅20mm，深さは保護コンクリート下面に達すること。

2 シート防水 [JIS A 6008]

厚さが2.5mm程度の合成ゴムや塩化ビニル樹脂などの不透水性のルーフィングシートを，接着剤で下地に張り付けたり，金物で固定して防水層を形成する。

火気を使わない，工期が短い，下地の亀裂に対応しやすいなどの利点があるが，一層なので継目が防水上の弱点になりやすい。

- 下地は1/50〜1/20勾配とし，金ゴテで高い精度で平滑に仕上げ，十分に乾燥させる。
- 出隅，入隅，ルーフドレン回りを先に張ってから平場を施工し，その後立ち上がり部を張る。
- シートは水下側から十分な重ねをとり張っていく。

3 塗膜防水 [JIS A 6021]

合成ゴム系の液体状屋根用塗膜防水剤を，数回下地に吹き付けたり塗布したりすることによって，継目のない連続した防水層を形成する。塗り厚さは1.5〜5mmほどで，複雑な形状にも対応できる。

- 補強布を用いる場合は，重ねを50mm以上とる。
- 下地の出隅は面取りを行い，入り隅は直角とする。

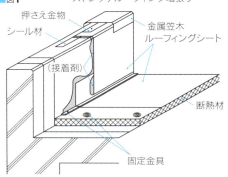

■図1

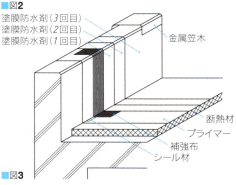

■図2

■図3

アスファルト防水の施工方法

①プライマー塗布　②ルーフィング張り　③アスファルト塗布　④立ち上がり部

陸屋根防水の納まり

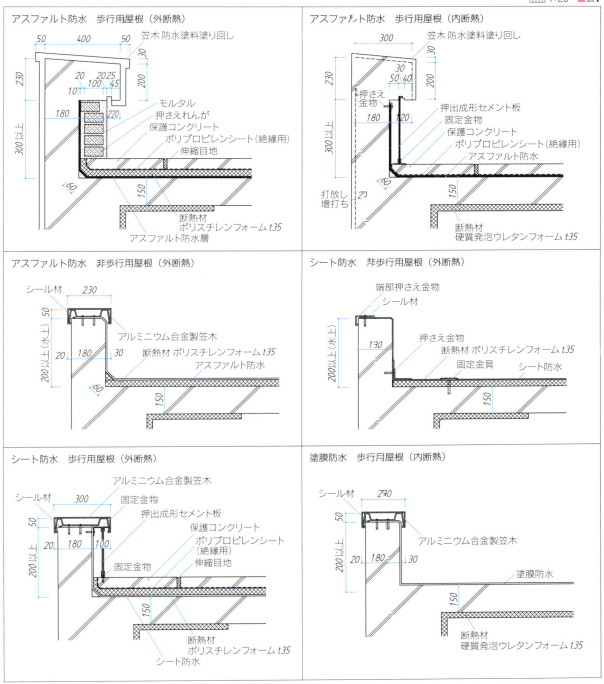

⑤目地取り付け　⑥保護コンクリート配筋　①塗膜防水（平場）　②塗膜防水（立ち上がり）

各種の防水施工方法

ルーフドレン

陸屋根に降った雨水は，屋根面の水下に設けたルーフドレンに集められ，たて樋を通し，屋外に排水される。ルーフドレンは，屋根の面積からその数と径を決め，偏らないよう均等に配置し，原則として1つの屋根面に2箇所以上設ける。ルーフドレンは排水性能がよくゴミの詰まりにくい縦型とするが，スラブ下に樋を出せない場合などには横型を使用する。横型の場合，梁の天端に欠損が生じるので50〜100mm程度梁位置を下げる。縦型・横型いずれもコンクリートに直接打ち込む。また，たて樋には屋外を通す外樋と室内を通る内樋があるが，漏水や保守を考え外樋を原則とする。内樋は結露が生じやすいので防露処理をする。

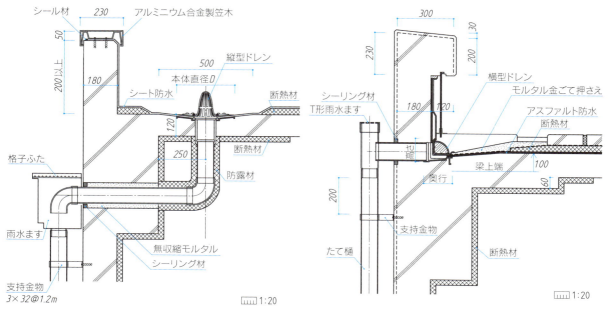

■図4　縦型ドレン　　　　　　　■図5　横型ドレン

●縦型ドレン寸法表　　　　　　■表2

たて樋直径 [mm]	50	75	100	125	150
本体直径D [mm]	160	195	220	250	280

●横型ドレン寸法表　　　　　　■表4

接続たて樋 [mm]		75	100	125	150
本体寸法 [mm]	高さ	125	150	180	200
	奥行	140	165	195	215
	幅	196	224	248	256

●分担面積とたて樋径　　　　　■表3

屋根面の水平面積 [m²]	25	40	60	100	200
たて樋直径 [mm]	65	75	100	125	150

●たて樋の規格（硬質塩化ビニル製）　　■表5

直径 [mm]		42	55	65	75	90	100	125	150〜500(@50)
定尺 [m]	2.7	○	○	○	○				
	3.6			○	○	○			
	4.0					○	○	○	○

パラペットまわりの施工方法

①パラペットの防水　②パラペット笠木　③ルーフドレン横型　④横型ドレン（雨水ます）

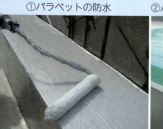

勾配のついた屋根の防水

勾配のついた屋根にするときには，斜めに打った屋根スラブに，木構造と同じような瓦や金属板などを葺いて仕上げる。勾配が緩くなるほど，仕上げ材の裏面に雨水が浸入する可能性が高くなるため，下地面にアスファルトルーフィングなどを敷き込み，防水処理をしておく。

1 瓦葺き

瓦や瓦桟などは，下地のパーライトモルタルに，釘で止める。パーライトモルタルは溶接金網を入れ補強する。

軒樋は1/200程度の勾配とし，樋受金物は600mm程度の間隔で取り付ける。

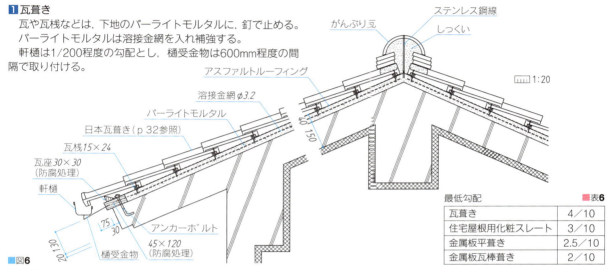

■図6

最低勾配	■表6
瓦葺き	4／10
住宅屋根用化粧スレート	3／10
金属板平葺き	2.5／10
金属板瓦棒葺き	2／10

2 金属板葺き

金属板は専用の釘や金物などで下地に固定していく。下地のパーライトモルタルは，屋根スラブとの付着力を高めるため，スラブからの差し筋に固定した溶接金網に塗り付ける。

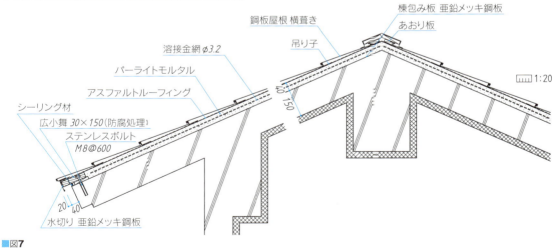

■図7

勾配屋根の施工方法

①コンクリート打ち込み　②均しモルタル塗り　③シーラー塗布　④アスファルトルーフィング張り

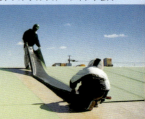

9 外壁(1) 張り壁

外壁には耐候性や意匠性，防水性，汚れにくさなどの性能が要求される。鉄筋コンクリート構造の外壁では，張り壁や塗り壁が多く用いられるが，剥離して脱落しないよう躯体に堅固に取り付ける。

タイル壁の工程
準備（使用タイルの決定） → 施工図（割付図）の作成 → 張り付け工法の決定 → 下地の施工・養生 → タイル張り付け → 目地詰め処理 → 清掃

タイル張り

1 工法

■表1

改良積上げ張り	改良圧着張り	打ち込み	接着剤張り	乾式工法タイル張り
タイルの裏側にモルタルをのせ，モルタル下地の上へ1枚ずつ張っていく。外部に使用するとエフロレッセンスが発生しやすい。	下地モルタルの上に張り付けモルタルを塗り，タイル裏側にもモルタルを塗り，叩いて押さえながら張る。	型枠内のシートにタイルをはめ込み，コンクリートを打ち込むことでタイル仕上げとする方法。主に外壁に使われ，剥離を起こすタイルも少なくなる。	有機質系接着剤を用いてコンクリート，モルタル，せっこうボードなどさまざまな下地にタイルを張る。内壁に用いられる。	胴縁に突起の付いた下地レールを固定し，突起にタイルを引っかけて取り付ける。モルタルを使わない乾式工法で工期は短かくなる。

[その他工法] 密着張り……均しモルタル面に張り付けモルタルを2度塗りした上に，タイルを振動工具で加振して張る。
モザイクタイル張り……約300角の紙で裏打ちされたユニットタイルで，下地面に張り付けモルタルを塗り，ユニットごとに叩いて張る。効率よく作業できることから，内壁，外壁，床など多くの場所に使用される。

2 タイルの用途別分類

■表2

分類	慣用呼称	寸法 [mm]	
外装タイル	四丁掛け	227×120	厚さ 7～24 目地 6～11
	三丁掛け	227×90	
	二丁掛け	227×60	
	小口平	108×60	
	ボーダー	227×(30・36・45)	
内装タイル	五寸角	152×152	厚さ 5～8 目地 1～4
	三寸六分角	108×108	
	三寸三分角	98×98	
	二寸五分角	75×75	
床タイル 床用	六寸角	182×182	厚さ 9～20 目地 6～11
	五寸角	152×152	
	三寸六分角	108×108	
床タイル 階段用	五寸階段	152×76	
	三寸六分階段	108×76	
	五寸たれ付き	152×(76+30)	
	三寸六分たれ付き	108×(76+30)	
モザイクタイル	寸5角	47×47	厚さ 4～6
	寸3角	40×40	
	8分角	24×24	
	6分角	18×18	

(p.54参照)

3 役物タイル

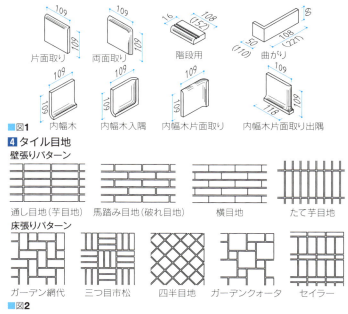

■図1 片面取り／両面取り／階段用／曲がり／内幅木／内幅木入隅／内幅木片面取り／内幅木片面取り出隅

4 タイル目地

壁張りパターン：通し目地（芋目地）／馬踏み目地（破れ目地）／横目地／たて芋目地

床張りパターン：ガーデン網代／三つ目市松／四半目地／ガーデンクォータ／セイラー

■図2

石張り

1 工法

■表3

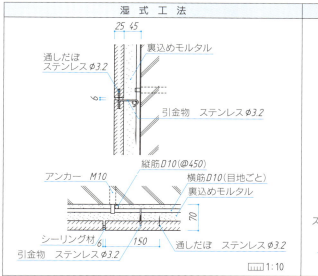

湿式工法	乾式工法
石材は躯体に引き金物で固定し，石材間はだぼやかすがいで固定する。躯体との隙間には裏込めモルタルを充填するため重くなる。大理石はセメントと反応してしまうため，目地部分だけにモルタルを詰める空積工法が用いられる。屋内の石張りにも使われる。	プレートやアングル金物を用いて躯体と固定する方法で，モルタルを使わないため軽量で工期が短いので，多く用いられている。取り付け可能な石材の最大寸法は，幅1.2m，高さ0.8m，面積1m²以内とし外壁面では高さ45mまで施工可能。

2 石材の分類

■表4

分類		岩石名	石材名	用途
天然石	火成岩	花崗岩	御影石	内外装（床・壁・階段）
		安山岩	鉄平石	外装（床・壁・階段）
	変成岩	大理石	白大理石	内装（床・壁・化粧台）
		蛇紋岩	（秩父産）	内装（床・壁・化粧台）
		粘板岩	天然スレート	屋根，内外装（床）
	堆積岩	砂岩	房州石	内外装（床・壁）
		擬灰岩	大谷石	内装（壁・装飾）
人造石	テラゾー			大理石や花崗岩を種石とし，化粧モルタル（白色セメントと顔料）に混ぜたもの。硬化後，表面を磨いて光沢仕上げにし，内装材として用いる。
	擬石			花崗岩や安山岩を種石とし，化粧モルタル（白色セメントと顔料）に混ぜたもの。天然石に似せて叩き仕上げとし，主に外装材として用いる。

3 石材の表面仕上げ

（p.55参照） ■表5

種類	仕上げの加工方法
のみ切り	採取された原石の表面にのみ跡をほぼ平行に表した仕上げ。のみ跡の数で，大中小に区分される。
びしゃん	のみ切りした表面をびしゃんで叩いて平らな粗面にした仕上げ。びしゃんの目数で荒・細びしゃんに分けられる。
小叩き	びしゃんまたはひき肌仕上げした面に，さらに小叩き用のみで細密な平行線を刻みながら平面を仕上げる。
ジェットバーナー	表面をバーナーで加熱後，水で急冷し，結晶体の膨張係数の違いから表面を剥離させた仕上げ。
ブラスト	表面に金剛砂を高圧で吹き付け，平らに仕上げる。
粗磨き	粗い目の砥石で研磨する。表面はざらつき光沢はない。
水磨き	中目の砥石で研磨したもの。表面の光沢は少なくやや粗い仕上げで，床の仕上げに用いる。
本磨き	細目の砥石で研磨しワックスとパフで磨いて光沢を出す。

タイル張り（マスク張り）の施工方法

①用具　②張り付けモルタル塗り　③圧着　④目地処理

伸縮調整目地の施工方法

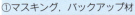

①マスキング，バックアップ材　②シーリング　③へら押さえ　④目地完成

10 外壁(2) 塗り壁

塗り仕上げには塗料を用いた塗装仕上げと，モルタルやしっくいなどの塗り付け材を用いた仕上げがある。いずれも自由な色調やどのような形状にも対応できるなどの利点がある。

塗装

1 塗料の種類

■表1

種類	記号 建築学会(JASS18)	記号 都市再生機構	用途 金属 外部	用途 金属 内部	用途 無機質 外部	用途 無機質 内部	用途 木部 外部	用途 木部 内部
オイルステイン		OS						○
油性調合ペイント	OP						○	○
合成樹脂調合ペイント	SOP	SOP	○	○			○	○
ウレタン樹脂ワニス	UC	UC			○	○		○
ポリウレタン樹脂エナメル	UE			○				
クリヤラッカー	LC	CL						○
ラッカーエナメル	LE							○
塩化ビニル樹脂エナメル	VE	VP	○	○				
合成樹脂エマルションペイント	EP	EP			○	○	○	○

塗料の耐用年数の目安 ■表2

アクリル系	5～8年
ウレタン系	10年
シリコン系	13年
フッ素系	15年

2 工程

- 素地調整：コンクリート下地の場合，下地は十分に乾燥させ汚れや付着物は除去し，ひび割れなどを下地調整材で埋めたあと乾燥させ，研磨紙で平滑にする。
- 下塗り：
  - シーラー：上塗塗料と下地の密着性を高め，下地への塗料の吸い込みを防ぐ。
  - フィラー：下地のへこみや孔を埋め，平滑にする。
- 中塗り：塗料が厚くならないよう数回に分けて塗ることで，塗装面の微細な孔（ピンホール）から水や湿気が浸入しないようにする。作業は気温5℃以下，湿度85％以上では行わず，ほこりや換気には十分注意する。
- 上塗り：塗料には有機溶剤系と水性系に分けられるが，揮発性や環境汚染などの点から水性塗料が多く用いられる。

3 工法と用具

● はけ塗り

ローラーばけ・こてばけ：塗装面積が大きい場合に使用すると効率がよい。

平ばけ・筋かいばけ：塗装箇所や作業姿勢により使い分ける。

ローラーの種類　■表3

長毛[40mm]	塗料の含みが多く，凹凸面に適する。
中毛[13mm]	コンクリートや小さな凹凸面に適する。
短毛[6mm]	鋼材など吸い込みが少ない平滑な面に適する。

● 吹き付け

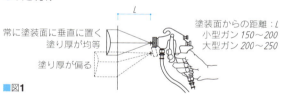

塗装面からの距離：L
小型ガン 150～200
大型ガン 200～250

常に塗装面に垂直に置く　塗り厚が均等
塗り厚が偏る

■図1

コンプレッサーで作られた圧縮空気により，スプレーガンで塗料を吹き付ける。作業は，吹き付け幅の1／3を重ねながら一定の速さで塗っていく。塗料が飛散するため，周辺部には養生を施す。

モルタル下地塗装仕上げ

①躯体

②塗り厚用水糸

③モルタル塗り

④素地調整

⑤塗装（中塗り）

⑥塗装（上塗り）

塗装の工法

①吹き付け

②ローラー塗り

塗り付け

1 塗り付け材

■表4

セメントモルタル [JIS R 5210]	セメントと砂を水で練った代表的な塗り付け材。硬化が速く付着力も大きい。吹き付け材やタイルなどの下地材として多く使われる。(水硬性)
ドロマイトプラスター [JIS A 6903]	苦灰石を焼成したものを主原料とした製品で、水で練って使用する。コンクリート面への下塗りには、セメントを混ぜ付着力を高める。急激な乾燥に弱いので徐々に乾かす。(気硬性)
せっこうプラスター [JIS A 6904]	焼せっこうに添加剤を加え水で練る。硬化が速くボードとの接着性がよいためボード下地に多く用いられる。(水硬性)
しっくい [JIS A 6902]	消石灰とすさ、のり、砂を水で練ったもの。上塗り材として用いられることが多いが、柔らかく硬化が遅い。(気硬性)

2 工程（モルタル塗りの場合）

- 下地調整 … 下地のコンクリート面を前日に水洗いしておく。スラブ・壁・柱などに仕上がり面の位置の墨出しを行う。
- 下塗り … 1回の塗厚さは6mm程度とし何回かに分けて塗っていく。くし目を付け十分に乾燥させてから重ね塗りをする。
- むら直し … 下塗り表面に著しい凹凸や大きな収縮ひびなどが見られた場合、塗り付けをして表面を平滑に調整する。
- 中塗り … むら直し後1日以上おき、上塗り代を残して6mm程度の厚さの中塗りを行う。
- 上塗り … 中塗り後1〜10日放置し、3mm程度の塗り厚さで行う仕上げの塗り付け作業。こてむらがないように平滑に仕上げる。

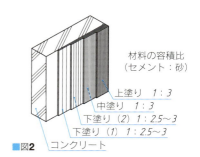

材料の容積比（セメント：砂）
- 上塗り　1：3
- 中塗り　1：3
- 下塗り（2）　1：2.5〜3
- 下塗り（1）　1：2.5〜3
- コンクリート

■図2

立体的な模様の塗り付け（吹き付け）

1 建築用仕上げ塗材 [JIS A 6909]

■表5

[薄付け仕上げ塗材] リシン 単層 t3以下 内外壁	モルタル刷毛引き下地の上に、合成樹脂やセメント系の砂壁状の吹き付け材とアクリル系やシリコン系の塗料を混ぜて吹き付ける。かき落とし仕上げにするときは、リシンを塗り付ける。好みの色調が可能で作業性にも優れ経済的とされる。下地への追随性がある弾性リシンもある。
[複層仕上げ塗材] 吹き付けタイル 複層 t3〜5 外壁	下塗り材、主材、上塗り材の3層で構成される。主材は合成樹脂などの結合材と寒水石などの骨材で凹凸模様などの形状に仕上げ、上塗り材で色づけを行う。汚れにくく水洗いができ、ひび割れもしにくい。防水性を高めた弾性吹き付けタイルもある。
[厚付け仕上げ塗材] スタッコ 単層 t4〜10 内外壁	細かな石粒を混ぜたセメント系、ケイ酸質系、合成樹脂エマルション系などの厚付けの仕上げ塗材を外壁面に吹き付け、または塗り付け、コテやローラーで表面に凹凸模様を付ける。重厚な雰囲気をもち、内外壁、天井の仕上げに用いられる。

2 仕上げ形状

■表6

刷毛引き	吹放し	くし引き	ゆず肌	ローラーこて押さえ	こて波形
リシン	吹き付けタイル		ゆず肌	スタッコ	

打放し仕上げ

コンクリートの躯体表面をそのまま仕上げとするもので、型枠の平滑さなどに高い精度が要求される。型枠パネルやセパレーターの跡が残ることから、型枠の割付けにあたっては意匠上の配慮が必要となる。雨や汚れから表面を保護するために浸透性の撥水剤を塗布したり、ひび割れ誘発目地部分で鉄筋のかぶり厚さを確保するために、壁全面に15mm以上の増打ち（ふかし）を行う。

セパレーターの割付け　　　（図はパネルを縦使いした場合を示すが、横向きの使い方もある）　■表7

パネル寸法　900×1800	パネル寸法　600×1800
割付け間隔　@450×@600	割付け間隔　@450×@450

（中央列）割付け間隔　@600×@600

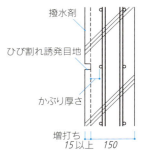

- 撥水剤
- ひび割れ誘発目地
- かぶり厚さ
- 増打ち　15以上　150

■図3

11 開口部

鉄筋コンクリート構造の建築物にはビル用サッシと呼ばれる金属製の建具が多く用いられるが，サッシの形状や寸法は建築物ごとに異なることから注文生産品が多く使われる。
外部では雨水の浸入がなく開閉もスムーズに行えるように取り付ける。

開閉方式		
	可動窓	引き違い，片引き，開き，回転，滑出し，内倒し
	扉	開き，引き，折りたたみ，回転
	はめ殺し	（開閉不能）
	特殊	シャッター（普通，防火，防犯，防煙，耐風）
断熱サッシ		建具部分…二重窓，複層ガラス
		サッシ枠…一部に樹脂を使用した断熱用枠材

開口部詳細図

1 引き違い窓

（外部：打放し仕上げ）

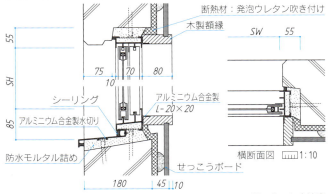

■図1　縦断面図　1:10　　横断面図　1:10
SH：サッシ内法高　SW：サッシ内法幅

（外部：タイル仕上げ）

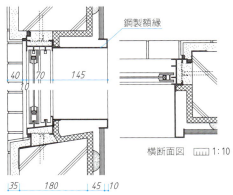

■図2　縦断面図　1:10　　横断面図　1:10

2 開き戸

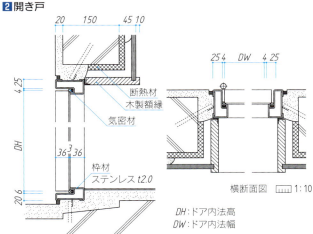

■図3　縦断面図　1:10　　横断面図　1:10
DH：ドア内法高　DW：ドア内法幅

3 はめ殺し窓（FIX）

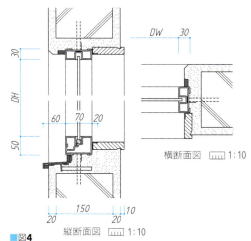

■図4　縦断面図　1:10　　横断面図　1:10

サッシ枠・ガラスの取り付け

①窓枠据え付け　②垂直確認　③窓枠溶接　④モルタル充填

4 自動ドア（引き分けタイプ）

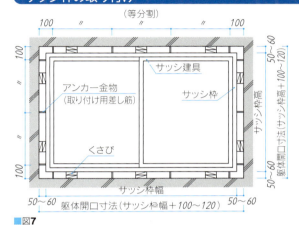

DW：ドア幅
DS：ドアストローク
DH：ドア高さ
H：開口部高さ
h：ドアエンジン部高さ

■図5

■図6

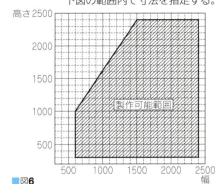

ビル用サッシ(注文品)寸法範囲
2枚引違い戸の例
下図の範囲内で寸法を指定する。

サッシ枠の取り付け

取り付け方法
①サッシ枠を設置し，くさびで仮止めする。
②水平・鉛直　出・曲がり・ねじれを調整する。
③躯体に埋め込んだアンカー金物とサッシ枠のアンカープレートを溶接する。
④くさびをはずし，サッシ枠と躯体の隙間に防水剤を入れたモルタルなどで充塡する。

一辺の取り付けアンカーの数(本)　■表1

開口幅 [mm]	800〜1400	3
	1500〜1800	4
	2000	5
開口高 [mm]	350	1
	600〜900	2
	1100〜1500	3
	1750〜2000	4

■図7

ガラスの分類

■表2

種類	JIS	特徴
フロート板ガラス	JIS R 3202	溶融したガラスを溶融金属の上に流し，ガラスの自重と表面張力により平滑につくられた透明な板ガラスで，大きな面積のものも製造できる。
型板ガラス	JIS R 3203	片面に模様をデザインしたガラスで，光を拡散するとともに視線をさえぎる役目もある。
網入・線入板ガラス	JIS R 3204	鋼製の網や線が入った板ガラスで，飛散防止効果があり，防火戸のガラスに使用される。
熱線吸収板ガラス	JIS R 3208	鉄やニッケルなどの金属を加えた色ガラスで，日射熱を遮断するため冷房負荷の軽減がはかれる。
光学薄膜付きガラス	JIS R 3221	ガラス面に金属をコーティングしたガラスで次のような機能をもつものがある。熱線反射ガラスは日射熱の反射率が高く遮熱効果がある。低放射ガラス（Low-E）は複層ガラスに用いて高い遮熱・断熱性を得る。低反射ガラスは可視光線の反射を抑え，映り込みを防ぐ。
強化ガラス	JIS R 3206	板ガラスを軟化点まで熱した後空気により急冷することで，ガラス表面に圧縮層をつくる。通常の板ガラスに比べ3〜5倍の強度があり，割れた場合にも細かい粒状となる。
合わせガラス	JIS R 3205	複数枚のガラスの間に透明フィルムをはさみ加熱圧着したもの。飛散防止や紫外線防止効果がある。
複層ガラス	JIS R 3209	2枚以上のガラスをスペーサで一定間隔に保ち，内部に乾燥空気を封入したもの。断熱性が高いため省エネルギーの効果が大きく，結露も生じにくい。

⑤セッティングブロック　⑥ガラス取り付け　⑦バックアップ材取り付け　⑧シーリング材充塡

12 断熱

外部からの熱の影響を少なくし，快適な内部空間をつくり出すために断熱工事が行われる。断熱材の取り付け箇所により内断熱と外断熱とに分けられる。内断熱は施工は容易であるが断熱性能がやや劣る。外断熱は性能の高さとともに，躯体を断熱材で保護して耐用年数を延ばす効果もあり，多く用いられている。

屋根

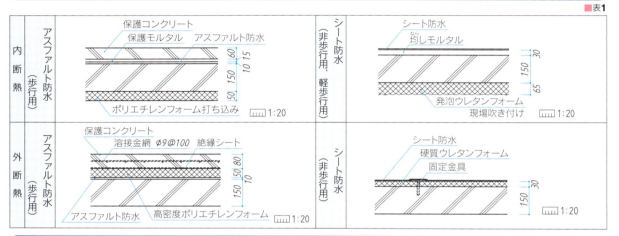

■表1

壁

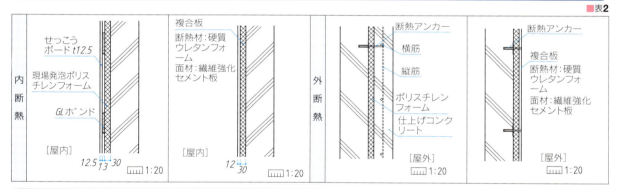

■表2

土間床・基礎

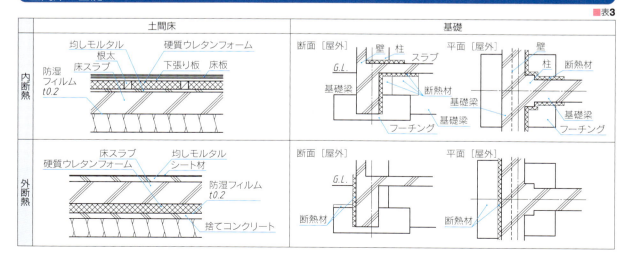

■表3

材料

表4

繊維系断熱材	グラスウール(GW)	短いガラス繊維でできた綿状の素材。吸音性や不燃性に優れ広く使われている。
	ロックウール(RW)	玄武岩などに石灰を混ぜ高温で溶解し生成した鉱物質繊維。断熱性のほか，耐火性にも優れていることから耐火被覆材としても使われる。
	セルローズファイバー(CF)	古紙や段ボールなどの木質繊維を原料にした断熱材。構造体に吹き付けて固着させる湿式工法と，構造体や下地材の隙間に圧送し充填する乾式工法がある。
発泡系断熱材	硬質ウレタンフォーム(PUF)	強度があり断熱性は高い。現場発泡では，短い工期で広い面積の施工が可能であり，装置も簡素であることから多く採用されている。
	ビーズ法ポリスチレンフォーム(EPS)	ポリスチレンを微細に発泡させ硬化させた素材。軽量かつ断熱性に優れ成型もしやすい。安価で弾力性や衝撃吸収性があり，梱包材や保温保冷容器などにも使われる。
	押出法ポリスチレンフォーム(XPS)	難燃性をもった堅い発泡スチロールで，EPSより気泡が大きく，一般的な発泡スチロールと区別するため淡い青などで着色されることが多い。
	高発泡ポリエチレン(PE)	吸水性が低く，柔軟で曲げやすく，切削など加工が容易で圧縮強度が高い。
	フェノールフォーム(PF)	難燃性，耐熱性に優れた低発煙性の材である。しかし強度が低く吸水性が高く酸性を示すなど，使用にあたって難しい面がある。

外断熱と内断熱の比較

(○：有利，×：不利)　表5

項目	外断熱	内断熱
外装材の取り付け	×	○
工事費	×	○
躯体の保護	○	×
可燃性断熱材の防火性（自家火災）	○	×
可燃性断熱材の防火性（隣棟火災）	×	○
熱橋（スラブ・間仕切壁など）	○	×
熱橋（ベランダ・パラペットなど）	×	○
内部結露	○	×
躯体の蓄熱の利用	○	×
暖房（器具運転開始時の室温の上昇）	×	○
暖房（器具運転停止時の室温の降下）	○	×
室温の安定	○	×

ヒートブリッジと断熱補強

内断熱では，床スラブや間仕切壁が断熱材を貫通するため，ここから外部との熱の移動が生じる。これを熱橋（ヒートブリッジ）といい，断熱効果を低下させる原因となっている。外断熱の場合も，取り付け下地や金具などによっても起きることがある。

図1は壁面を内断熱にしたときの，外壁に接する床スラブの断熱補強の範囲を示す。

断熱補強の範囲L [mm]　表6

地域区分	1, 2	3, 4	5, 6, 7	8
内断熱	900	600	450	—
外断熱	450	300	200	—

※地域区分はp.48参照

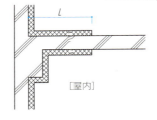

[屋外]　[室内]

■図1

ウレタンフォームの吹き付けと各種断熱材

①硬質ウレタンフォーム　②壁面吹き付け　③壁面全景　④スラブ下面吹き付け

⑤吹き付け仕上がり　⑥ロックウール　⑦グラスウール　⑧ポリスチレンフォーム

13 内部仕上げ

鉄筋コンクリート構造も木構造とほぼ同じように仕上げるが，下地の構成が異なる。壁やスラブなど躯体のコンクリートを下地として仕上げる場合と，下地骨組を組んで仕上げを施す場合があり，仕上げ材料に適する方法を選択する。

天井

1 仕上げの種類

1:20, 1:10　■表1

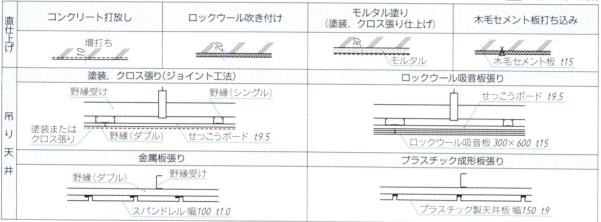

	コンクリート打放し	ロックウール吹き付け	モルタル塗り（塗装，クロス張り仕上げ）	木毛セメント板打ち込み
直仕上げ	増打ち	20	30 モルタル	木毛セメント板 t15
吊り天井	塗装，クロス張り（ジョイント工法） 塗装またはクロス張り／野縁受け／野縁（シングル）／野縁（ダブル）／せっこうボード t9.5		ロックウール吸音板張り せっこうボード t9.5／ロックウール吸音板 300×600 t15	
	金属板張り 野縁（ダブル）／野縁受け／スパンドレル 幅100 t1.0		プラスチック成形板張り プラスチック製天井板 幅150 t9	

天井材料　　ロックウール吸音板　　　　　スパンドレル　　　　　　　　　　プラスチック成形板（浴室天井材）
（p.63参照）　300×600 t9・12・15　　幅75・90・100・150・250 長さ6m　幅100・150・300 長さ1.8m

2 鋼製天井下地（軽量鉄骨天井下地）

木構造の天井下地骨組と同様な構成をとるが，部材を鋼製にして不燃性を高めた方法で，これにボードなど面材を張って仕上げる。

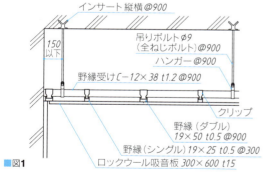

■図1

インサート 縦横@900／吊りボルトφ9（全ねじボルト）@900／ハンガー@900／野縁受けC-12×38 t1.2 @900／クリップ／野縁（ダブル）19×50 t0.5 @900／野縁（シングル）19×25 t0.5 @300／ロックウール吸音板 300×600 t15／150以下

野縁等の種類　■表2

部材	19形	25形	長さ
シングル野縁	19×25 t0.5	25×25 t0.5	4m, 5m
ダブル野縁	19×50 t0.5	25×50 t0.5	
野縁受け	12×38 t1.2	12×38 t1.6	

野縁の間隔　■表3

天井仕上げの種類	シングル野縁	ダブル野縁
下地張り（捨板張り）をする場合	@300程度	@1800程度
仕上材直張り，壁紙または塗料仕上げ	@300程度	@900程度
1辺が45cmのボードの直張り	@225程度	@450程度

鋼製天井下地の施工方法

①天井作業用足場　　②吊りボルト取り付け　　③組み立て　　④下地補強

3 鋼製天井下地の配置（伏図）

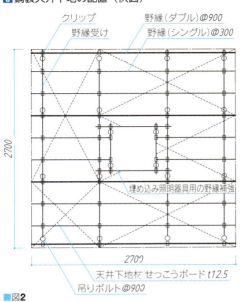

■図2

施工方法
①インサートを壁や梁面から150mm以内，それ以外では900mm間隔で上階のスラブに打ち込んでおく。
②スラブから天井仕上げ墨の長さで吊りボルトを切断して，インサートにねじ込んで取り付ける。
③吊りボルト下部にハンガーを取り付け，これに野縁受けを一方向にかけ渡す。継手には野縁受けジョイントを使用する。
④野縁受けに野縁を直角にクリップで取り付ける。継手には野縁ジョイントを使用するが，乱配置に継ぐ。天井材の継目部分にはダブル野縁を，それ以外はシングル野縁を配置する。
⑤全体を組み上げたところで，野縁受け・野縁の通りを修正し，天井仕上げ墨に合わせてハンガーの高さをナットで調整する。
⑥空調設備や照明器具が天井下地材にあたる部分は，周囲の補強を行ったあとに野縁などを切断し，器具用のスペースを設ける。

4 特定天井の構造

6mを超える高さにある，面積200m²を超え，質量2kg/m²を超える，人が日常利用する場所に設置する吊り天井をいい，落下防止のために次のような方法をとる。
①天井質量を20kg/m²以下（天井質量＝仕上＋下地＋金具＋天井が支える設備）にする。
②天井材はボルト，ビスで相互に緊結する。
③吊りボルト，斜め部材はインサート，ボルトで躯体に緊結する。
④吊りボルトは長さ3m以内のJIS規格品を使用，1m²に1本以上配置する。
⑤耐震ブレースなど斜め部材はV字状に必要組数を釣り合いよく配置する。
⑥壁との間に6cm以上の隙間を設ける。
⑦天井に段差等は設けない。

このほか，斜め部材を設けず，壁との隙間をなくす方法もある。この場合，天井の最大長さに制限があるほか，天井を水平にする，天井面および周囲の壁面の強度や剛性を高めるなどの措置をとる。

[平25国交省告示771・平28国交省告示791抜粋]

■図3

天井材：野縁，野縁受け，吊りボルト，斜め部材，仕上げ材など天井を構成する部材をいう。

壁

1 仕上げの種類

■表4

直仕上げ				下地工法		
コンクリート打放し	モルタルこて押さえ	樹脂モルタルこて押さえ	プラスターこて押さえ	せっこうボードGL工法	接着工法	ふかし壁工法
仕上げ・塗装・吹き付け / 増打ち t15	仕上げ・塗装・吹き付け・クロス張り / モルタル t20	仕上げ・塗装・吹き付け・クロス張り / 樹脂モルタル t5	プラスター t10 / モルタル t20	目地パテ処理 / せっこうボード t12.5 / GLボンド	胴縁 / 化粧目地 / 接着剤 / 化粧合板	せっこうボード t12.5 / ブラケット / 角スタッド 40×40 / ランナー

⑤天井下地全景　⑥ボード張り　**壁下地**　①鋼製壁下地　②GLボンド

2 鋼製壁下地

表5

型	適用する壁の高さ※	スタッド	ランナー 長さ4m	振れ止め 長さ4m, 5m	開口部補強材 長さ4m
50形	2.7m以下 かつ ボード片面張り	50×45×0.8	52×40×0.8	19×10×1.2	C-40×20×1.6
65形	2.4mを超え4.0m以下	65×45×0.8	67×40×0.8		C-60×30×10×2.3
75形	3.0mを超え4.0m以下	75×45×0.8	77×40×0.8	25×10×1.2	C-75×45×15×2.3
90形	4.0mを超え4.5m以下	90×45×0.8	92×40×0.8		
100形	4.5mを超え5.0m以下	100×45×0.8	102×40×0.8		C-100×50×20×2.3

※壁の高さが一定ではない場合は，高い方を適用する。

スタッド間隔は，下地張りをする場合450mm，仕上げ材直張りは300mm。

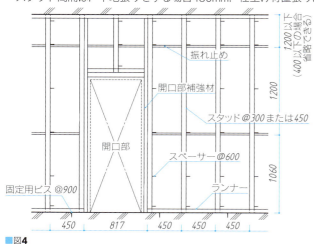

施工方法
① 上階のスラブまたは天井下地，および床面に間仕切壁の墨出しを行う。
② 墨に従ってランナーを配置し，取り付け用のビスで900mm間隔で固定していく。
③ 間仕切壁の高さに合わせてスタッドを切断し，300mmまたは450mm間隔で配置する。スタッドに高さ600mmごとにスペーサーを取り付ける。
④ スタッドに振れ止めを通し，スペーサーで押さえ固定する。
⑤ 開口部の周囲は開口部補強材を用いて補強する。

図4

天井回り縁，幅木

表6 1:10

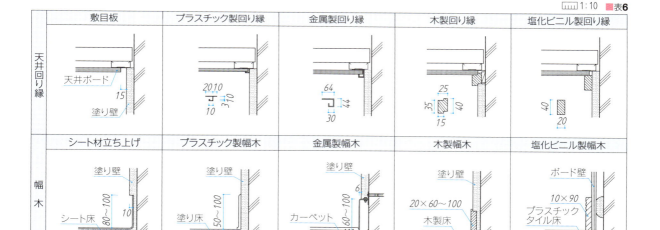

ビニル床シートの施工方法

① 仮敷き　② 接着剤塗布　③ 張り付け　④ ジョイント溶接

床

1 仕上げの種類

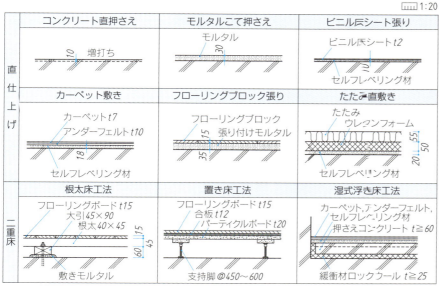

■表7　1:20

床材料［単位：mm］

ビニル床タイル
　接着形 2.0～3.0×303×303
　置敷形 3.0～5.5×450×450

ビニル床シート
　2.0～3.0×1820×9m・10m

単層フローリングボード
　厚 14・15・18
　幅 75・90・100・110
　長 500以上

複層フローリングボード
　厚 12・15・18
　幅 100・150・240・300・303
　長 1800・1820・3000・3600

フローリングブロック
　厚 10・12・15・18
　幅 240・300・303
　長 240・300・303

モザイクパーケット
　厚 6・8・9
　幅 ピース幅の整数倍
　長 ピース幅の整数倍

パーティクルボード（置き床用）
　厚 20・25
　幅 600
　長 1820

2 二重床

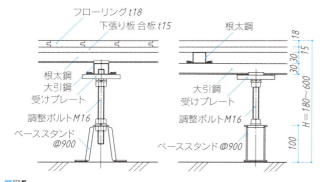

施工方法
① ベーススタンドを隅では壁面から300mm以内，それ以外では900mm間隔で床面に固定する。
② ベーススタンドに調整ボルトと受けプレートを取り付け，これに大引鋼を金具とビスで止める。大引鋼は900mm間隔で配置し，調整ボルトで高さをそろえる。
③ 大引鋼の上に，根太鋼を大引鋼と直角方向に300～360mm間隔で配置しビスで固定する。
④ 根太鋼を取り付け，床板または下張り板をビスで根太鋼に止める。

■図5

異なる床仕上げの取り合い（参考）

1 直仕上げとフリーアクセスフロア

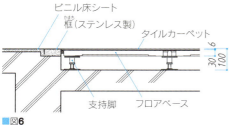

■図6

2 直仕上げと便所の防水床

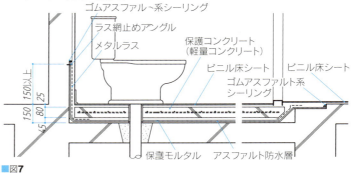

■図7

置き床の施工方法

①セルフレベリング材	②支持脚高さ調整	③パーティクルボード取り付け	④構造用合板取り付け

14 階段・昇降設備

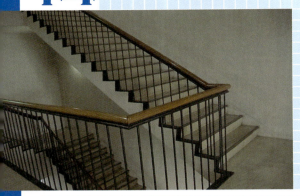

階段には，転落事故を防ぐ安全性や利用者の身体的な負担を最小限にする利便性が求められる。このため，適切な平面計画や断面計画をするとともに，滑りにくい仕上げを施し，手すりや踊場を設けるなどの方法をとる。

階 段

1 階段の割付

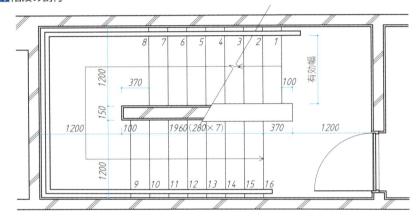

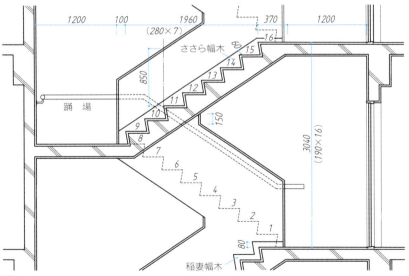

■図1

事務所の階段寸法計算例

蹴上げ，踏面寸法

蹴上げ，踏面寸法
蹴上げ寸法＝階高÷段数
　　　　　＝3040÷2÷8
　　　　　＝190（mm）
踏面寸法＝水平距離÷（段数－1）
　　　　＝1960÷（8－1）
　　　　＝280（mm）

適切な範囲（標準寸法）

蹴上げ　16～20cm（16.5cm）
踏面　　26～30cm（28cm）
施行令23条　　　　　　■表1

上階の居室の床面積	200m²超	200m²以下
幅	120cm以上	75cm以上
蹴上げ	20cm以下	22cm以下
踏面	24cm以上	21cm以上

※直階段では高さ4m以内ごとに踏幅1.2m以上の踊場を設けること。

2 階段の仕上げ，ノンスリップ

■表2

仕上げ	モルタル	ビニル床タイル	じゅうたん	タイル	石
段鼻の滑り止め	ノンスリップタイル	硬質ゴム入りステンレス製ノンスリップ	真鍮製ノンスリップ（くぎ止め）	役物滑り止めタイル	真鍮製ノンスリップ（アンカー付）
断面					

3 階段手すりの納まりと種類

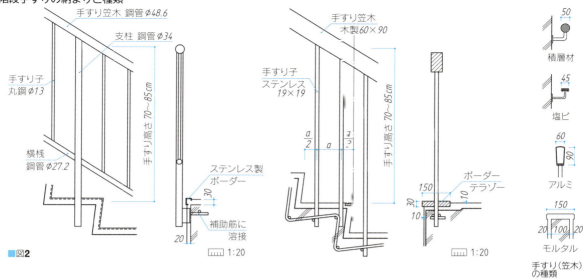

■図2

昇降設備

1 エレベーターの種類

用途 ─ 乗用，人荷用，寝台用，荷物用，自動車用

構造 ─ ロープ式 ─ ドラム式（巻き取り式）
　　　　　　　　└ トラクション式（釣り合いおもり式）
　　　└ 油圧式

2 乗用エレベーターのかごおよび昇降路の寸法例

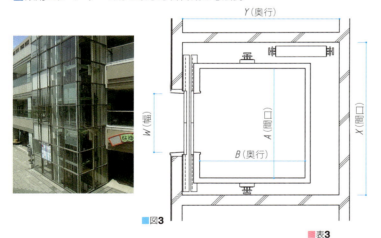

■図3

■表3

積載質量 [kg]	定員 [人]	かごの内法寸法			昇降路寸法		出入口寸法	
		A	B	高さ	X	Y	W	高さ
450	6	1400	850	2300	1800	1500	800	2100
600	9	1400	1100		1800	1750	800	
750	11	1400	1350		1800	2000	800	
900	13	1600	1350		2150	2150	900	
1000	15	1600	1500		2150	2300	900	

3 ピット深さ，オーバーヘッド

（最上階に機械室を設けない形式）

■表4

かごの定格速度	ピット深さ	オーバーヘッド
45m／分　60m／分 90m／分　105m／分	1.25m～1.55m	3m～3.35m

これ以外の定格速度や，昇降行程が30mを超えるものは，メーカーの技術資料による。

4 エレベーターの構造

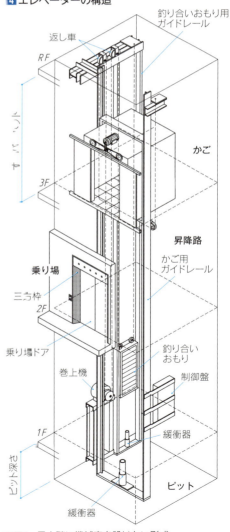

■図4　最上階に機械室を設けない形式

15 中高層建築物の設備

給排水設備

1 給水方式

高置タンク式

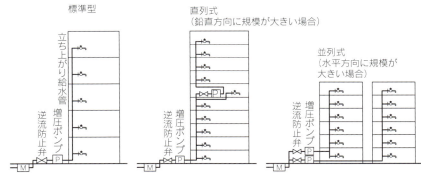

水道直結増圧方式　標準型／直列式（鉛直方向に規模が大きい場合）／並列式（水平方向に規模が大きい場合）

■図1
受水槽に水を受け，屋上のタンクまでポンプで汲み上げる。タンクからは重力により各階へ給水する。設備スペースやタンクのメンテナンスが必要となる。

水道本管の圧力が足りない高層階には増圧ポンプで圧力を加えて給水する。タンクなどの設置スペースが不要であり，新鮮な水を給水できることから多く用いられている。規模が大きい場合，高層階へは中間階にポンプを置き直列につないで給水し，水平方向に大きい場合にはポンプを並列に置いて給水する方法がとられる。

2 排水方式

排水方法
　重 力 式：排水管の位置が下水管よりも高い場合，重力の作用で排水する。
　機 械 式：地階など下水管より低い場所では，排水槽に溜めてからポンプで汲み上げ強制的に排水する。

配管位置
　天井配管：床スラブを貫通し下階天井ふところで排水管をつないでいく方式。ふところ寸法の検討や下階へ配置した排水管の遮音対策なども必要となる。
　床下配管：スラブと床材の間に配管を行う方法。排水管の勾配がφ65以下で1/50，φ75以上では1/100以上とれるような空間がスラブの上に必要となる。横枝管が長くならないよう立て管までの距離を短くするとよい。

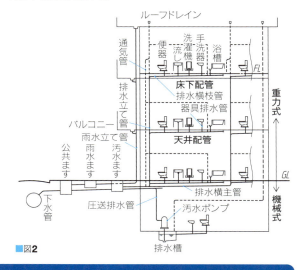

■図2

衛生設備

1 便所の計画

中高層の建築物では，あらかじめ工場で製造した部材を現場で組み立てるシステムトイレが使われることが多い。給排水管を床の上に設けるので，甲板や前板を取り外して容易に保守を行うことができる。

便所の入口のドアを付けない場合には，廊下からの視線についてよく検討しておく。

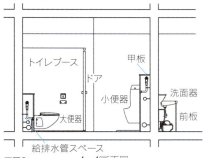

■図3　A〜A'断面図

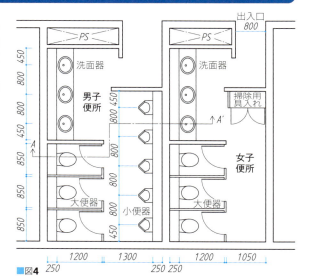

■図4

2 便器数の算定

■表1

建築物の用途	男子便所		女子便所
	大便器	小便器	大便器
事務所	60人／個	30人／個	20人／個
作業所	60人／個	30人／個	20人／個
学校	50人／個	25人／個	20人／個
保育所	20人／個	20人／個	20人／個
興業場（劇場 映画館など）	客席の床面積による。 〜300m² 15m²ごとに1個 301〜600m² 20m²ごとに1個 601〜900m² 30m²ごとに1個 900m²〜 60m²ごとに1個 上記から総数を求め，男女比を1：1にする。 男子（小）5個以内ごとに男子（大）1個を設ける。		

事務所・作業所は，使用時間が特に制限されていない建築物。
学校・興業場は，使用時間が集中しやすい建築物。

3 多機能便所

車椅子での利用者以外にも高齢者や幼児連れなど，より多くの人が利用できる便所を多機能便所という。

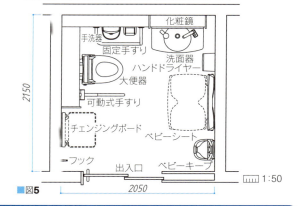

■図5

空気調和設備

1 空気調和方式
室内空気の温度・湿度・風量の調整および浄化を行う。

■表2

中央方式（大規模な事務所や病院など建築物内を同じ環境にする場合）		個別方式（小規模な事務所など部屋ごとに使用状況が異なる場合）		
単一ダクト定風量方式	単一ダクト変風量方式	ファンコイルユニット方式	ヒートポンプパッケージ方式	※個別方式には換気設備がないため，別途換気設備を設けること。
温度や風量が一定している。部屋ごとの温度調整が難しい。	温度は一定だが，風量を部屋ごとに調整できる。	各室においたパッケージに温水や冷水を送り，ファンにより室内空気を循環する。	室外機から冷媒配管で室内機を結び，室内機のファンで空気を循環させる。	
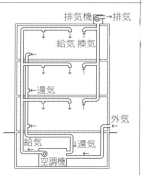	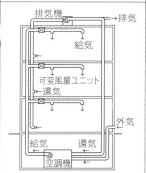	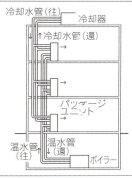	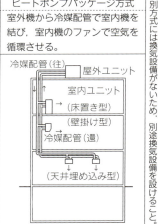	

2 床吹き出し空調システム

フリーアクセスフロアの床下空間を利用して送風する空調システム。床全体で給気できるものや，吹き出し口が付いて局部的に空気を送ることができるフロアユニットがある。床面からの給気で人体に近いことから冷暖房の温度設定を抑えることができる。気流が緩やかなため，塵埃を飛散させることなくクリーンな換気ができる。また，天井裏のダクトも省略できることから，室内空間の自由度も高められる。

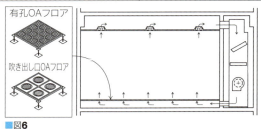

■図6

機械室

設備機械室は空気調和機械室，衛生機械室，電気室に大別され，用途や規模によりさらに細かく区分して計画される。機械室の総面積は，概算で延べ床面積の5〜7％程度，ダクトスペースやパイプスペースは各階床面積の3〜4％とする。

■表3

空調機械室	衛生機械室	電気室	（その他機械室）
熱源機械室	受水タンク室	特高受変電室	中央監視制御室
空調機室	衛生ポンプ室	受変電室	油タンク室
ボイラー室	貯湯タンク室	自家発電機室	プロパンガス室
送風機室	排水処理室	電池室	エレベータ機械室
排煙機室			など

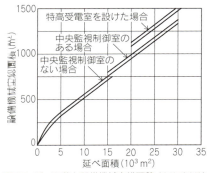

■図7　延べ面積と設備機械室総面積（事務所建築）

3章 鋼構造

鋼構造の建築物ができ上がるまで

A ラーメン構造の事務所
屋根：（陸屋根）シート防水
　　　（傾斜部分はソーラーパネル）
外壁：金属断熱サンドイッチパネル
　　　一部カーテンウォール

B 立体トラス構造のアリーナ
屋根：金属板葺き
外壁：カーテンウォール

1 根切り 基礎と基礎梁の位置を所定の深さまで掘る。

2 基礎の配筋とアンカーボルト 基礎筋を配置し、その上に基礎立ち上がりの配筋を行う。同時に、基礎梁の配筋も行う。また、アンカーボルトを設置する。

3 ベースモルタル 柱の据え付け高さをそろえるため、立ち上がりの頂部にベースモルタルを施す。

7 建入れ直し 柱や梁が組み上がったところで、それぞれの部材の位置を修正する。

8 骨組の完成 高力ボルトの本締めを行い、骨組を完成させる。

9 デッキプレートの敷き込み 大梁や小梁の間にデッキプレートを敷き込み、溶接して固定する。

13 耐火被覆 鉱物質繊維を吹き付けるなどして鋼材を覆い、火熱から鋼材を保護する。

14 サッシの取り付け サッシを下地鋼材に金物を介して溶接する。

15 外壁仕上げ サイディングを横張りするときには、下地に縦胴縁を設けておく。

A ラーメン構造の事務所　**B** 立体トラス構造のアリーナ

4 柱の建込み　クレーンで柱を所定の位置に吊り降ろす。

5 柱脚の仮止め　アンカーボルトのナットを締め，柱を自立させる。

6 梁の掛け渡し　柱と柱の間に梁を渡し，仮ボルトで固定する。

10 スラブの配筋　デッキプレートの上にスラブの配筋を行う。

11 スラブのコンクリート打ち込み　スラブにコンクリートを打ち込み，鉄筋コンクリートのスラブにする。

12 屋上の防水　陸屋根の防水は，鉄筋コンクリート構造と同様な防水方法をとる。

16 天井下地　金属製の野縁や野縁受けを用いて不燃性を高める。

17 壁下地　金属製のスタッド（柱）で間仕切壁の下地骨組を構成する。

18 内部仕上げ　不燃性の高い仕上げ材料で内部を完成させる。

1 基礎と柱脚

中小規模の建築物の基礎は，図1のような独立基礎が多い。鉄筋コンクリートでつくられ，図2のように配筋する。

建築物が重かったり，地盤が軟弱な場合には杭基礎にする。

基礎の仕組みや施工方法は，柱と基礎との接合部である柱脚の形式で異なる。中小規模の建築物の柱脚は露出形式が多く用いられる。

基礎

基礎

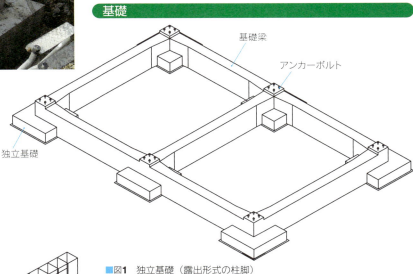

■図1　独立基礎（露出形式の柱脚）

基礎の配筋図の各部名称：基礎梁主筋、基礎梁あばら筋、基礎筋（ベース筋）、立ち上がり主筋、立ち上がり帯筋、スペーサーブロック

■図2　基礎の配筋

アンカーボルトの種類　ABR400/490　[JIS B 1220]　■表1

ねじの呼び (d)	最小長さ [mm]	ねじの呼び (d)	最小長さ [mm]
M16	400	M33	825
M20	500	M36	900
M22	550	M39	975
M24	600	M42	1050
M27	675	M45	1125
M30	750	M48	1200

長さは25d以上，ねじ部の長さは3d以上とする。

基礎の施工方法

①根切り

②アンカーボルトと固定金物

③基礎筋と立ち上がりの配筋

④基礎梁の配筋

⑤型枠の組み立て

⑥コンクリートの打ち込み

⑦型枠の取りはずし

⑧ベースモルタル

柱脚

1 露出形式

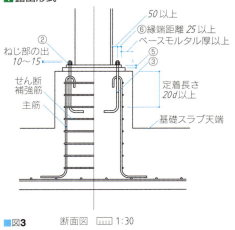

■図3　断面図　1:30

設計上の留意事項
①アンカーボルトは柱中心に対して均等に配置する。

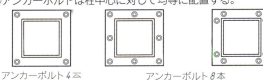

■図4　アンカーボルトの配置

②アンカーボルトには座金を用い、ナット部分の溶接やナットの二重使用など戻り止めを施す。
③アンカーボルトの基礎に対する定着長さはアンカーボルト径の20倍以上にする。アンカーボルトの先端はかぎ形に折り曲げるか定着金物をつける。
④アンカーボルトの断面積の合計を、柱の断面積（最下端部）の断面積の20%以上にする。

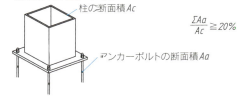

$$\frac{\Sigma Aa}{Ac} \geq 20\%$$

■図5　アンカーボルトの断面積

⑤ベースプレートの厚さをアンカーボルト径の1.3倍以上にする。

2 根巻形式

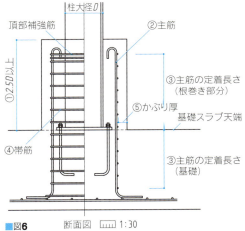

■図6　断面図　1:30

設計上の留意事項
①根巻き部分の高さは、柱の見付け幅の大きいほう（大径：D）の2.5倍以上にする。
②主筋は4本以上とし、頂部はかぎ状に折り曲げる。
③主筋の定着長さは表2の値以上にする。

主筋の定着長さ［単位：mm］　■表2

定着位置	定着長さ
根巻き部分	25C
基礎	40C

④帯筋はD10を100～150mm間隔で配置する。
⑤かぶり厚は70mmを標準とする。

3 埋め込み形式

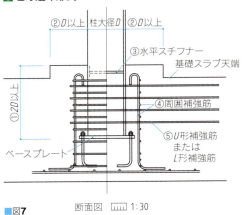

■図7　断面図　1:30

設計上の留意事項
①コンクリートへの柱の埋め込み深さは、柱の大径Dの2倍以上にする。
②鉄骨柱へのコンクリートのかぶり厚はD以上にする。
③コンクリート頂部よりやや下において、鉄骨柱に水平スチフナーを設ける。
④鉄筋は根巻き形式とほぼ同様に設ける。
⑤ ④以外に補強筋を図8，9のように設ける。

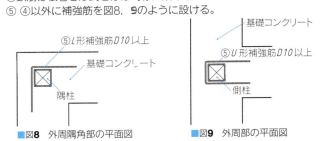

■図8　外周隅角部の平面図　　■図9　外周部の平面図

2 骨組の種類と鋼材

鋼構造の骨組は，細長い鋼材を組み合わせてつくる。組み合わせ方により各種の構造形式があり，建築物に求める機能や空間により，構造形式を選択する。

骨組の種類

1 力の流れによる種類

図中の記号は，鉛直荷重がかかったときに部材に生じる力を示す。
M：曲げモーメント　Q：せん断力　N：軸方向力（引張力・圧縮力）　O：力が生じない

● ラーメン構造

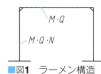

節点を剛接合した部材で外力に抵抗する構造。部材には曲げモーメント・せん断力・軸方向力が生じる。

■図1　ラーメン構造

● トラス構造

（平面トラス）

節点をピン接合した部材で外力に抵抗する構造。部材には軸方向力が生じる。鉛直荷重時には力が生じない部材もあるが，水平力など方向が異なる力が作用したときには力が生じる。

（立体トラス）　全部材N

■図2　トラス構造

● アーチ構造

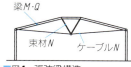

アーチ状に曲げた骨組で外力に抵抗する構造。アーチを三次元に用いるとドームになる。

アーチ形状や部材位置によりM・Q・N

■図3　アーチ構造

● 張弦梁構造

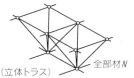

緊張したケーブルと束材によって，梁の応力分布や自重によるたわみを制御する。梁の断面を小さくしやすい。

梁M・Q　束材N　ケーブルN

■図4　張弦梁構造

2 架構形態による種類

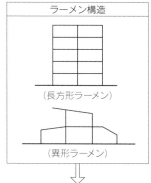

ラーメン構造
（長方形ラーメン）
（異形ラーメン）

複合した構造

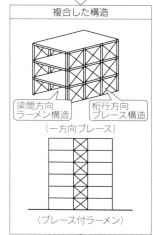

梁間方向ラーメン構造　桁行方向ブレース構造
（一方向ブレース）

（ブレース付ラーメン）

ブレース構造＊

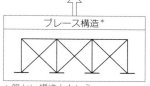

＊筋かい構造ともいう。

■図5

鋼材

1 JIS規格鋼材

■表1

種類の記号	鋼材名	特徴
SS	一般構造用圧延鋼材	建築物に限らず，橋や船舶など構造物全般に使用する。形鋼や鋼板などがある。
SM	溶接構造用圧延鋼材	SS材と同じで構造物全般に使用するが，溶接に適した鋼材。
SN	建築構造用圧延鋼材	建築物用の鋼材。A，B，C種があり，中低層建築物の主要構造部はB種を用いる。
STK	一般構造用鋼管	構造物全般に使用する円形中空断面の鋼材。
STKR	一般構造用角形鋼管	構造物全般に使用する角形中空断面の鋼材。
STKN	建築構造用炭素鋼鋼管	SN材と同じで建築物用の円形中空断面の鋼材。
SSC	一般構造用軽量形鋼	薄板を冷間加工した形鋼。軽量鋼構造の骨組や一般の建築物の胴縁，母屋などに使用する。
SUS	建築構造用ステンレス鋼材	建築物用のステンレス鋼材。形鋼，鋼板があり，主要構造部にも使用できる。

2 大臣認定鋼材

■表2

略号	鋼材名	特徴
LY	極低降伏点鋼	降伏点がきわめて低い鋼材で，筋かいや耐震壁の部材に使用し，地震エネルギーの吸収をはかる。
BCR	建築構造用冷間成形角形鋼管	STKRとほぼ同じ断面の角形鋼管。隅角部の曲面が規格化され，塑性加工時の影響を極力排除して製造される。BCRはロール成形，BCPはプレス成形。STKR材より大断面の製品がある。柱に使用する。
BCP		
TMCP	建築構造用TMCP鋼板	厚肉でも溶接性のよい高強度の鋼板。高層，超高層建築物の主要構造部に使用する。
SA	高性能高張力鋼板	590N/mm^{2}の強さをもつ鋼板。超高層建築物の主要構造部に使用する。

3 主な形鋼や鋼板の形状・寸法　JISの抜粋

[単位：mm] ■表3

H形鋼 [JIS G 3192]

H×B	t_1	t_2	r	断面積 cm²	単位質量 kg/m
100×50	5	7	8	11.85	9.30
100×100	6	8	8	21.59	16.9
125×60	6	8	8	16.69	13.1
125×125	6.5	9	8	30.00	23.6
150×75	5	7	8	17.85	14.0
150×150	7	10	8	39.65	31.1
175×175	7.5	11	13	51.42	40.4
200×100	5.5	8	8	26.67	20.9
200×200	8	12	13	63.53	49.9
250×125	6	9	8	36.97	29.0
250×250	9	14	13	91.43	71.8
300×150	6.5	9	13	46.78	36.7
300×300	10	15	13	118.4	93.0
350×175	7	11	13	62.91	49.4
340×250	9	14	13	99.53	78.1
350×350	12	19	13	171.9	135
400×200	8	13	13	83.37	65.4
390×300	10	16	13	133.2	105
400×400	13	21	22	218.7	172
446×199	8	12	13	82.97	65.1
450×200	9	14	13	95.43	74.9
440×300	11	18	13	153.9	121
500×200	10	16	13	112.2	88.2
488×300	11	18	13	159.2	125

溝形鋼 [JIS G 3192]

H×B	t_1	t_2	r_1	r_2	断面積 cm²	単位質量 kg/m
100×50	5	7.5	8	4	11.92	9.36
125×65	6	8	8	4	17.11	13.4
150×75	9	12.5	15	7.5	30.59	24.0
150×75	6.5	10	10	5	23.71	18.6
180×75	7	10.5	11	5.5	27.20	21.4
200×80	7.5	11	12	6	31.33	24.6
250×90	9	13	14	7	44.07	34.6
300×90	10	15.5	19	9.5	55.74	43.8
380×100	13	16.5	18	9	78.96	62.0

角形鋼管 [JIS G 3444]

A×B	t	断面積 cm²	単位質量 kg/m
100×100	4.5	16.67	13.1
150×150	6	33.63	26.4
150×150	9	48.67	38.2
200×200	9	66.67	52.3
200×200	12	86.53	67.9
250×250	9	84.67	66.5
250×250	12	110.5	86.8
300×300	9	102.7	80.6
300×300	12	134.5	106
350×350	12	158.5	124

等辺山形鋼 [JIS G 3192]

A×B	t	r_1	r_2	断面積 cm²	単位質量 kg/m
30×30	3	4	2	1.727	1.36
40×40	5	4.5	3	3.755	2.95
50×50	6	6.5	4.5	5.644	4.43
65×65	6	8.5	4	7.527	5.91
75×75	9	8.5	6	12.69	9.96
90×90	10	10	7	17.00	13.3
100×100	10	10	7	19.00	14.9
130×130	12	12	8.5	29.76	23.4
150×150	15	14	10	42.74	33.6
200×200	20	17	12	76.00	59.7

鋼管 [JIS G 3466]

D	t	断面積 cm²	単位質量 kg/m
60.5	3.2	5.760	4.52
101.6	4.5	13.73	10.8
190.7	6.0	34.82	27.3
318.5	8.0	78.04	61.3
406.4	12.0	148.7	117
500.0	16.0	243.3	191
600.0	19.0	346.8	272

[単位：mm] ■表4

鋼板 [JIS G 3193]

標準厚さ t

1.2	1.4	1.6	1.8	2.0	2.3	2.5	3.2	3.6
4.0	4.5	5.0	5.6	6.0	6.3	7.0	8.0	9.0
10	11	12	12.7	13	14	15	16	18	19
20	22	25	25.4	28	32	36	38	40	45	50

4 主な軽量形鋼の形状・寸法　JISの抜粋

軽山形鋼 [JIS G 3350]

A×B	t	
60×60	3.2	
50×50	3.2	2.3
40×40	3.2	
30×30	3.2	
75×30	3.2	

軽溝形鋼 [JIS G 3350]

H×A×B	t		
350×50×50	4.5	4.0	
300×50×50	4.5	4.0	
250×50×50	4.5	4.0	
200×50×50	4.5	4.0	3.2
150×50×50	4.5	3.2	2.3
100×50×50	3.2	2.3	
100×40×40	3.2	2.3	
60×30×30	2.3	1.6	
38×15×15	1.6		
19×12×12	1.6		

リップ溝形鋼 [JIS G 3350]

H×A×C	t			
250×75×25	4.5			
200×75×25	4.5	4.0	3.2	
200×75×20	4.5	4.0	3.2	
150×75×25	4.5	4.0	3.2	
150×75×20	4.5	4.0	3.2	
150×65×20	4.0	3.2	2.3	
150×50×20	4.5	3.2	2.5	
125×50×20	4.5	4.0	3.2	2.3
120×60×25	4.5			
120×60×20	3.2	2.3		
120×40×20	3.2			
100×50×20	4.5	4.0	3.2	2.8
	2.3	2.0	1.6	
90×45×20	3.2	2.3	1.6	
75×45×15	2.3	2.0	1.6	
75×35×15	2.3			
70×40×25	1.6			
60×30×10	2.3	2.0	1.6	

3 ラーメン構造

ラーメン構造の主な構造部は，柱，梁，小梁などの骨組およびスラブで構成される。柱は図2のような断面の鋼材が用いられるが，方向性がない箱形断面や円形断面の使用が多い。梁はH形断面がほとんどで，中小規模の建築物ではH形鋼が使用される。大規模な建築物では鋼板をH形に組み立てたものも使用される。

スラブは，ALCパネルやデッキプレートを用いた鉄筋コンクリート製とすることが多い。

ラーメン構造の構成

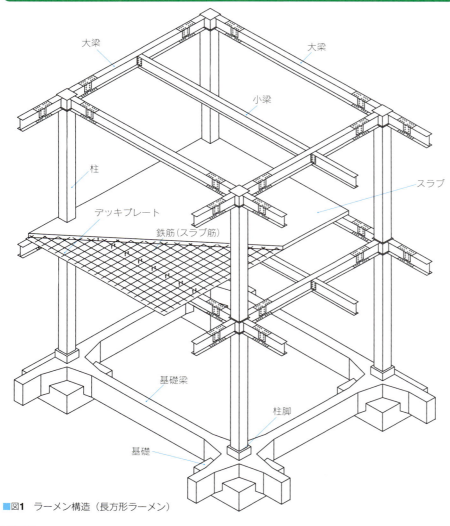

■図1 ラーメン構造（長方形ラーメン）

柱の断面形状

箱形断面

円形断面

H形断面

■図2 柱の断面

梁の断面形状

H形断面
（大梁，小梁）

■図3 梁の断面

骨組の施工方法

①柱の建込み

②梁の掛け渡し

③建入れ直し

④骨組の完成

長方形ラーメンの柱・梁の断面仮定

●事務所などに用いられる長方形ラーメン建築物

■図4 長方形ラーメンの断面

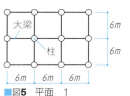

■図5 平面 1

意匠設計を先行させるために断面仮定を行う。実施設計に際しては，必ず構造計算を行い断面を決定する。

表1，表2は外形寸法のみの仮定で，鋼材厚などは構造計算による。

断面仮定条件
柱は角形鋼管，梁はH形鋼とする。
スラブは最上階までデッキプレート上にコンクリートを打ち込んだものとする。
特に大きな積載荷重はないものとする。
積雪荷重は考慮しない。風圧力は特に大きな地域としない。
地盤は第二種地盤（中程度の強さの地盤）程度とする。
表1・表2の大梁の階数は，一般的な構造図と表記が異なるので注意する。

X，Y両方向とも6m程度間隔で柱を配置した場合（図5）　■表1

		平屋建て		2階建て		3階建て	
3階						大梁	H-300×150
						柱	□-250×250
2階				大梁	H-300×150	大梁	H-350×175
				柱	□-200×200	柱	□-250×250
1階	大梁	H-300×150		大梁	H-350×175	大梁	H-400×200
	柱	□-200×200		柱	□-200×200	柱	□-250×250

X，Y両方向とも10m程度間隔で柱を配置した場合（図6）　■表2

		平屋建て		2階建て		3階建て	
3階						大梁	H-400×200
						柱	□-350×350
2階				大梁	H-400×200	大梁	H-500×200
				柱	□-300×300	柱	□-350×350
1階	大梁	H-400×200		大梁	H-450×200	大梁	H-500×200
	柱	□-250×250		柱	□-300×300	柱	□-350×350

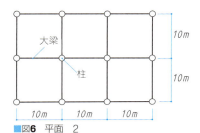

■図6 平面 2

大梁・小梁・横座屈押さえの配置（デッキプレートにコンクリートを打ち込んだスラブ）

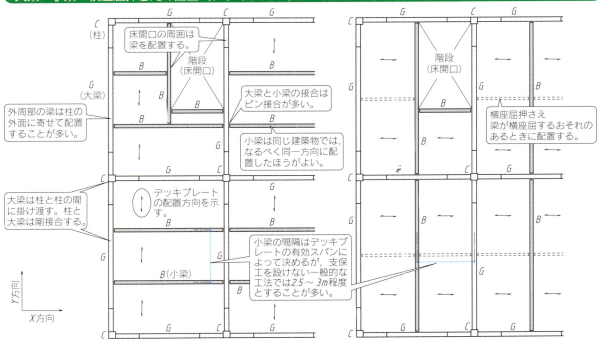

(a) X方向に小梁を配置した例　　(b) Y方向に小梁を配置した例

■図7 梁の配置

小梁の配置　小梁は大梁と大梁の間に掛け渡すが，図のようにX方向またはY方向のいずれかに配置する。同じ建築物でも小梁の配置方向により梁の荷重分布が変わるので，梁部材の断面形状は異なったものになる。これが天井高など内部空間の構成に影響するので，建築物に求める空間により小梁の方向を選択する。このほか，階段やエレベーターによる床開口の周囲の梁の配置など，さまざまな検討要素があるので，それらを総合的に判断して小梁の配置を決める。

4 ブレース構造

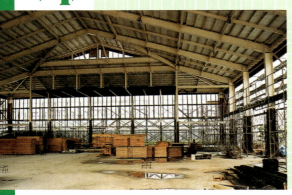

鉛直方向の面にブレース（筋かい）を入れた構造形式をブレース構造または筋かい構造という。この構造は、桁行方向など一方向にブレースを入れる一方向ブレース構造として、工場や体育館などの骨組に用いられる。

一方向ブレース構造では、図1のように梁間方向をラーメン構造、桁行方向をブレース構造にする。

ブレースは水平力に抵抗するために入れるが、桁行方向すべてに入れる必要はなく、構造計算により求めた量を入れればよい。

連続した壁の中央部付近に集めて配置すると、温度変化による骨組全体の伸縮には対応しやすいが、平面計画で制約を受けることが多いので、ふつう、端部に多く配置する。

■ 山形ラーメンを用いた骨組

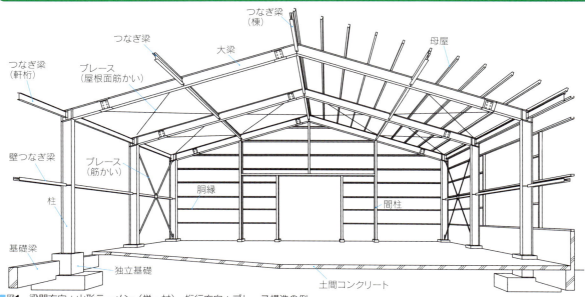

■図1 梁間方向：山形ラーメン（単一材），桁行方向：ブレース構造の例

■ 山形ラーメンの柱・梁の断面仮定
● 工場・倉庫などに用いられる平屋建て山形ラーメンの建築物

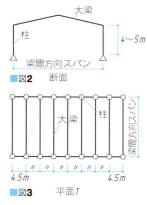

実施設計に際しては、必ず構造計算を行い断面を決定する。
表1、2は外形寸法のみの仮定で、鋼材厚などは構造計算による。

断面仮定条件
柱はH形鋼、大梁もH形鋼とする。
積雪荷重は考慮しない。風圧力は、特に大きな地域としない。
地盤は第二種地盤（中程度の強さの地盤）とする。
桁行方向はブレース構造とする。

桁行方向の柱間隔　4.5m（図3）　　　　　　　　　　　　　■表1

梁間方向スパン10m		梁間方向スパン20m		梁間方向スパン30m	
大梁	H-300×150	大梁	H-450×200	大梁	H-600×200
柱	H-300×150	柱	H-450×200	柱	H-600×200

桁行方向の柱間隔　9.0m（図4）　　　　　　　　　　　　　■表2

梁間方向スパン10m		梁間方向スパン20m		梁間方向スパン30m	
大梁	H-400×200	大梁	H-600×200	大梁	H-700×200
柱	H-400×200	柱	H-600×200	柱	H-700×200

H形鋼の門形ラーメンを用いた骨組

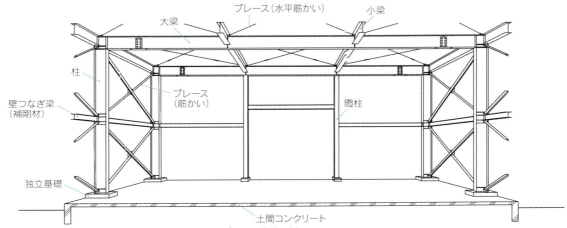

■図5　梁間方向：門形ラーメン（単一材），桁行方向：ブレース構造の例

トラスの門形ラーメンを用いた骨組

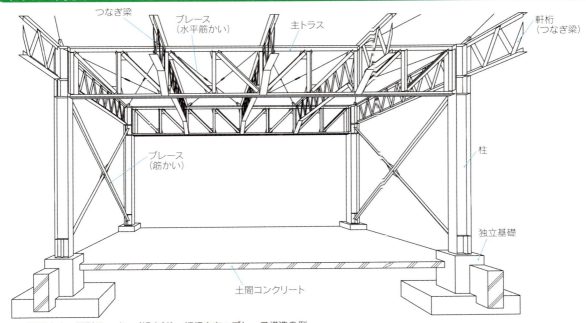

■図6　梁間方向：門形ラーメン（組立材），桁行方向：ブレース構造の例

トラスの種類（参考）

1 平行弦トラス

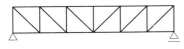
(a) プラット

(b) ハウ

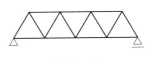
(c) ワーレン

2 三角形トラス

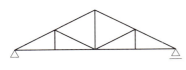
(d) キングポスト（真束）

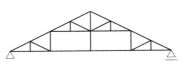
(e) クイーンポスト（対束）

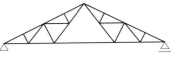
(f) フィンク

■図7　トラスの種類

5 接合方法

溶接

ボルト接合

高力ボルト接合

鋼材の接合方法には，溶接，ボルト，高力ボルト接合がある。これらのうち，工場では溶接，工事現場では高力ボルト接合が多く用いられる。ボルトは，軽微な箇所の接合に用いられる。

溶接

主要な構造部は完全溶け込み溶接とする。隅肉溶接とすることもあるが，部分溶け込み溶接は，曲げや引張りが生じる箇所には用いない。

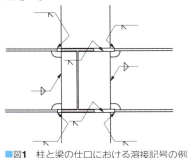

■図1 柱と梁の仕口における溶接記号の例

溶接記号の表示方法 [JIS Z 3021]

■図2

基線は水平，矢は基線から60°を基本とする。
尾は必要がなければ省略してよい。
レ形グルーブのように片方の材に開先をとる場合には開先をとる方の材に矢を向ける。このとき，基線は開先をとる材の側に記入する。

主な溶接部の形状を示す記号
■表1

接合部の形状	基本記号	実形	記号表示	溶接部の形状	基本記号	実形	記号表示
完全溶け込み溶接 I型	‖			完全溶け込み溶接 レ型	V	開先角度45° ルート間隔6.4	6.4 45°
完全溶け込み溶接 K型	K	開先角度45° 開先深さ16 ルート間隔2 45°		隅肉溶接	△	(両側連続隅肉溶接) 6 脚長6	6 6

ボルト接合

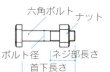

■図3

ボルト接合は，接合部が緩みやすく建築物の耐力に影響を与えるおそれがあるので，主要構造部に使用するには制限がある。軒高9m以下，梁間13m以下，延べ面積3000m²以下の建築物では使用できるが，接合部をコンクリートに埋め込んだり，ナットを溶接するなど適切なナットの戻り止めを施さなければならない。

ボルトの首下長さ
締め付けの長さに下表の値を加えた長さにする。 ■表2

ねじの呼び	締め付け長さに加える値 [単位：mm]	
	一重ナットの場合	二重ナットの場合
M12	20以上	27以上
M16	26以上	36以上
M20	30以上	42以上
M22	35以上	48以上
M24	37以上	51以上

ボルト径と孔径 [単位：mm]
■表3

ねじの呼び	M12	M16	M20	M22	M24
孔径	12.5	16.5	20.5	22.5	24.5

ピッチ・ゲージ・縁端距離　高力ボルトと同じ

ボルトとナットの組み合わせ
■表4

ボルト強度区分	4T	5T	6T	7T
ナット強度区分	4	5	6	8

高力ボルト接合

JIS形高力ボルト［JIS B 1186］

トルシア形高力ボルト［JSS II 09］

高力ボルトには，JISで規格化された摩擦接合用高力六角ボルト，六角ナット，平座金がある（以下，JIS形という）。JIS形には1種，2種の二種類あるが通常は2種を用いる。このほか，日本鋼構造協会規格（JSS）のトルシア形高力ボルトがある。これらのうち，施工管理の容易さから，トルシア形高力ボルトが多く用いられる。

ボルト・ナット・座金の組み合わせ
■表5

種類	ボルト	ナット	座金
JIS形2種	F10T	F10	F35
トルシア形	S10T	F10	F35

JIS形は，ボルト1，ナット1，座金2で1セット。
トルシア形は，ボルト1，ナット1，座金1で1セット。

ボルトの機械的性質
■表6

ボルトの種類	耐力 N/mm²	引張り強さ N/mm²	伸び %	絞り %
F10T	900以上	1000～1200	14以上	40以上

S10Tも同じ機械的性質をもつ。

ボルト径と孔径　［単位：mm］
■表7

ねじの呼び	(M12)	M16	M20	M22	M24	M27	M30
孔径	14	18	22	24	26	30	33

M12はJIS形のみ。

最小縁端距離（e）　［単位：mm］
■表8

ねじの呼び	縁端の種類	
	せん断縁（e） 手動ガス切断	圧延縁・自動ガス切断縁（e） のこ引き縁・機械仕上げ縁
(M12)	22	18
M16	28	22
M20	34	26
M22	38	28
M24	44	32
M27	49	36
M30	54	40

最大縁端距離は，材厚の12倍かつ50mm。

ピッチ（p）　［単位：mm］
■表9

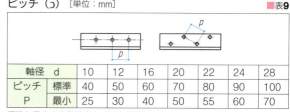

軸径 d	10	12	16	20	22	24	28
ピッチ P 標準	40	50	60	70	80	90	100
ピッチ P 最小	25	30	40	50	55	60	70

標準と最小の中間値をとることが多い。
M16，20，22では60mmとすることが多い。

高力ボルトの首下長さ（トルシア形）

締め付け長さ
首下長さ

締め付け長さに下表の値を加えた長さにする。［単位：mm］
■表10

ねじの呼び	M16	M20	M22	M24	M27	M30
加える長さ	25	30	35	40	45	55

JIS形はこれに5mmを加える。

高力ボルトおよびボルトのゲージの標準　［単位：mm］
■表11

山形鋼	AあるいはB	g_1	g_2	最大軸径
	65	35		20
	70	40		20
	75	40		22
	80	45		22
	90	50		24
	100	55		24
	125	50	35	24
	130	50	40	24
	150	55	55	24

H形鋼	B	g_1	g_2	最大軸径
	125	75		16
	150	90		22
	175	105		22
	200	120		24
	250	150		24
	300	150	40	24
	350	140	70	24
	400	140	90	24

B＝300は千鳥打ちとする。

生産されているトルシア形高力ボルト　［単位：mm］
■表12

ねじの呼び	首下長さ																							
	35	40	45	50	55	60	65	70	75	80	85	90	95	100	105	110	115	120	125	130	135	140	145	150	155	160	170	180	190	200
M16	○	○	○	○	○	○	○	○	○	○	○	○	○																	
M20		○	○	○	○	○	○	○	○	○	○	○	○	○	○															
M22				○	○	○	○	○	○	○	○	○	○	○	○	○														
M24					○	○	○	○	○	○	○	○	○	○	○	○	○													
M27							○	○	○	○	○	○	○	○	○	○	○	○												
M30								○	○	○	○	○	○	○	○	○	○	○	○											

6 接合部

骨組は，柱に梁の一部となるブラケットを接合した部材や梁を工場で製作し，それらを工事現場に運搬して組み立てる。したがって，接合部には，工場接合になる部分と現場接合になる部分があり，工場接合では溶接，現場接合では高力ボルトが多く用いられる。

接合部は構造上の弱点になりやすいので，応力が小さい位置に設けるとよいが，運搬の都合や施工性を考慮して図1の位置に設けることが多い。

■1 柱継手

■2 梁継手

■3 柱と大梁の仕口

■4 大梁と小梁の仕口

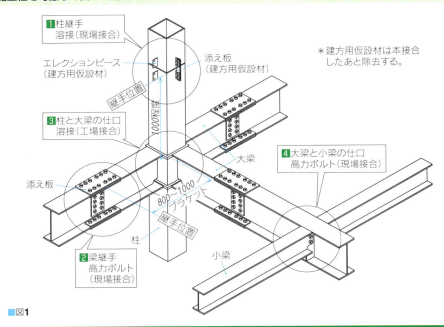

■図1

柱継手

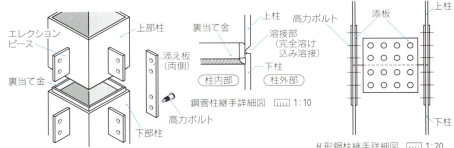

■図2

梁継手

H形断面の梁が多く，添え板を用いた高力ボルト接合が一般的である。

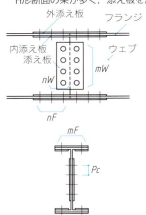

■図3

標準継手　SN400　（SCSS-H97による）　　■表1

梁断面寸法	使用高力ボルト	フランジ ボルト数 nF×mF	ゲージ g	外添え板 厚×長さ	内添え板 厚×幅	ウェブ ボルト数 nW×mW	ピッチ Pc	添え板寸法（両面同サイズ）
200×100×5.5×8	M16	2×2	56	16×290	—	2×1	60	6×140×170
250×125×6×9	M16	3×2	75	12×410	—	2×2	90	6×170×290
300×150×6.5×9	M16	2×2	90	9×290	9×60	3×1	60	6×200×170
300×150×6.5×9	M16	2×2	90	9×290	9×60	2×1	120	6×200×170
350×175×7×11	M16	2×2	105	9×290	9×70	3×1	90	6×260×170
400×200×8×13	M20	3×2	120	9×410	9×80	4×1	60	9×260×170
450×200×9×14	M20	3×2	120	12×410	12×80	5×1	60	9×320×170
500×200×10×16	M20	3×2	120	12×410	12×80	5×1	60	9×320×170
400×200×8×13	M22	3×2	120	9×410	9×80	3×1	90	9×260×170
450×200×9×14	M22	3×2	120	12×410	12×80	4×1	60	12×260×170
500×200×10×16	M22	3×2	120	12×410	12×80	4×1	90	9×350×170

この継手形式は全強設計されているので，高力ボルトや添え板の検定をする必要はない。
外添え板の幅は母材のフランジ幅とする。内添え板の長さは外添え板の長さと同じとする。

柱と梁の仕口

通しダイアフラム形式が，中小規模から大規模な建築物まで広く用いられる。内ダイアフラム形式や外ダイアフラム形式は，継目の集中が少なくなり構造的には有利になるが，仕口の組立方法や他部材との納まりが難しくなることがある。

●通しダイアフラム形式
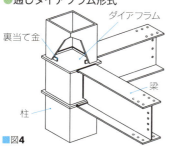
■図4

●内ダイアフラム形式
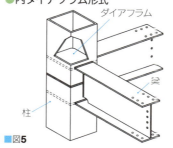
■図5

●外ダイアフラム形式
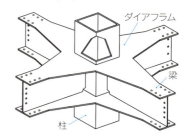
■図6

1 通しダイアフラム形式の仕口の納まり

●標準

■図7
柱の板厚が28mm未満は $e=25$mm
28mm以上は $e=30$mm
ダイアフラムは接続する梁のフランジ厚さより2サイズ上の板厚にする。

通しダイアフラム形式

●梁の高さが異なる場合

■図8　中間部にダイアフラムをつける。
■図9　差が小さいときには，ハンチをつけて接合する。

●上下の柱の断面が異なる場合
断面の外形寸法は最上階から最下階まで変えないほうが好ましいが，変える場合には次のように仕口部分で絞る。
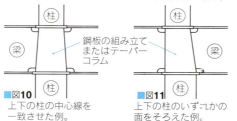
■図10　上下の柱の中心線を一致させた例。
■図11　上下の柱のいずれかの面をそろえた例。

2 スカラップ（改良形）
溶接線の交差を防ぐために設ける切り欠きをいう。
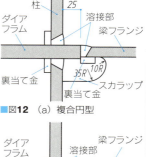
■図12　(a) 複合円型

■図13　(b) 改良A2型

大梁と小梁の仕口

大梁に溶接したガセットと小梁のウェブを高力ボルト接合する。大梁と小梁のフランジは特に接合しない。

①添え板を用いた例
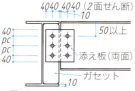
■図14
ガセット厚は小梁ウェブ厚以上かつ6mm以上。ボルトは2列配置まで。

②小梁ウェブを突出させた例
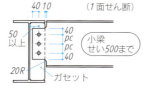
■図15
ガセット厚，ボルト配置は①と同じ。

③ガセットを突出した例1
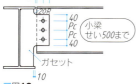
■図16
ガセット厚は小梁ウェブ厚より1サイズ上げる。ボルトは2列配置まで。

④ガセットを突出した例2
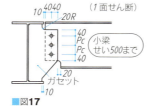
■図17

高力ボルト摩擦接合（参考）

鋼材の摩擦面

油分や汚れを除去する。また，接合面に適度な粗さを確保するために2週間程度，大気に曝して，赤さびを発生させる。

ボルト締め
専用の電動レンチを用い，一次締め，本締めの2回に分けて行う。本締めが終わったボルトはピンテールが破断している。

電動レンチ

本締め

7 スラブ

床を鉄筋コンクリートのスラブにするときには，デッキプレートを梁に掛け渡し，その上に配筋し，コンクリートを打ち込む方法が一般的である。デッキプレートの種類により，周囲の部材の構成方法が異なることもあるので注意する。

デッキプレート床

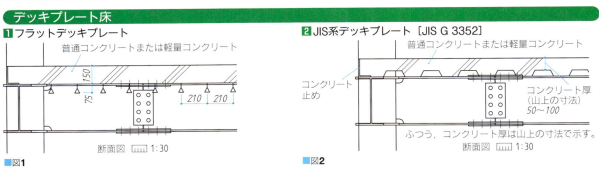

1 フラットデッキプレート

断面図　1:30

■図1

2 JIS系デッキプレート［JIS G 3352］

断面図　1:30

ふつう，コンクリート厚は山上の寸法で示す。

■図2

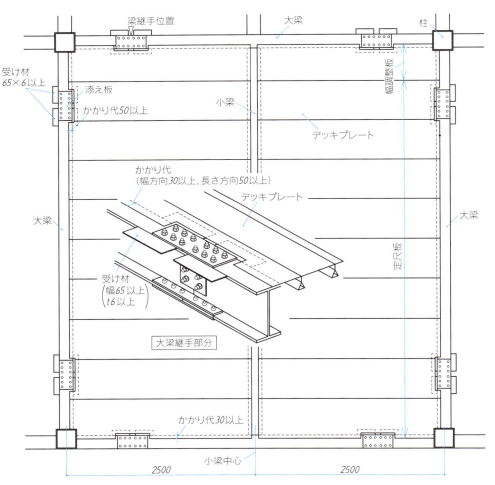

平面図　1:50

■図3

デッキプレート

厚さ1〜1.6mmの鋼板を折り曲げ剛性を高めた製品で，梁と梁の間に掛け渡すことで，支保工が不要なスラブの型枠にする。デッキプレートはコンクリートが固まっても取りはずすことなく，躯体の一部とする。

デッキプレートの種類

■表1

合成スラブ用	デッキ構造床用（JIS系）
コンクリート厚 50または75／600	コンクリート厚 25, 50, 60, 75, 100／600
コンクリートが硬化すると，コンクリートとデッキプレートが一体化し，曲げに抵抗する。鉄筋は特に必要としないが，ひび割れ防止用として，溶接金網を入れることが多い。頭付きスタッドを用い，骨組とスラブを一体化させる。	デッキプレートの強度で床にかかる荷重を支える。コンクリートは仕上げ材としての機能をもつのみになる。コンクリートは骨組の強度には寄与しないので，水平面の剛性を保つために水平筋かいを入れる。
デッキ型枠スラブ用（JIS系）	デッキ型枠スラブ用（フラット）
鉄筋／コンクリート厚（80〜90以上あると2時間耐火）25, 50, 60, 75, 100／600	コンクリート厚 75／210 210 210
デッキプレートの溝の中に鉄筋を配り，一方向性のスラブとする。上端には，ひび割れ防止用に溶接金網を入れる。頭付きスタッドを用い，骨組とスラブを一体化させる。	平らなデッキプレートの上にコンクリートを打ち込むので，鉄筋コンクリート構造のスラブと同様に考える。鉄筋は上端筋，下端筋を配筋する。頭付きスタッドを用い，骨組とスラブを一体化させる。

頭付きスタッド［JIS B 1198］

[単位：mm] ■表2

呼び名	軸径	呼び長さ	適応する母材の厚さ	必要フランジ幅の最小値	
				1列配置	2列配置
STUD13	13	80, 100, 120	6〜22	80	145
STUD16	16	80, 100, 120	6〜32	80	160
STUD19	19	80, 100, 130, 150	8〜50	80	175
STUD22	22	80, 100, 130, 150	10〜50	80	190

表示例　STUD16φ×120　　呼び長さ／呼び名

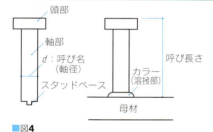

■図4

頭付きスタッドの配置

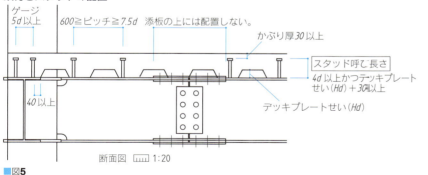

ゲージ 5d以上　600≧ピッチ≧7.5d　添板の上には配置しない。　かぶり厚30以上　スタッド呼び長さ　4d以上かつデッキプレートせい（Hd）+30以上　デッキプレートせい（Hd）　40以上　断面図 1:20

■図5

頭付きスタッド

施工方法

①デッキプレート敷き込み　②頭付きスタッド溶接　③配筋　④コンクリート打ち込み

8 耐火被覆

火災時の火熱から主要構造部を保護するために耐火被覆を設ける。耐火被覆には，鉱物質繊維の吹き付けやパネルの張り付け，モルタルの塗り付けなどの工法が用いられる。このうち，鉱物質繊維の吹き付け，パネルの張り付けが多用され，モルタルの塗り付けは複雑な形状の小部分に用いられる。

耐火被覆

主要構造部の耐火時間（施行令107条参照）

最上階からの階数	非損傷性[1]	遮熱性[2]	遮炎性[3]
		（すべての階に共通）	（すべての階に共通）
1～3	1時間 柱，梁，床，耐力壁	1時間 床，壁	1時間 屋根，外壁
4～9	1.5時間 柱，梁，床，耐力壁	30分間 非耐力壁の外壁で延焼の恐れがある部分以外にあるもの	30分間 屋根，非耐力壁の外壁で延焼の恐れがある部分以外にあるもの
10～14	2時間 柱，梁，床，耐力壁		
15～19	2.5時間 柱，梁 / 2時間 床，耐力壁		
20～	3時間 柱，梁 / 2時間 床，耐力壁		

■図1
[1] 非損傷性：それぞれの部位に構造耐力上支障がある変形や溶融などを生じさせない時間。屋根および階段はどの階にあっても30分間。
[2] 遮熱性：加熱面以外の面（屋内）の温度を，面に接する可燃物が燃焼するほど上昇させない時間。
[3] 遮炎性：部位に生じた亀裂などから屋外に火炎を出さないようにする時間。

被覆材と耐火時間

柱と梁 ［単位：mm］   ■表1

被覆材料の種類	1時間の耐火 柱	1時間の耐火 梁	2時間の耐火 柱	2時間の耐火 梁	3時間の耐火 柱	3時間の耐火 梁
吹き付けロックウール	25	25	45	45	65	60
ケイ酸カルシウム板 1号品	20	20	35	35	55	50
ALCパネル	35	35	50	50	75	75
鉄網軽量モルタル	30	30	50	50	70	70

床   ■表2

デッキプレート コンクリート打ち	デッキ型枠スラブ用	耐火被覆は不要
	合成スラブ用	条件により耐火被覆は不要
	デッキ構造床用	耐火被覆は必要（吹き付けロックウールの場合　1時間耐火　t15　2時間耐火　t20）
ALCパネル		厚さにより耐火被覆は不要（1時間耐火　パネル厚100以上　2時間耐火　パネル厚120以上）

耐力壁　鋼構造では筋かいを入れた壁が耐力壁になることが多いが，筋かいが鉛直荷重を支持しない場合には耐火被覆をしなくてよい。

耐火被覆の工法

1 吹き付け工法　建方終了後，柱や梁などの鉄骨部材に直接，耐火被覆材料を吹き付ける工法。

■図2

耐火被覆の材料
(a) 吹き付けロックウール（絶乾かさ密度：0.28g/cm³以上）
　ロックウール［JIS A 9504］……鉱物を溶融し，繊維化したもの。耐火性はきわめて高く，熱伝導率は低い。
　セメント……普通ポルトランドセメント，高炉セメントまたは白色セメント
(b) 軽量セメントモルタル
　普通ポルトランドセメント，パーライト，水酸化アルミニウム，スチレン，アルミニウム箔（メタルラスなどで下地を設けることが多い。）

吹き付け工法の施工方法

①吹き付け　　②こて均し　　③厚さ確認ピン　　④抜き取り検査

2 成形板張り工法（箱張り工法）

パネル状の耐火被覆材料を，柱や梁などの鉄骨部材に張り付ける工法。

耐火被覆の材料
繊維混入ケイ酸カルシウム板（建設大臣認定不燃第1061号の2種）
ケイ酸質原料・石灰質原料・補強繊維を混ぜ合わせ高温高圧蒸気養生したパネル。
1号品……見え掛かりに使用。直接，表面に塗装やクロス張りなどの仕上げが施せる。
　　　　　密度0.35〜0.75g/cm³。
2号品……見え隠れに使用。表面に直接，仕上げは施せない。
　　　　　密度0.15〜0.35g/cm³。同じ耐火性能をもたせるためには1号品より厚い板を使用する。

捨て張り板（耐火被覆と同質材，1000以内間隔）

丸釘（250以内間隔）少し打ち込んでパテをかう。
［JIS A 5508］1時間耐火　長さ50以上，2時間耐火　長さ30以上，3時間耐火　長さ100以上

パネルとパネル，鉄骨部材とパネルの接合面は耐火接着剤を用いる。
耐火接着剤（けい酸ソーダ系の接着剤，耐火性能約1000℃）

ALCパネルの場合は，下地鋼材を組み，それにビス止めをする。

■図3

3 左官工法

鉄網を下地にして，耐火被覆材料を塗り付ける工法。どのような下地形状でも対応できるが，施工速度が遅い。

通常の左官仕上げと同様に，下塗り，むら直し，中塗り，仕上げの順に施工する。ただし，見え隠れの部分は，中塗りまででよい。

耐火被覆の材料
(a) モルタル
　普通ポルトランドセメント，砂
(b) 軽量モルタル
　普通ポルトランドセメント，軽量骨材（人工または天然）
　パーライト（密度0.3〜0.5g/cm³）を骨材に用いたものをパーライトモルタルという。

■図4

4 合成工法

外周壁にALCパネルやプレキャストコンクリート（PCa）のように耐火性に富んだ材を用いたとき，室内側で鋼材が露出した部分のみ耐火被覆を施す工法。

耐火被覆は，吹き付け，成形板張り，左官，いずれの方法でもよい。仕上げ厚は，それぞれの工法の耐火時間による。

5 巻き付け工法

鉱物質繊維を毛布状に成形したものを，鋼材に巻き付け，ピンで固定して耐火被覆とする工法。工事現場での加工が少なく，粉じんの発生が少ない。

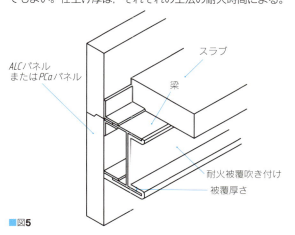

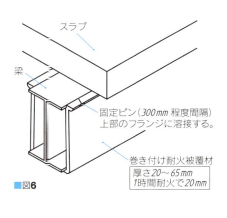

固定ピン（300mm程度間隔）
上部のフランジに溶接する。

巻き付け耐火被覆材
厚さ20〜65mm
1時間耐火で20mm

■図6

■図5

成形板張り工法の施工方法

①捨て張り板取り付け　②成形板張り付け　③仕上がり

9 屋根

事務所や商店のようなビルタイプの陸屋根では，鉄筋コンクリート構造と同形式のメンブレン防水が用いられる。（p.96参照）

工場や体育館など勾配のついた非歩行用の屋根は，屋根用折板や波板スレートで仕上げることが多い。

折板屋根

スレート屋根

屋根用折板 ［JIS A 6514］

0.5～1.6mm厚の薄い鋼板，ステンレス鋼板やアルミニウム合金の板を折り曲げ断面性能を高め屋根仕上げ材としたもの。

屋根勾配は3/100以上にし，非歩行用の屋根となる。原則として水上から水下まで継目を設けず，長さ12mまでは工場生産，それ以上は現場製作となる。

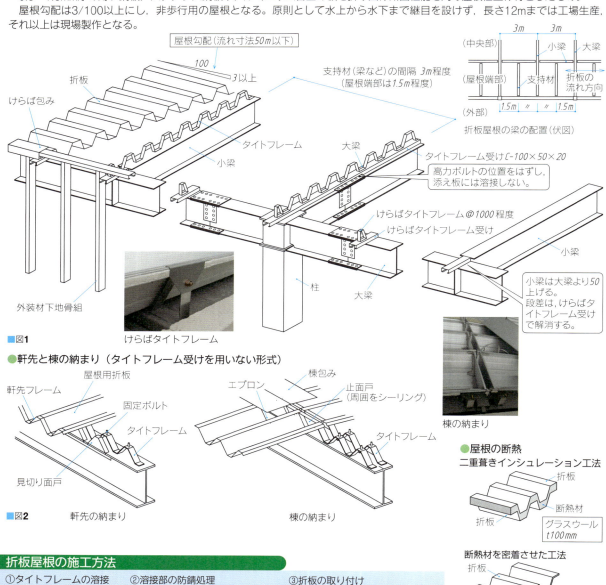

■図1

■図2　軒先の納まり／棟の納まり

● 屋根の断熱
二重葺きインシュレーション工法
グラスウール t100mm

断熱材を密着させた工法
ガラス繊維不織布 t5～8mm
または
発泡ポリスチレン t4～6mm

■図3

折板屋根の施工方法
①タイトフレームの溶接　②溶接部の防錆処理　③折板の取り付け

波板スレート（繊維強化セメント板）[JIS A 5430]

セメントと繊維などを水で混合しプレス成形した製品で，平らなものをボード，断面が波形のものを波板という。波板スレートで屋根を葺くときには，屋根勾配は3/10を標準とし，流れ方向の重ねは150〜200mmとする。勾配が2.5/10以下のときは重ねをとるとともに，継目にシーリングを施す。1.5/10以下の勾配では使用しない。幅方向も150mm程度の重ねをとる。

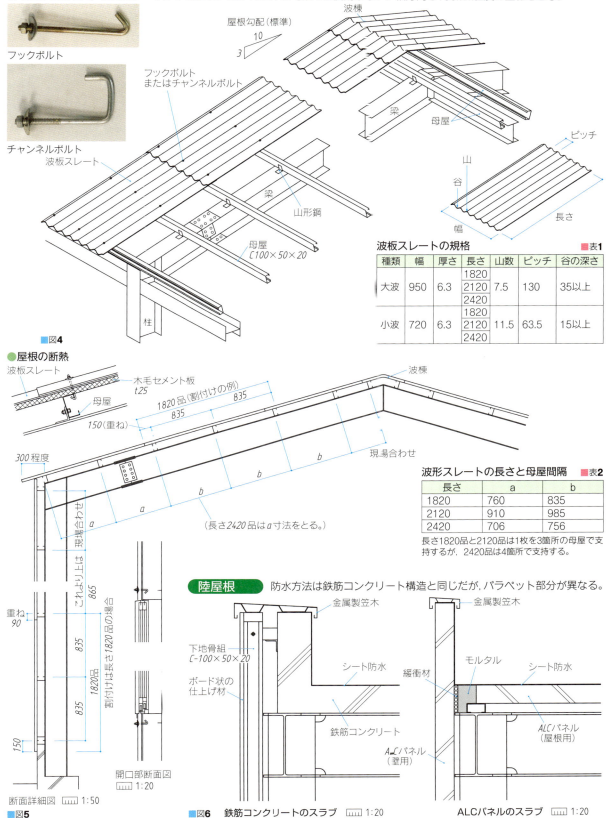

波板スレートの規格 ■表1

種類	幅	厚さ	長さ	山数	ピッチ	谷の深さ
大波	950	6.3	1820 / 2120 / 2420	7.5	130	35以上
小波	720	6.3	1820 / 2120 / 2420	11.5	63.5	15以上

波形スレートの長さと母屋間隔 ■表2

長さ	a	b
1820	760	835
2120	910	985
2420	706	756

長さ1820品と2120品は1枚を3箇所の母屋で支持するが，2420品は4箇所で支持する。

陸屋根 防水方法は鉄筋コンクリート構造と同じだが，パラペット部分が異なる。

■図4　■図5　■図6 鉄筋コンクリートのスラブ 1:20　ALCパネルのスラブ 1:20

10 外壁(1) 張り壁

板状の仕上げ材料を下地骨組に張る壁を張り壁という。仕上げ材料には，サイディング・繊維混入セメント板・押出成形セメント板など各種の製品があるが，仕上げ材の特性に合わせた下地を設け，それに固定する。鋼製の骨組は外力を受けたとき変形しやすいので，仕上げ材は変形に対応できる取り付け方法をとる。

サイディング張り　[JIS A 5422，JIS A 6711]

下地骨組として胴縁を設け，それに仕上げ材を固定する。胴縁には鋼製と木製があるが，建築物の不燃性を高めるために鋼製にするとよい。仕上げ材を張る方向により，胴縁の取り付け方向も変える。

1 横張り（仕上材を横方向に張る場合）

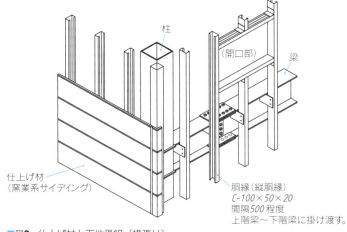

■図2　仕上げ材と下地骨組（横張り）

2 縦張り（仕上材を縦方向に張る場合）

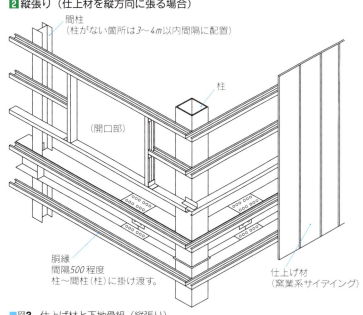

■図3　仕上げ材と下地骨組（縦張り）

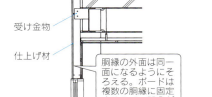

横張り断面　1:50

■図1

サイディングの施工方法

①下地骨組　②サイディング張り　③金物による固定　④張り終わり

押出成形セメント板（ECP：Extuded cement panel）張り

[JIS A 5441]

セメント・ケイ酸質原料・繊維質原料を主成分として，中空の板状に成形したパネルを押出成形セメント板といい，材質が密なため耐久性・耐水性・耐衝撃性に優れている。また，不燃性にも優れているが，断熱性は十分ではないので，外壁に使用する場合には，断熱材を用いることが望ましい。

● パネルの性能　■表1

素材密度	曲げ強度
1.7g/cm³ 以上	17.6N/mm² 以上

● パネルの呼び方

例）F－60　590
- 製品幅 [mm]
- 厚さ [mm]
- パネルの種類の記号
  F, F/R, D, D/R, T, T/Rなど
  （/Rがついたものは，中空部にロックウールを充填した製品）

● パネルの寸法　■表2

パネルの種類	厚さ [mm]	働き幅 [mm]	長さ
フラットパネル(F, F/R)	35　50	450　500　600	5m以下
	60　75	450　500　600 900　1000　1200	
	100	450　500　600	
デザインパネル(D, D/R)	50　60　75	600　900	
タイルベースパネル(T, T/R)	60　75	910以下	

働き幅900mmまで（製品幅＝働き幅－10mm）900mm超（製品幅＝働き幅－15mm）
表2以外に，エンボスパネル（E, E/R）タイルベースフラットパネル（TF, TF/R）がある。

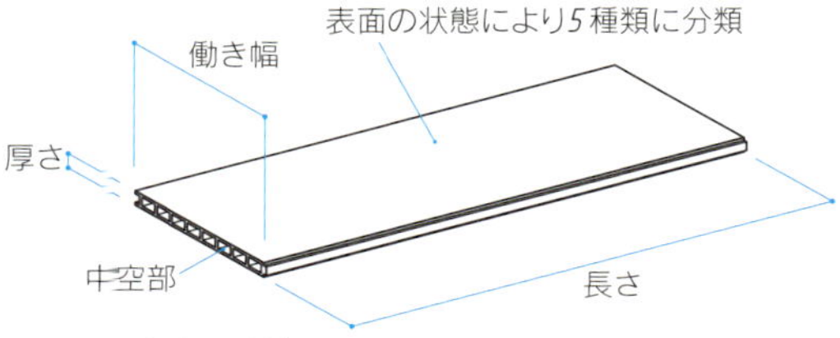

■図4　パネルの寸法（表面の状態により5種類に分類）働き幅・厚さ・中空部・長さ

● パネルの種類

フラットパネル（F）

デザインパネル（D）

タイルベースパネル（T）

1 縦張り

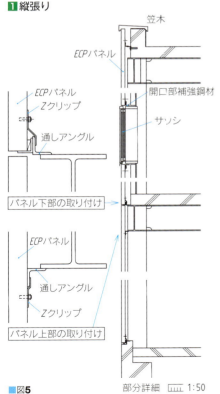

■図5　部分詳細　1:50
水平方向に通しアングルを配置し，それにECPパネル1枚につき上下2箇所ずつZクリップで固定する。

2 横張り

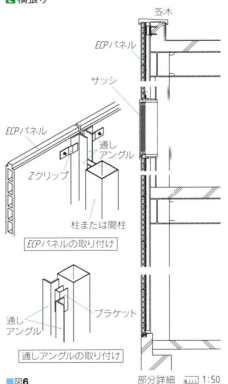

■図6　部分詳細　1:50
上下方向に通しアングルを配置し，それにECPパネル1枚につき左右2箇所ずつZクリップで固定する。

3 下地としての使用

タイル張り仕上げ（乾式工法）

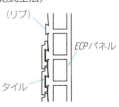

タイルはパネルのリブに引っ掛け接着剤などで固定する。

■図7　断面　1:10

石張り仕上げ（乾式工法）

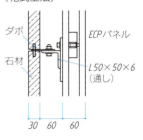

■図8　断面　1:10

11 外壁(2) ALCパネル

高温高圧蒸気養生により製造された軽量気泡コンクリートパネルをALCパネルといい、主に壁，床の構造材に用いる。耐火性や断熱性に富んでいるが，表面が軟質で吸水性があるので，外壁に用いるときには吹付タイルなど，床に用いるときには下地としてモルタルを塗り，用途に合わせた仕上げを施す。

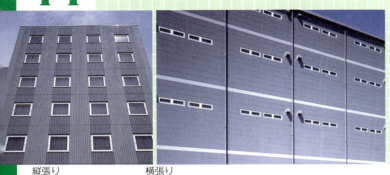

縦張り　　横張り

ALCパネル張り

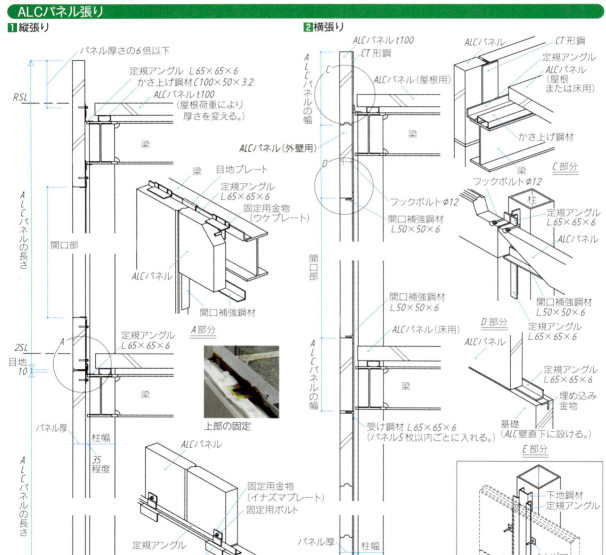

■図1

パネルの割付けと伸縮目地

1 縦張り

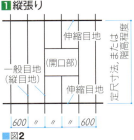
■図2

幅600間隔で割付ける。横目地は伸縮目地にする。開口部の幅は，600の倍数にするとよいが，そうならない場合には，開口部の上下を注文生産品にして幅を調整する。パネルの切欠きはしない。

2 横張り

高さ600間隔で割付ける。縦目地は伸縮目地にする。横目地は3～5枚おきに伸縮目地にする。開口部のパネル割は縦張りと同様に考える。

■図3

● 目地の種類

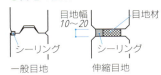
■図4

ALCパネル ［JIS A 5416］

珪石，セメント，生石灰を原料とし，それに混和材と水を混合してつくられる。パネルの中には，棒鋼や鉄線，メタルラス，溶接金網などが補強材として入れられる。

■表1

圧縮強度	3.0N/mm² 以上
密度	450kg/m³ 超, 550kg/m³ 未満

1 パネルの種類

パネル ─ 厚形パネル（75mm≦厚さ≦200mm） 床，屋根，外壁，間仕切壁用 ─ 平パネル（表面が平らな製品。すべての部位に使用。）
　　　意匠パネル（表面に凹凸をつけた製品。主に外壁用。）
　　　 ─ 薄形パネル（35mm≦厚さ＜75mm） 中低層鋼構造および木構造用 ─ 平パネル
　　　　　　　　　　　　　　　　　　　　　　　耐火被覆にも使用 ─ 意匠パネル

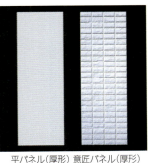
平パネル(厚形) 意匠パネル(厚形)

コーナーパネル

平パネル（薄形）

意匠パネル（薄形）

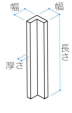

コーナーパネル ［単位：mm］ ■表2

厚さ	幅	長さ
100	300×300 325×325 350×350	600～4100 （1cmきざみ）
125	375×375 400×400 300×400	600～4500 （1cmきざみ）

2 パネルの寸法

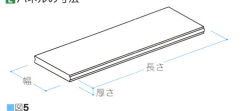
■図5

厚形パネル ［単位：mm］ ■表3

種類	使用部位	厚さ	長さ	幅
平パネル	屋根 外壁 間仕切壁	70 80 100 120 125 150 175 180 200	6m以下	600 または 606
	床	100 120 125 150 175 180 200		
意匠パネル	主に外壁	100 120 125 150 175 180 200		

一般的には150mmの厚さまでの使用が多い。
意匠パネルの厚さは最も厚い部分を示す。

薄形パネル ［単位：mm］ ■表4

種類	厚さ	長さ	幅
平パネル	50	1800 1820 2000 2400 2700 3000	600 または 606
	37	1800 1820 2000	
	35	1800 1820 2000	
意匠パネル	50	1800 1820 2000	
	37	1800 1820 2000	
	35	1800 1820 2000	

代表的な厚形パネル（*パネル厚さ100，幅600） ［単位：mm］ ■表5

使用部位	長さ					
	1780	1980	2480	2980	2990	3490
外壁					○	○
間仕切壁				○		
屋根		○	○			
床	○	○				

長さは600～4100mmの間で1cm単位で注文生産できる。
幅は300～600mmの間で1cm単位で注文生産できる。

ALCパネルの施工方法

①金物の取り付け　②パネルの建て込み　③接合　④取り付け完了

12 外壁(3) カーテンウォール

メタルカーテンウォール

プレキャストコンクリートカーテンウォール

ガラスカーテンウォール

カーテンウォールは，非耐力壁の総称であるが，外周壁の非耐力壁をいうことが多い。

各種の材料でつくられるが，主要な構成材料によりメタルカーテンウォール，プレキャストコンクリートカーテンウォール，ガラスカーテンウォールと呼ばれる。

メタルカーテンウォール

主に金属を用いて構成したカーテンウォール。方立て（マリオン）形式，パネル形式がある。構成材料は，アルミニウム合金，鋼，銅合金（ブロンズ），ステンレス鋼，チタンなど。

●方立て（マリオン）形式

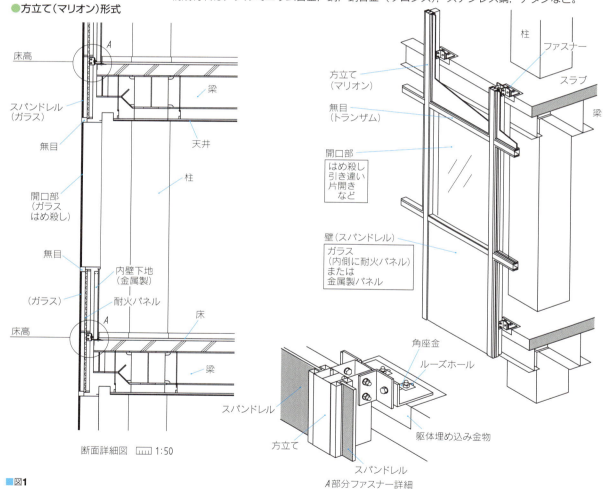

断面詳細図 1:50

■図1

メタルカーテンウォールの施工方法

①ファスナーの仮取り付け　②方立ての取り付け　③ファスナーの溶接　④無目の取り付け

プレキャストコンクリート（PCa）カーテンウォール

鉄筋コンクリートパネルを工場でつくり，工事現場に運搬して取り付ける。仕上げ面にタイルを打ち込むなど，各種のデザインのパネルをつくることができる。パネル形式が多いが，柱や梁を覆う形状の部材をつくり，それぞれを組み合わせて取り付ける形式もある。

●パネル形式

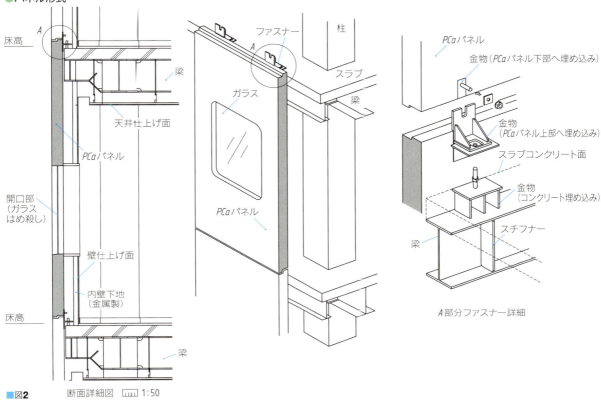

■図2　断面詳細図　1:50

ガラスカーテンウォール

ガラスのみで外壁の仕上がり面を構成する方法で，ガラスの支持方法により各種の構法がある。

●SSG構法
支持枠を室内側に設け，ガラスを構造用シーラントで接着する。

●DPG構法
ガラスの四隅に孔をあけボルト状の金物を通し支持金物に緊結する。

●MPG構法
ガラス板の四隅の継目につけた金物でガラスを支持する方法。ガラスに孔あけをしなくてよい。

●吊り構法
大型のガラスを吊り下げて壁面とする。

■図3　A部分詳細

■図4

出隅部分

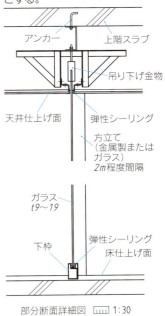

■図5　部分断面詳細図　1:30

13 内部仕上げ

事務所や商店などは，天井や壁に面材を張り，仕上げることが多い。工場やアリーナなどでは，骨組を仕上げ面にすることも多く，この場合は鋼材面に防錆と美装をかねて塗装を施す。

建築物の用途や構造・規模・仕上げの位置により内装制限があるので，不燃材料・準不燃材料・難燃材料など制限に応じた仕上げ材料を用いる。

> 不燃材料……基準法2条九，平12建設省告示1400参照。
> 　　例）石・陶磁器質タイル・金属板・モルタル・せっこうボード（t12mm以上）など
> 準不燃材料……施行令1条五，平12建設省告示1401参照。
> 　　例）せっこうボード（t9mm以上）・木毛セメント板（t15mm以上）など
> 難燃材料……施行令1条六，平12建設省告示1402参照。
> 　　例）難燃合板（t5.5mm以上）・せっこうボード（t7mm以上）など

■仕上げ材

●**せっこうボード**［JIS A 6901］　壁や天井の内装下地材や仕上げ材として用いる。下地とする場合は，表面に塗装を施したり，クロスを張る。化粧せっこうボードは，そのまま仕上げとなる。

せっこうボード
　ボード原紙を型枠にし，せっこうを流し込み硬化させた製品。下地用面材として多く用いられる。

強化せっこうボード
　せっこう板の心にガラス繊維などを入れ耐火性能を強化した製品。耐火被覆に用いられることもある。

シージングせっこうボード
　せっこうボードに防水材料を染み込ませ，防水性能を高めた製品。

天井用化粧せっこうボード
　表面に押型加工したり模様を印刷するなどし，そのまま仕上げにできる製品。壁用にも同様な製品がある。

吸音せっこうボード
　ボードの表面に孔をあけて吸音性能を高めた製品。化粧してある製品もある。

●**クロス**［壁紙：JIS A 6921］　紙・繊維・無機質材・プラスチックやそれらを組み合わせて厚さ1mm程度のシート状にした製品で，壁や天井の内装仕上げ材として用いる。面材を下地にするがせっこうボードの使用が多い。

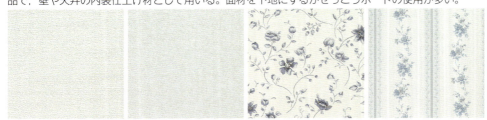

●**ケイ酸カルシウム板**［JIS A 5430］　ケイ酸質原料や石灰質原料に無機質繊維を混入してボード状に成形した製品で，タイプ2とタイプ3があり，壁や天井など内装仕上げ材として用いられる。タイプ3は耐火被覆にも用いられる。

■表1

 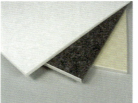

ケイ酸カルシウム板　　化粧ケイ酸カルシウム板

材料名称	製品見付け寸法 [mm]		厚さ[mm]
ケイ酸カルシウム板	910×910	910×2420	4, 5, 6
	910×1820	1210×2420	8, 9
	910×2730	1000×2000	10, 12, 13
化粧ケイ酸カルシウム板	910×1820	1210×2420	4, 6, 8
	910×2730	1000×2000	9, 10
	910×2420		12

●**ロックウール吸音板**［JIS A 6301］　スラグを溶融して繊維状にし，結合材・混和材を加えボード状に成形した製品で，表面に塗装や立体的な造形を施してあるものが多い。不燃性や吸音性に富んでいる。

 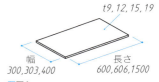

t9, 12, 15, 19
幅 300, 303, 400
長さ 600, 606, 1500

■図1

仕上げと下地骨組

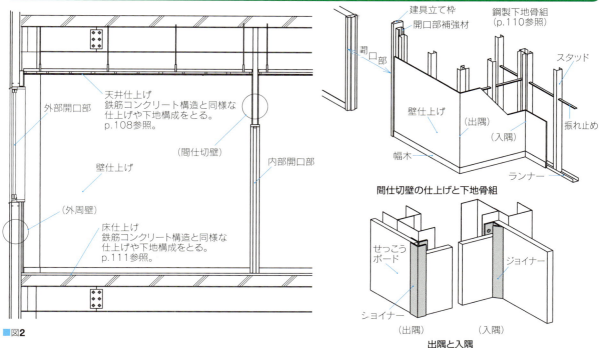

■図2

断熱を考慮した外周壁の仕上げ

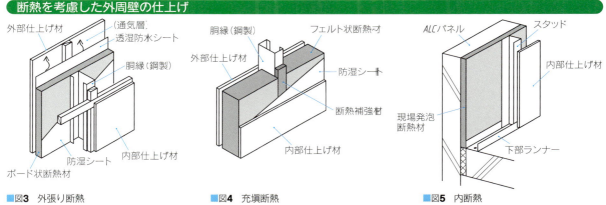

■図3　外張り断熱　　　■図4　充塡断熱　　　■図5　内断熱

開口部

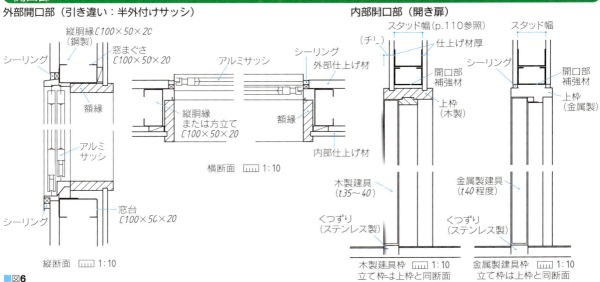

■図6

14 階段

鋼製階段には，直階段，折り返し階段，らせん階段などがある。特に，らせん階段は鋼製ならではの階段である。踏板は，しま鋼板でつくられる形式と鋼板の上にモルタルや軽量コンクリートを打ち込む形式がある。

折り返し階段

階段の必要有効幅や踏面，蹴上寸法は建築物の用途や床面積などにより異なる。施行令23条，同124条参照。

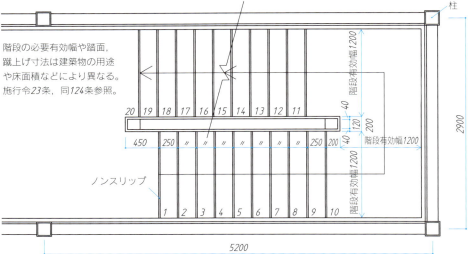

らせん階段

屋外階段の踏板

しま鋼板
（チェッカードプレート）

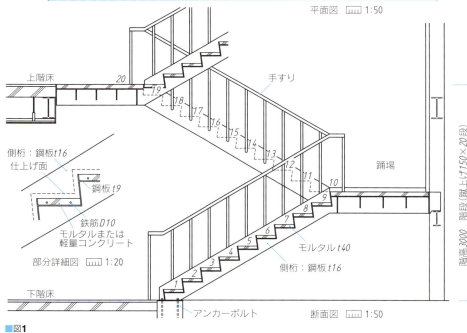

■図1

折り返し階段の施工方法

①階段骨組取り付け　②配筋　③モルタル打ち込み　④仕上げ

矩計図の例

矩計図とは，建築物の空間構成，空間を成立させる部材構成，使用材料などを表し，高さ方向の基準寸法を示したものをいう。部材構成や使用材料は，安全性や耐久性など建築物の基本的な性能に大きく影響するので，十分に検討して決めなければならない。ここでは，代表的な各構造について，例を示す。細部については，図中に示したページを参照するとよい。

（1）木構造——在来軸組構法　2階建ての例

1:50

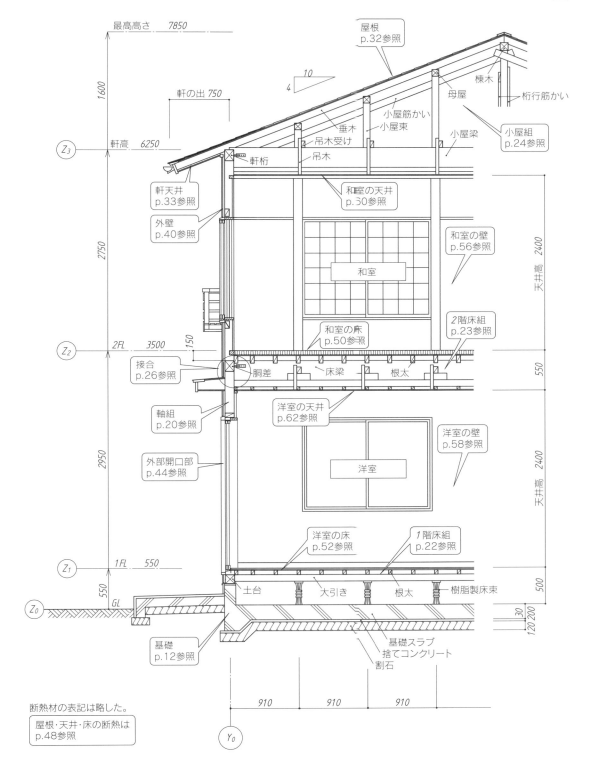

巻末資料

(2) 鉄筋コンクリート構造──ラーメン構造 2階建ての例

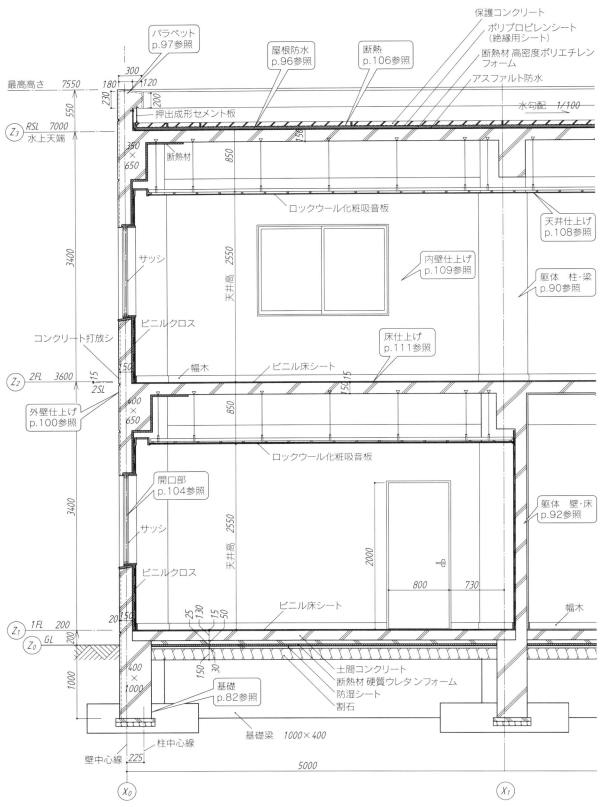

（3）鋼構造──ラーメン構造　2階建ての例

1:50

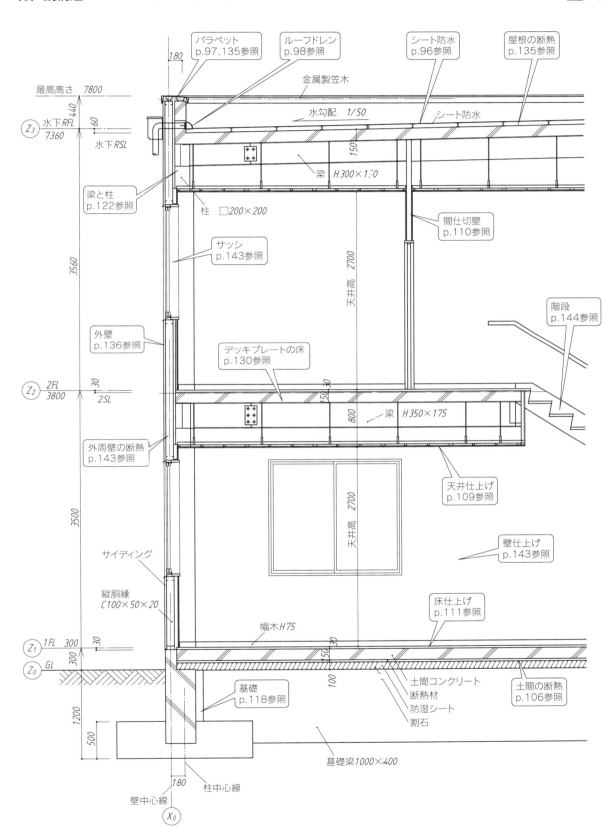

巻末資料

住宅のバリアフリー

住宅は建設されると，数十年は使用される。この間，居住する人びとに，生活様式，家族構成，加齢による身体能力などさまざまな変化が生じる。これらの変化に合わせ住宅も増改築等が施され，なかでも加齢やその他の要因による身体能力の低下については，住宅のバリアフリー化により対応する。

住宅のバリアフリーについては，バリアフリー法や品確法による基準がある。品確法のうち高齢者等配慮対策基準は等級5から等級1までに区分されているが，車椅子の使用を想定するときは，等級5〜3に示されている対策をとる。居住者の身体能力の程度や将来的な変化を想定のうえ等級を選択し住宅のバリアフリー化を計画するとよい。また，基準以外にも住宅を使いやすくする方法があるので，それらについても積極的に採用することが望ましい。

●バリアフリー住宅（一戸建て）の例

等級のある事項は，品確法の高齢者等配慮対策基準を満たすために必要な措置を示す。等級のない事項は，品確法の規定にはないが，とることが望ましい措置を示す。

1 室の配置計画

高齢者等配慮対策等級	同一階に配置しなければならない室
5	特定寝室・便所・浴室・食事室・脱衣室・洗面所・玄関*
4	特定寝室・便所・浴室*
3・2	特定寝室・便所
1	規定なし

特定寝室：高齢者等が使用する寝室
*等級5および4で，ホームエレベーターを設置した場合には，同一階に特定寝室と便所があればよい。

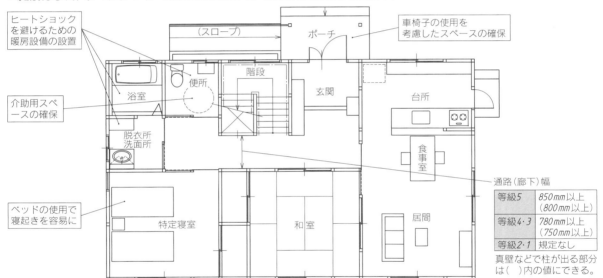

平面例（1階のみ）

通路（廊下）幅

等級5	850mm以上（800mm以上）
等級4・3	780mm以上（750mm以上）
等級2・1	規定なし

真壁などで柱が出る部分は（ ）内の値にできる。

2 便所

①等級5〜3 腰掛式便器にすること。等級2・1 規定なし。
②等級5〜2 立ち座り用の手すりをつけること。等級1 規定なし。

③短辺内法長さ

等級5	1300mm以上
等級4	1100mm以上（長辺1300mm以上）
等級3	規定なし（長辺1300mm以上）
等級2	規定なし
等級1	規定なし

④出入口の有効幅

等級5	800mm以上
等級4・3	750mm以上
等級2・1	規定なし

⑤便器前の空間

等級5	500mm以上
等級4・3	前および側面に500mm以上（建具の開放により空間を確保してもよい。）
等級2・1	規定なし

3 寝室（特定寝室）

①寝室の床面積（内法）

等級5・4	12m²以上
等級3	9m²以上
等級2・1	規定なし

②出入口の有効幅

等級5	800mm以上
等級4・3	750mm以上
等級2・1	規定なし

4 ポーチ・玄関

①玄関開口部幅

等級5	800mm以上
等級4・3	750mm以上
等級2・1	規定なし

②ポーチ床とくつずりとの段差

等級5〜2	20mm以下
等級1	規定なし

③土間床とくつずりとの段差

等級5〜2	5mm以下
等級1	規定なし

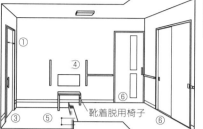

④手すり（靴着脱用 上り框昇降用）

等級5・4	必要
等級3・2	取り付け準備（下地）が必要
等級1	規定なし

⑤上り框と土間床の段差

等級5・4	180mm以下
等級3〜1	規定なし

上り框と土間床の間に踏台を設けた場合は、別規定による。

⑥出入り口の段差

等級5〜2	5mm以下
等級1	規定なし

スロープ（斜路）勾配 1/12 以下が望ましい。

5 階段 ＊ホームエレベーターを設置したときは、別規定による。

①手すり

等級5	両側に設ける
等級4〜1	少なくとも片側に設ける。（等級3で勾配が45°を超える場合は、両側に設ける。）

②階段の有効幅

750mm以上（直上階の居室の床面積20m²以下）

手すりは片側につき、壁からの出が10cm以下の場合は、壁の内法幅を有効幅とできる。10cmを超えた出の場合は、超過した長さを内法幅から控除して有効幅を求める。

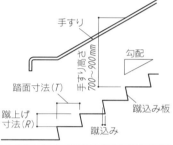

等級	階段の形式	勾配	その他
5	直階段、折れ階段で踊場付き	6/7以下かつ 550mm≦（T+2×R）≦650mm	蹴込み30mm以下、蹴込み板を設ける 段鼻を出さない、上下階の通路に食い込まない
4	回り階段は不可		蹴込み30mm以下、蹴込み板を設ける
3	条件付きで	22/21以下かつ	蹴込み30mm以下、踏面寸法195mm以上
2	回り階段も可	550mm≦（T+2×R）≦650mm	
1	規定なし	建築基準法の範囲内（蹴上げ寸法230mm以下、踏面寸法150mm以上）	

6 洗面所・脱衣所・浴室

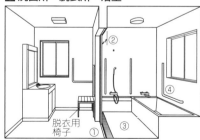

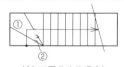

回り階段で等級3に該当する例

（90°で屈曲する場合）（180°で屈曲する場合）

①下の階（または踊場）から3段以内で屈曲する。
②屈曲部分の踏板は狭い方で30°以上とする。
③下から60°、30°、30°、60°とする。

①浴室の出入り口の段差

等級5	5mm以下
等級4	20mm以下
等級3・2	20mm以下 手すりを付ければ120mm以下の段差、180mm以下のまたぎ段差も可
等級1	規定なし

②浴室の出入口の有効幅

等級5	800mm以上
等級4	650mm以上
等級3	600mm以上
等級2・1	規定なし

③浴室の内法床面積と短辺内法長さ

等級	内法床面積	短辺内法長さ
5・4	2.5m²以上	1400mm以上
3	2.0m²以上	1300mm以上
2・1	規定なし	規定なし

④手すりを必要とする浴室・脱衣所での行為

等級	浴室	脱衣所
5	浴室への出入り 浴槽への出入り 浴室内での立ち座り 姿勢保持 洗い場の立ち座り	衣服の着脱
4	浴槽への出入り	衣服の着脱
3・2	浴槽への出入り	（取り付け準備・下地）
1	規定なし	規定なし

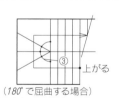

巻末資料

寒冷地仕様（北海道の建築）

1年の半分が厳しい寒さと積雪に見舞われる北海道では，建築物の仕様に関して，様々な提案がなされている。そのうち，特に重要な基礎断熱工法と屋根雪処理について示す。

(1) 基礎断熱工法

基礎断熱工法とは，床ではなく基礎の外側，あるいは内側または両側へ地面に垂直に断熱材を施工し，床下換気孔を設けない工法をいう。基礎断熱工法を一般的な床断熱工法と比較すると，以下のようなメリットがある。

- 床断熱工法の床下はほぼ外気と同じ環境となるが，基礎断熱工法の床下は，熱・湿気環境的には室内空間とほぼ同じになり，床下結露，床組材の腐朽が防止できる。
- 床下の温度が室温近くになることから床表面温度の低下が抑えられる。
- 暖房器具を室内に露出せず，床暖房と同様な特徴をもつ床下暖房の採用が可能となる。

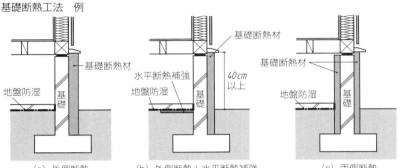

基礎断熱工法　例 ／ 床断熱工法　例
(a) 外側断熱　(b) 外側断熱＋水平断熱補強　(c) 両側断熱

1 凍結深度

寒さにより地中の水分が凍結する深さを凍結深度という。

地中の霜柱は，木造住宅を容易にもち上げる（凍上）と考えられ，凍上防止のためには基礎底面を凍結深度より深くすることが不可欠である。

北海道　凍結深度の例　　　　　　　　　　　[単位：cm]

市町村名	建物に対する凍結深度	水道管敷設時の深度（宅地内）
札幌	60	100以上
旭川	80	100～120以上
釧路	100	150以上
佐呂間	120	130以上

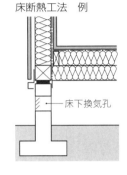

床下暖房

2 スカート断熱工法

基礎断熱工法のコスト低減を目的として，北海道で開発された工法。

基礎断熱工法と併用し，基礎周辺の地盤を保温することで凍結深度を浅くし，床断熱工法や基礎断熱工法より基礎深さを浅くすることを目的としている。

基礎深さが浅くなることにより，根切り量や残土処理量が削減され，建設コストの低減が可能になる。

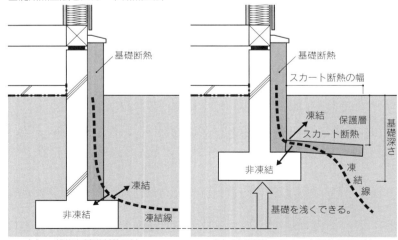

基礎断熱工法とスカート断熱工法
(a) 一般的な基礎断熱工法　(b) 基礎断熱・スカート断熱併用工法

(2) 屋根雪と屋根の形状

寒冷地の住宅の屋根は，屋根に積もる雪の処理方法によって形状が決まる。積もってから数日以内に自然落下させる落雪屋根と，積もった雪を積雪期の間，載せたままにする無落雪屋根に大別され，屋根の形状は大きく異なる。

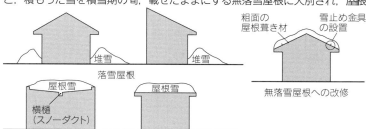

北海道　垂直積雪量の例	[単位：cm]
釧路	70
千歳	80
札幌	140（一部190）
旭川	130（一部230）
ニセコ	230

北海道建築基準法施行条例

1 落雪屋根
金属板など滑りやすい屋根葺き材料を用い，屋根勾配を5/10以上にする。自敷地内で建築物の周囲に堆雪できる場所がある場合に，この形式が採用できる。2階の屋根からの落雪は，気象条件や屋根勾配，屋根葺き材の種類などにもよるが，軒先から水平距離4〜5mにおよぶことがあるので，落雪範囲内には人や自動車の通路を設けないようにする。2階の屋根から1階の屋根へ落雪するような建築物の形状も避ける。

2 無落雪屋根
屋根に堆雪させるように，屋根勾配は緩やかにする。M形（スノーダクト）屋根は内側に1/10程度，フラット屋根では1〜5/100の勾配にする。

この形式では，長期間に渡り屋根面に堆雪するので，防水性の高い屋根葺き材を使用するとともに，積雪荷重に耐える骨組にする。屋根面の融雪を防ぐ断熱方法や小屋裏の換気も必要になる。屋根面に接する雪が溶けると，すがもれ，氷柱，巻きだれなどが発生して，さまざまな被害を与える。フラット屋根では，吹雪のとき，風下側に雪庇ができやすいので，雪庇の下が通路にならないような外構の計画をする。

3 無落雪屋根への改修
屋根からの落雪が周囲に被害を与え，無落雪屋根へ改修することがある。屋根形状を変え無落雪屋根にすればよいが，工事が大規模になるので，上図のように屋根面の改修で対応する方法もある。

(3) 屋根雪に関する用語

- すがもれ
  外気温が氷点下のときに，内部からの漏熱により屋根表面で融雪し，軒先で凍結し成長した氷堤が融雪水の溜まりをつくり，室内に水が漏れること。
- 雪庇
  風下側の軒先で気流が渦を巻き雪が建物側に付着し，これが張り出したものをいい，大きさが限界を超えると，まとまって落下する。
- 巻きだれ
  屋根面での融雪水により摩擦が小さくなり，迫り出した屋根積雪が自重により垂れ下がるもの。

積雪量を考慮した小屋梁の寸法の例　　[単位：mm]

小屋梁の間隔	スパン（梁の長さ）	積雪量			
		80[cm]	100[cm]	150[cm]	200[cm]
900	1800	105×105	105×105	105×105	105×120
	2700	105×120	105×135	105×165	105×180
1350	2700	105×150	105×160	105×210	105×240
	3600	105×210	105×240	105×270	105×300
1800	2700	105×165	105×210	105×240	105×270
	3600	105×240	105×270	105×300	105×330

1) エゾマツ・カラマツ（針葉樹Ⅳ類）の強さから算出した例である。
2) 無落雪屋根にするときは，安全に配慮し1ランク上の断面寸法にする。

スノーダクトの詳細例

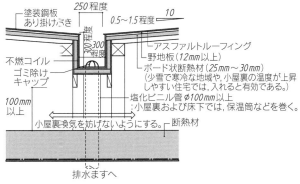

すがもれの原理

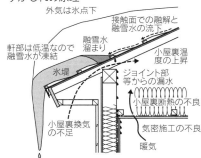

雪庇のでき方

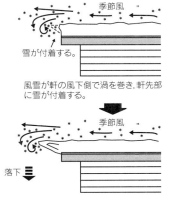

巻きだれのでき方

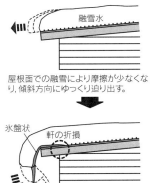

巻末資料

さまざまな構造形式

　ここまでに扱ったほかにも，さまざまな構造形式がある。構造材料が同じでも部材の組み合わせ方法により各種の構造形式があるので，求める空間や機能に最も適した形式をとる。

　建築物によっては，1つの建築物の中に多種多様な空間を設けることがある。この場合，単一の構造形式では対応できないことがあり，空間ごとに構造形式を選び，1つの建築物に複数の構造形式を混用する方式をとる。

(1) プレキャストコンクリート構造　(PCa：precast concrete)

　工場であらかじめ製作した鉄筋コンクリート部材を工事現場で組み立て，建築物とする構造をプレキャストコンクリート構造という。部材を工場で製作するので，品質や寸法精度を高くしやすい。また，工事現場での作業量が減少するので，工期の短縮がはかれる。

■1 壁式プレキャスト鉄筋コンクリート構造

　工事現場でつくった基礎の上に，壁パネル・床パネルを組み立て，躯体を構成する。共同住宅，また一戸建て住宅などにも用いられる。

規模
5階建て以下
軒高20m以下
階高3.5m以下

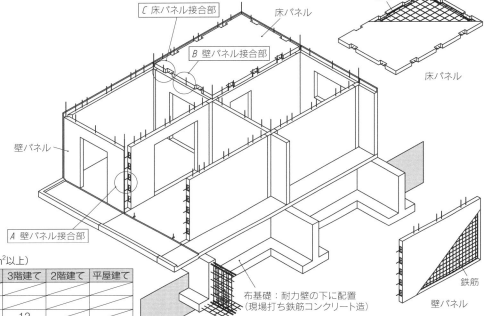

耐力壁の必要壁量（cm/m² 以上）

階	5階建て	4階建て	3階建て	2階建て	平屋建て
5	15				
4	15	15			
3	15	15	12		
2	15	15	12	12	
1	15	15	12	12	12
地下	20				

（床面積1m²あたりに必要な壁量）
梁間，桁行きの各方向に配置する。
耐力壁に囲まれた床面積は60m²以内にする。

耐力壁の厚さ（cm以上）

階	5階建て	4階建て	3階建て	2階建て	平屋建て
5	12				
4	12	12			
3	15	12	12		
2	15	15	12	12	
1	15	15	15	12	12
地下	18				

耐力壁の鉄筋比（%以上）

階	5階建て	4階建て	3階建て	2階建て	平屋建て
5	0.2				
4	0.25	0.2			
3	0.25	0.25	0.2		
2	0.3	0.25	0.25	0.2	
1	0.3	0.3	0.25	0.2	0.2
地下	0.3				

鉄筋比＝（鉄筋の全断面積／鉄筋と直交する壁面の断面積）×100
縦筋，横筋ともに満足させる。

接合部の構成

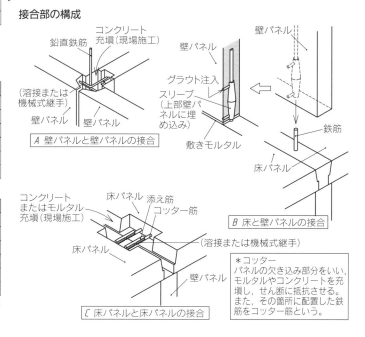

＊コッター
パネルの欠き込み部分をいい，モルタルやコンクリートを充填し，せん断に抵抗させる。また，その箇所に配置した鉄筋をコッター筋という。

2 ラーメンプレキャスト鉄筋コンクリート構造

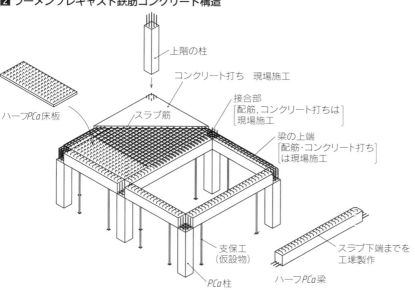

柱・梁をプレキャスト化した部材として工場で作製し，工事現場で組み立て接合部にコンクリートを打ち込んで躯体をつくる。

柱・梁以外に壁・床・階段・バルコニー・屋根・パラペットなどにもPCa部材がある。これらを多用することで工期の短縮がはかれる。

同形状の部材を多用できる建築物に有利な工法で，高層の共同住宅に採用されることが多い。

3 壁式ラーメンプレキャスト鉄筋コンクリート構造

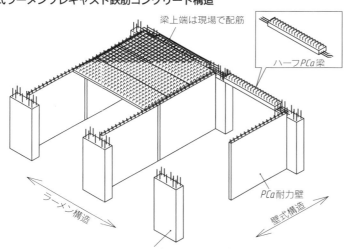

梁間方向を壁式構造で，桁行方向を壁柱・梁によるラーメン構造で構成する。壁柱や梁・耐力壁・スラブなどにプレキャスト部材を用いる。スラブはハーフPCaとして，工事現場で残りのコンクリートを打ち込み，スラブどうし，スラブと梁を一体にすることが多い。

中高層の共同住宅に採用される工法である。

4 PCa製品の例
プレキャストコンクリートカーテンウォール

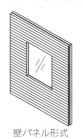
壁パネル形式

梁パネル形式

柱パネル形式

複合形式

外周壁に用いる非耐力壁でPCaのものをいい，鉄筋コンクリート構造，鋼構造など各種の構造で使用される。パネルの構成により，左図のような形式がある。

いずれも，工場で仕上げまで施すことができる。

取付方法はp.141参照。

プレキャストコンクリートフォーム

梁の一部になる型枠用薄肉PCa

ハーフPCa床板

スラブ配筋をした床用型枠パネル

パラペット

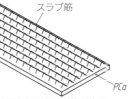
屋根スラブの一部とパラペットを一体化した製品

巻末資料

（2）補強コンクリートブロック構造

　補強コンクリートブロック構造は壁式構造の一種で，空洞コンクリートブロックを鉄筋で補強しながら積み上げ耐力壁とした構造をいう。耐力壁は布基礎の上に配置し，頂部は各階ごとに鉄筋コンクリート造の臥梁（がりょう）でつなぐ。

　規模は，使用するブロックの種類によって異なり，A(08)では2階以下で軒高7.5m以下，B(12)とC(16)は3階以下で軒高11m以下に規定されている。

1 躯体の構成

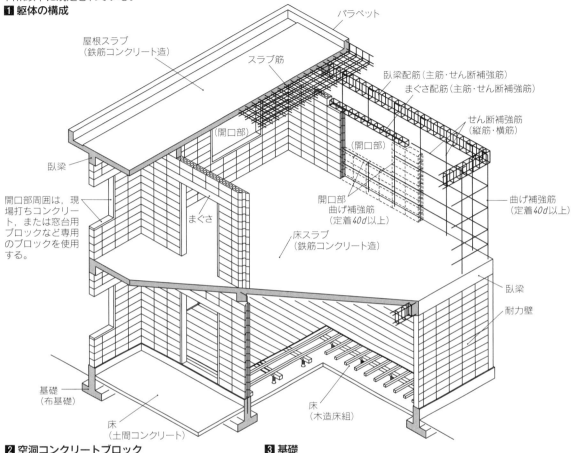

2 空洞コンクリートブロック

空洞コンクリートブロックの種類

種類	圧縮強さ
A(08)	8 N/mm²
B(12)	12 N/mm²
C(16)	16 N/mm²

※D(20)もあるが，C(16)と同じ使い方をする。

主な空洞コンクリートブロックの形状

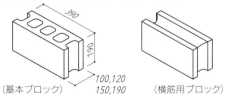

3 基礎

D：平屋建て：450mm以上，2階建て：600mm以上，3階建て：600mm以上かつ軒高の1/12以上　　t：b以上　　b：耐力壁の厚さ以上

4 各部の構成

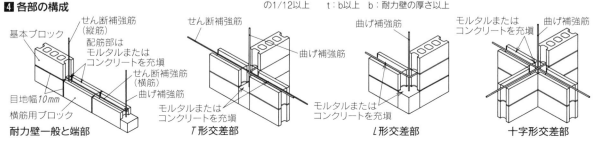

5 臥梁・まぐさ

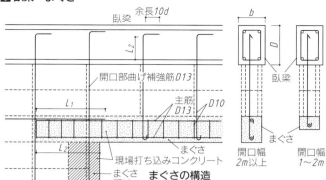
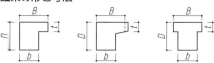

臥梁の形と寸法

幅（b）：耐力壁の厚さ以上
せい（D）：耐力壁の厚さの1.5倍以上　かつ300mm以上
（平屋建てでは250mm以上）
鉄筋コンクリートのスラブと連続しない場合は有効幅（B）について，次の検討をする。
- 耐力壁の水平支点間距離の1/20以上かつ200mm以上
- 臥梁に接するフランジの厚さ（t）が150mm
  （平屋では120mm）以上の部分を含む長さ

まぐさの構造

- まぐさを支持する部分（まぐさ受け）の長さに200mm以上とし，支持部分下の空洞部はコンクリートまたはモルタルを充填して補強する。
- 吊り筋によって垂れ壁を支持する場合は，吊り筋間隔を400mm以下とし，先端を垂れ壁下端の横方向補強筋にフックでかぎ掛けとする。吊り筋は臥梁のせん断補強筋と兼用できない。
- 小壁上下縁には1-D13以上の配筋を行うとともに，縦筋は臥梁および布基礎に定着させる。

6 耐力壁

耐力壁と認められる壁
長さ550mm以上，かつその有効高さの30%以上の長さがある壁

配置
- 平面上釣り合いよく配置し，上下階は重なるように配置する。
- 外周壁隅角部には，耐力壁をL形T形に配置する。
- 耐力壁中心線で囲まれた分割面積は60m²以下とする。
- 耐力壁と直交する2つの耐力壁を対隣壁と呼び，その水平支点間距離（L）は耐力壁厚さ（t）の50倍以下となるようにする。

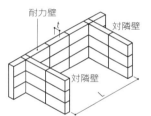

各方向に必要な長さと壁の厚さ [cm/m²] は，床面積1m²に必要な長さcm

階数	ブロックの種類	規定	3階建て	2階建て	平家
3階	A(0군)	壁量 [cm/m²]	—	—	—
	B(1군)		15		
	C(1군)		—		
	A(0군)	厚さ [cm]	—		
	B(1군)		15以上かつ h/20以上		
	C(1군)				
2階	A(0군)	壁量 [cm/m²]	—	—	—
	B(1군)		18	15	
	C(1군)		15		
	A(0군)	厚さ [cm]	—	15以上かつ h/20以上	
	B(1군)		19以上かつ h/16以上		
	C(1군)				
1階	A(0군)	壁量 [cm/m²]	—	21	—
	B(1군)		25	18	15
	C(1군)		20	15	
	A(0군)	厚さ [cm]	—	19以上かつ h/16以上	15以上かつ h/20以上
	B(1군)		19以上かつ h/16以上		
	C(1군)				

h：ブロック積み部分の高さ

7 配筋

定着と継手
- 縦筋は，その上下に接する臥梁，基礎またはスラブに定着する。
- 横筋は，端部の縦方向曲げ補強筋に180°フックでかぎ掛けする。端部で交差する耐力壁がある場合は，交差する壁に定着する。
- 耐力壁の縦筋は，壁体内で重ね継ぎしてはならない。ただし，壁厚190mm以下の耐力壁でD13以下の縦筋はこの限りではない。
- 鉄筋の定着，継手長さは下表の数値以上とする。

種類	フックなし	フック付き
定着（L_2）	40d	30d
継手（L_1）	45d	—

（d：鉄筋の呼び名に用いた数値）

壁端部，交差部の曲げ補強筋

階	端部，L形，T形交差部の曲げ補強筋			+形交差部の曲げ補強筋
	h'≦1.5m	1.5m<h'≦2.4m	h'>2.4m	
平屋，最上階	1-D13	1-D13	1-D13	1-D13
最上階から二つめの階	1-D16	1-D16	1-D19	1-D13
最上階から三つめの階	1-D16	1-D19	1-D19	1-D13

3階建ての最上階の場合は1-D16とする。
h'：壁の端部にある開口部の高さ。ただし，開口部の上部および下部の小壁が耐力壁と同等以上の構造でない場合は，その高さを加算した高さ。

開口部曲げ補強筋

耐力壁と同等以上の強さの場合
左表のh'≦1.5mと同程度の配筋
耐力壁と同等以上の強さをもたない場合
1-D13

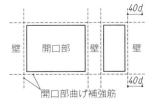

せん断補強筋（縦筋・横筋）

階	縦筋 [mm]	横筋 [mm]（L：耐力壁の実長）
平屋，2階建ての2階	D10以上@800以下	D10以上@800以下かつ（3/4）L以下
2階建ての1階 3階建ての3階	D10以上@400以下 またはD13以上@800以下	D10以上@600以下かつ（3/4）L以下 またはD13以上@800以下かつ（3/4）L以下
3階建ての2階	D10以上@400以下 またはD13以上@800以下	D10以上@400以下かつ（3/4）L以下 またはD13以上@600以下かつ（3/4）L以下
3階建ての1階	D13以上@400以下	D10以上@400以下かつ（3/4）L以下 またはD13以上@600以下かつ（3/4）L以下

平屋，2階建ての2階の最上階に限り，横筋間隔は（3/4）Lにかかわらず，最低600mmとすることができる。

(3) プレストレストコンクリート構造 （PC：prestressed concrete）

　工場あるいは工事現場で，コンクリート部材にPC鋼材を緊張して圧縮の力（プレストレス力）を導入したものをプレストレストコンクリートといい，これを柱や梁などの躯体に用いた構造をプレストレストコンクリート構造という。
　コンクリートにプレストレス力を導入することで，コンクリートのひび割れを制御するとともに，曲げの力に対する抵抗性を増大させることができるので大スパンの曲げ材が可能になる。

1 プレキャストプレストレストコンクリート構造

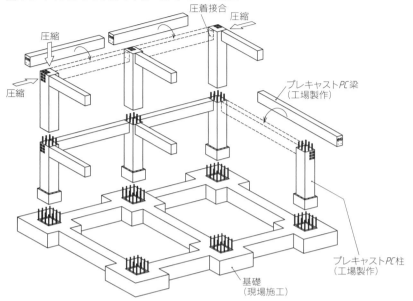

材料
（ア）コンクリート
設計基準強度
　プレテンション方式　35N/mm² 以上
　ポストテンション方式　24N/mm² 以上
　コンクリートの材料は，鉄筋コンクリート構造で使用するものと同じ。
（イ）鉄筋
　鉄筋コンクリート構造で使用するものと同じ。
（ウ）PC鋼材
　棒鋼または3, 7, 19本の鋼線をよりあわせたもので，鋼としての引張強さは1700～1800 N/mm² 程度以上ある。

規格例：
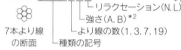

*1 変形を一定に保っていると，時間の経過とともに緊張力が低下する現象をいい，Nは通常品（8%以下の低下），Lは低リラクセーション品（3%以下の低下）を示す。
*2 7本よりでは，Aは1720N/mm²品，Bは，1860N/mm²品を示す。

2 梁の構造と圧着接合

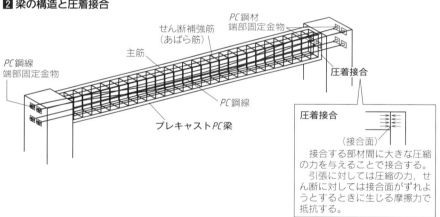

圧着接合
接合する部材間に大きな圧縮の力を与えることで接合する。引張に対しては圧縮の力，せん断に対しては接合面がずれようとするときに生じる摩擦力で抵抗する。

4 プレキャスト製品

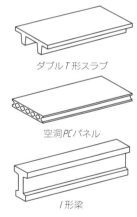

ダブルT形スラブ
空洞PCパネル
I形梁

3 プレストレス力の与え方

　PC鋼線を緊張した状態でコンクリートに固定し，緊張を解くとPC鋼線は元の形に戻ろうとする。このときの力をコンクリートに伝え，コンクリートに圧縮の力を生じさせる。

プレテンション方式

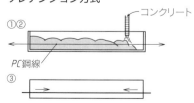

①型枠の中にPC鋼材を配置し緊張する。
②コンクリートを打ち込む。
③コンクリートが硬化したら，PC鋼材の緊張を解き，型枠をはずす。

ポストテンション方式

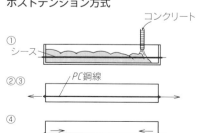

①型枠の中にシースを配置し，コンクリートを打ち込む。
②コンクリートが硬化したら，型枠をはずす。
③シースの中に配置したPC鋼材をジャッキなどで緊張する。
④PC鋼材を緊張状態で両端を固定し，ジャッキをはずす。

シース内にグラウトを注入してPC鋼材とコンクリートを接着させる形式と，シース内のPC鋼材にあらかじめ防錆処理をしておくだけで接着させない形式（アンボンド）がある。アンボンド形式は，躯体ができたあとでもPC鋼材の張力を調整できる。

（4）軽量鋼構造

厚さ6mm以下の軽量形鋼で主要な骨組を構成した3階以下の建築物をいい、プレファブ建築や仮設建築物に多く使用される。

1 構造の特徴

①軽量形鋼は薄いわりに強いため骨組を軽くでき、基礎を軽微にしやすい。また、運搬や組み立てが容易にできるので、工費を安くしやすい。
②部材にねじれや局部座屈が生じやすく、力が集中する箇所は弱点になりかねない。
③材厚が薄く、錆の影響を受けやすい。

2 骨組の材料

軽量形鋼……鋼材を冷間加工で圧力を加えて成形した製品。[JIS G 3350]
　　　　　　厚さ………形鋼の種類により、1.6, 2.3, 3.2, 4.0, 4.5, 6.0 (mm)
　　　　　　標準長さ…5, 6, 7, 8, 9, 10, 11, 12 (m)

規格

種類の記号	降伏点 [N/mm²]	引張強さ [N/mm²]	伸び [%]
SSC400	245以上	400〜540	21以上

※伸びは板厚5mm以下の場合

種類

名称	軽山形鋼	軽溝形鋼	リップ溝形鋼	軽Z形鋼	リップZ形鋼	ハット形鋼
形状	A, t, B	H, t, A	H, t, A, C	H, A, t	H, A, t, C	H, A, C, t
断面	A B t 60×60×3.2 〜 30×30×3.2 (p.121参照)	H A t * 450×75×6 〜 60×30×1.6 (p.121参照)	H A C t 250×75×25×4.5 〜 100×50×20×1.6 (p.121参照)	H A t * 100×50×3.2 〜 40×20×2.3	H A C 100×50×20 ×3.2〜2.3	H A C t 60×30×25×2.3 〜 40×20×20×1.6

断面は、主な製品の部材断面寸法を示す。これ以外の断面寸法はJIS参照。　＊上下のAが異なる製品もある。

溶接軽量H形鋼……鋼板を連続して溶接し、H形の断面にした製品。[JIS G 3353]
　　　　　　　　　標準長さ…5, 6, 7, 8, 9, 10, 11, 12 (m)

規格

種類の記号	降伏点 [N/mm²]		引張強さ [N/mm²]	伸び [%]	
	鋼材の厚さ			鋼材の厚さ	
	12mm未満	12mm以上		5mm以下	5mm超
SWH400	245以上	245〜365	400〜510	23以上	18以上
SWH400L					

種類

名称	軽量H形鋼 (SWH400)	軽量リップH形鋼 (SWH400L)
形状	H, A, t₁, t₂	H, A, C, t₁, t₂
断面	H A t₁ t₂ 450×200×6×9 〜 100×100×3.2×4.5	H A C t₁ t₂ 300×150×25×3.2×3.2 〜 60×60×10×2.3×2.3

3 骨組の構成（フレーム式）

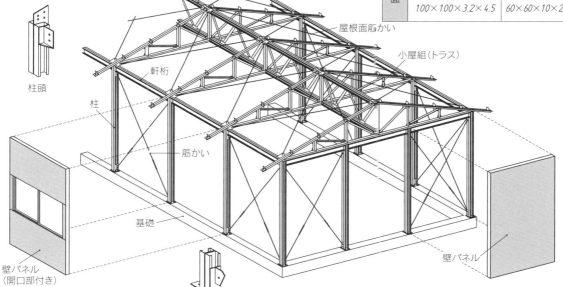

巻末資料

(5) 鉄骨鉄筋コンクリート構造 （SRC：steel encased reinforced concrete）

　鋼製の柱や梁を覆うように鉄筋コンクリートを配置し，鋼材と鉄筋コンクリートを協力させてラーメンを構成した構造で，中高層の建築物の躯体として用いられる。

1 構造の特徴
①剛性や靭性に優れ，耐震性が高い。
②部材断面を小さくしやすいので，有効空間を大きくできる。
③外力を受けたときの変形が小さく，居住性に優れている。
④鋼材を鉄筋コンクリートが覆うため，躯体の耐火性が高い。
⑤2つの構造を使うため，工期が長くなりやすい。

2 躯体の材料
鋼製部材

柱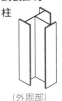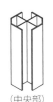
（外周部）（中央部）

梁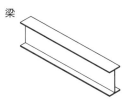

　400N級・490N級など鋼構造と同じ材料を用いる。軽量形鋼は用いない。

鉄筋

柱 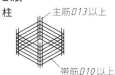　梁

　SD295・SD345など鉄筋コンクリート構造と同じ品質のものを用いる。

コンクリート
　普通コンクリートや軽量コンクリート1種，2種を用いる。

3 基本構成

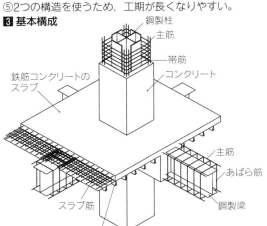

基本構成

4 躯体の構成

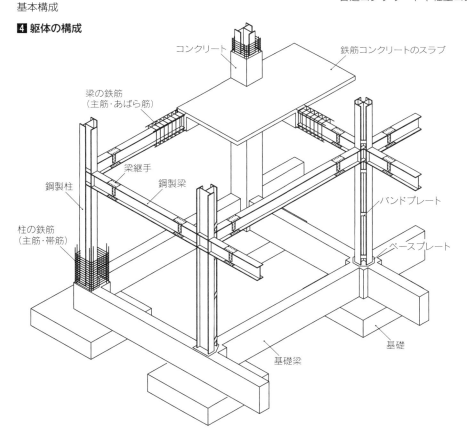

(6) コンクリート充塡鋼管構造 （CFT：concrete filled steel tube）

　鋼管の中にコンクリートを充塡したものを柱とし，梁を鋼製や鉄骨鉄筋コンクリート製にした構造をいい，高層建築物や広い空間をもつ建築物の躯体に用いられる。躯体の外形は，鋼管柱を用いた鋼構造とほとんど変わらない。

1 構造の特徴
①柱の強度が高いので小断面にでき，有効空間を広くしやすい。このため，高層建築物での採用が多い。
②剛性や靭性に優れ，耐震性が高い。
③柱の型枠が不要になるなど，仮設物が少なくなり環境への負荷を抑えることができる。
④コンクリートが鋼管内に十分に充塡されていないと，構造的な弱点になるので，高品質なコンクリートを用い，綿密な施工をする。

2 躯体の材料
(a) 柱の鋼管

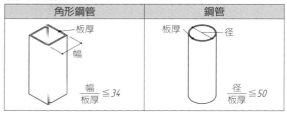

板厚は12mm以上にする。490N級の使用例が多い。

(b) 柱に充塡するコンクリート
　設計基準強度　$Fc≧24N/mm^2$とする。
　$36〜40N/mm^2$の高流動コンクリートの使用例が多い。

3 躯体の構成

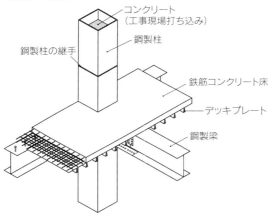

（床の構造は，鋼構造に準じた構造形式をとる。）
柱に角形鋼管を用いた例

（床の構造は，角形鋼管と同様にする。）
柱に鋼管を用いた例

4 柱と梁の仕口

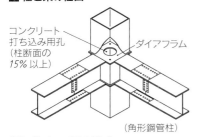

通しダイアフラム形式

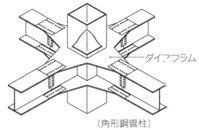

外ダイアフラム形式

　このほか，内ダイアフラム形式もあるが，通しダイアフラム形式と同様に，ダイアフラムに，打ち込み用孔をあけておく。
　鋼管の場合も，角形鋼管と同じような形式をとるが，リングダイアフラムを用いることもある。

5 施工上の留意点
①コンクリートは，一度に高さ8mを超えて充塡しない。充塡方法には，打ち込み部の上部からトレミー管を通してコンクリートを流し込む落とし込み方式と，下部からポンプで圧力をかけて圧入する圧入方式がある。圧入方式は仮設に費用はかかるが，コンクリートを隅々まで行き渡らせやすいので採用例が多い。
②コンクリートの打ち継ぎは，柱と梁の仕口から30cm以上離れた位置にする。打ち継ぎ箇所には径10mm以上，20mm以下の水抜き孔を設ける。
③コンクリート打ち込みの5日後まで，コンクリートの温度が2℃を下回らないようにする。
④鋼管の継手を溶接するときには，すでに打ち込んだコンクリートより30cm以上離れた位置で行う。

巻末資料

(7) その他の構造

丸太組工法（ログハウス）

丸太や角材を水平に積み重ねて耐力壁を構成し，その上に小屋組をつくる。洋風のものはログハウスといい，地上2階建て以下に用いる。

大断面木構造（集成材）

大断面の集成材の柱と梁で梁間方向の山形ラーメンを構成し，桁行方向は壁面に筋かいを入れる。体育館などの躯体に用いられる。

木質ラーメン構造
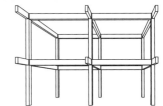
耐力壁や筋かいを設けない構造形式で，大きな開口部や大スパンが可能である。柱や梁には大断面の木質材料を用い，節点は金物で補強し，剛性を高める。

フラットスラブ構造
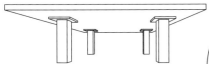
柱とスラブで構成した構造で，梁は設けない。梁形が出ないので駐車場や倉庫など内部空間を大きくしたい建築物に用いられる。

シェル構造

貝殻や卵の殻は薄いわりに強い。これを建築物に取り入れた構造で，部材が薄いわりに大空間を得ることができる。

超高層建築物に用いられる構造
チューブ構造
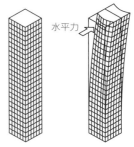
（水平力が作用したときの変形）

建築物の外周部に柱と梁を密に配置し，筒状（チューブ）の構造体を構成する。水平力が作用したとき構造体が一体となって抵抗する。

吊（ケーブル）構造

柱間にケーブルをかけ渡し，ケーブル間に仕上材を取り付けるテント状の構造で，大空間を必要とする建築物に用いられる。

アーチ構造

石やれんがをアーチ状に積み上げて躯体としたものをいうが，湾曲させた線状の部材で構成する構造もいう。

メガストラクチャー
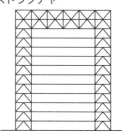
組立材で巨大な門型の構造体を構成する。これにより中間階では無柱の内部空間が得られる。

空気膜構造
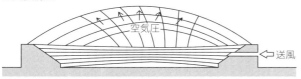
風船をふくらませるように，空気圧により屋根の形を保つ。このため，屋内側の気圧は外部よりつねに高くしておく。アリーナなど大空間の建築物に利用される。

混合構造（異種の構造の組み合わせで躯体を構成）

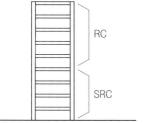
高さ方向で組み合わせた例

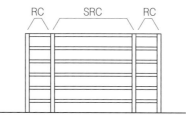
平面方向で組み合わせた例

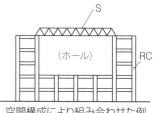
空間構成により組み合わせた例

RC：鉄筋コンクリート構造　SRC：鉄骨鉄筋コンクリート構造　S：鋼構造

地階の構造

都市の市街地などでは，土地の有効利用をはかるため地階がしばしば設けられる。地階には，かつては機械室や倉庫などを置くことが多かったが，近年は空調設備の進歩により店舗やオフィスなどを設ける例も増えている。地下に居室を置く場合は人工照明や空調機器で対応するほかに，ドライエリア（からぼり）を設けて自然の通風や採光を利用する方法がある。

地階の定義

床が地盤面下にある階で，床面から地盤面までの高さがその階の天井の高さの3分の1以上あるもの。（施行令1条二）

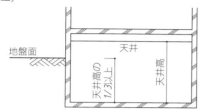

ドライエリアで居室にするための条件　（平12建設省告示1430）

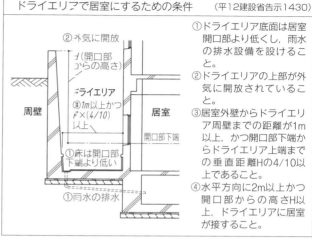

① ドライエリア底面は居室開口部より低くし，雨水の排水設備を設けること。
② ドライエリアの上部が外気に開放されていること。
③ 居室外壁からドライエリア周壁までの距離が1m以上，かつ開口部下端からドライエリア上端までの垂直距離Hの4/10以上であること。
④ 水平方向に2m以上かつ開口部からの高さH以上，ドライエリアに居室が接すること。

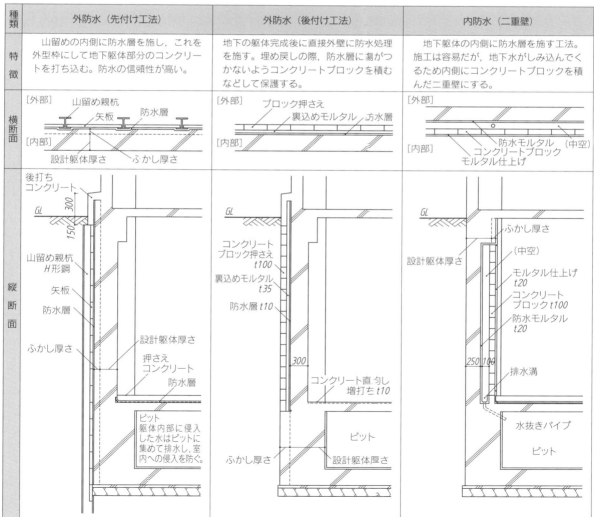

巻末資料

主な構造材料の強さ

建築基準法施行令および関連する告示に示された主な構造材料の強さを示す。許容応力度については，日本建築学会の各種の規準に則り設計する場合には，それぞれの定める値を用いる。

木構造：木質構造設計規準　　鉄筋コンクリート構造：鉄筋コンクリート構造計算規準　　鋼構造：鋼構造設計規準

●木 材

許容応力度（繊維方向）

長期許容応力度			[N/mm²]	短期許容応力度			[N/mm²]
圧縮	引張り	曲げ	せん断	圧縮	引張り	曲げ	せん断
$\dfrac{1.1Fc}{3}$	$\dfrac{1.1Ft}{3}$	$\dfrac{1.1Fb}{3}$	$\dfrac{1.1Fs}{3}$	$\dfrac{2Fc}{3}$	$\dfrac{2Ft}{3}$	$\dfrac{2Fb}{3}$	$\dfrac{2Fs}{3}$

構造用製材の基準強度 Fc・Ft・Fb・Fs　　　　　　　　　　　　　　　　目視等級区分によるもの

材種	区分	等級	基準強度 [N/mm²]			せん断 Fs
			圧縮 Fc	引張り Ft	曲げ Fb	
アカマツ	甲種構造材	一級	27.0	20.4	33.6	2.4
		二級	16.8	12.6	20.4	
		三級	11.4	9.0	14.4	
	乙種構造材	一級	27.0	16.2	26.4	
		二級	16.8	10.2	16.8	
		三級	11.4	7.2	11.4	
ヒノキ	甲種構造材	一級	30.6	22.8	38.4	2.1
		二級	27.0	20.4	34.2	
		三級	23.4	17.4	28.8	
	乙種構造材	一級	30.6	18.6	30.6	
		二級	27.0	16.2	27.0	
		三級	23.4	13.8	23.4	
スギ	甲種構造材	一級	21.6	16.2	27.0	1.8
		二級	20.4	15.6	25.8	
		三級	18.0	13.8	22.2	
	乙種構造材	一級	21.6	13.2	21.6	
		二級	20.4	12.6	20.4	
		三級	18.0	10.8	18.0	

区分・等級はp.18参照。

枠組壁構法構造用製材の基準強度 Fc・Ft・Fb・Fs　　　　　　　　　　寸法形式が104・203・204・304・404のもの

材種	区分	等級	基準強度 [N/mm²]			せん断 Fs
			圧縮 Fc	引張り Ft	曲げ Fb	
DFir-L	甲種	特級	25.8	24.0	36.0	2.4
		一級	22.2	16.2	24.6	
		二級	19.2	15.0	21.6	
		三級	11.4	8.4	12.6	
	乙種	コンストラクション	21.6	11.4	16.2	
		スタンダード	17.4	6.6	9.6	
		ユーティリティ	11.4	3.0	4.2	
Hem-Fir	甲種	特級	24.0	22.2	34.2	2.1
		一級	20.4	15.0	23.4	
		二級	18.6	12.6	20.4	
		三級	10.8	7.2	12.0	
	乙種	コンストラクション	19.8	9.6	15.6	
		スタンダード	16.8	5.4	9.0	
		ユーティリティ	10.8	2.4	4.2	
S-P-Fまたは Spruce-Pine-Fir	甲種	特級	20.4	16.8	30.0	1.8
		一級	18.0	12.0	22.2	
		二級	17.4	11.4	21.6	
		三級	10.2	6.6	12.6	
	乙種	コンストラクション	18.6	8.4	16.2	
		スタンダード	15.6	4.8	9.0	
		ユーティリティ	10.2	2.4	4.2	

寸法形式が104・203・204・304・404ではないものは上表の値に係数を乗じて基準強度を求める。

DFir-L：アカマツ・ウェスタンラーチ・クロマツ・ショートリーフパイン・スラッシュパイン・ダグラスファー・ダフリカカラマツなど
Hem-Fir：アマビリスファー・グランドファー・ツガ・パシフィックコーストヘムロックなど
S-P-FまたはSpruce-Pine-Fir：アルパインファー・エゾマツ・エンゲルマンスプルース・トドマツ・オウシュウアカマツ・モミなど

●鉄　筋

鉄筋の許容応力度

鉄筋の種類		長期許容応力度　　　[N/mm²]			短期許容応力度　　　[N/mm²]		
		圧縮	引張り		圧縮	引張り	
			せん断補強以外に用いる場合	せん断補強に用いる場合		せん断補強以外に用いる場合	せん断補強に用いる場合
丸鋼		$\frac{F}{1.5}$ 155を超える場合は155	$\frac{F}{1.5}$ 155を超える場合は155	$\frac{F}{1.5}$ 195を超える場合は195	F	F	F 295を超える場合は295
異形鉄筋	径28mm以下	$\frac{F}{1.5}$ 215を超える場合は215	$\frac{F}{1.5}$ 215を超える場合は215	$\frac{F}{1.5}$ 195を超える場合は195	F	F	F 390を超える場合は390
	径28mm超	$\frac{F}{1.5}$ 195を超える場合は195	$\frac{F}{1.5}$ 195を超える場合は195	$\frac{F}{1.5}$ 195を超える場合は195	F	F	F 390を超える場合は390

基準強度 F

	種類の記号	基準強度F [N/mm²]
丸鋼	SR235	235
	SR295	295
異形鉄筋	SD295　A　B	295
	SD345	345
	SD390	390

●コンクリート

許容応力度

長期許容応力度				[N/mm²]	短期許容応力度			[N/mm²]
圧縮	引張り	せん断	付着		圧縮	引張り	せん断	付着
$\frac{F}{3}$	$\frac{F}{30}$ *1	$\frac{F}{30}$ *1	0.7 *2		$\frac{2F}{3}$	$\frac{F}{15}$ *1	$\frac{F}{15}$ *1	1.4 *3

*1　Fが21を超えるものについては、国土交通大臣がこれと異なる数値を定めたときには、その数値。
*2　軽量骨材を使用したときは0.3。　　*3　軽量骨材を使用したときは1.2。

基準強度

コンクリートの設計基準強度を基準強度Fとする。

一般に使われる設計基準強度	[Fc : N/mm²]
普通コンクリート	18以上48以下
軽量コンクリート（1種）	36以下
軽量コンクリート（2種）	27以下

●鋼　材

構造用鋼材（炭素鋼）の許容応力度

長期許容応力度				[N/mm²]	短期許容応力度			[N/mm²]
圧縮	引張り	曲げ	せん断		圧縮	引張り	曲げ	せん断
$\frac{F}{1.5}$	$\frac{F}{1.5}$	$\frac{F}{1.5}$	$\frac{F}{1.5\sqrt{3}}$		F	F	F	$\frac{F}{\sqrt{3}}$

基準強度F

種類の記号	板厚	基準強度F [N/mm²]
SN400　A　B　C SM400　A　B　C SS400　STK400　STKR400	板厚≦40mm	235
	40＜板厚≦100mm	215
SS490	板厚≦40mm	275
	40＜板厚≦100mm	255
SN490　B　C SM490　A　B　C STK490　STKR490	板厚≦40mm	325
	40＜板厚≦100mm	295

巻末資料

耐震構造・制震構造・免震構造

●耐震・制震・免震の技術

建築物を地震から守るために，耐震，制震（制振），免震の技術が使われる。耐震は義務付けられており，原則としてすべての建築物に適用される。制震・免震は耐震に代えて用いる技術で，採用は任意であるが，高層ビルなどの大規模建築物，官公署庁舎や病院などの災害時に拠点となる施設や，美術館など貴重品を収蔵する施設などで用いられている。

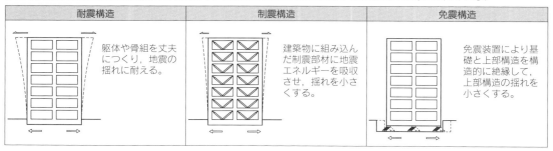

1 耐震構造

地震に耐えるように主要な構造部分を強靭・堅固につくり，建築物全体で地震を受け止める構造で，最も多く用いられる方法である。数百年に一度くらいの大地震（東京で震度7程度）でも倒壊せず，数十年に一度くらいの中程度の地震（東京で震度5強程度）でも損傷しない強さをもたせる。

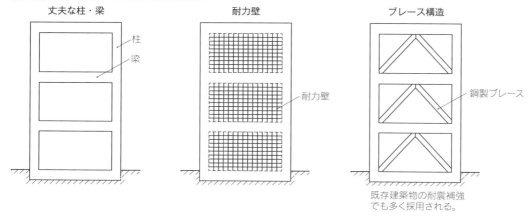

2 制震構造

建築物に組み込んだエネルギー吸収装置（ダンパー）で地震エネルギーを吸収して，建築物の揺れを低減する。柱，梁などの構造材の損傷を防ぎ，建築物の継続使用ができるように計画する。

エネルギー吸収装置は，建築物の各層（階）に分散して設置する分散配置型と，屋上など特定の場所にまとめて置く集中配置型がある。また，作動するときに電気などのエネルギーを必要とするアクティブ方式とエネルギーを必要としないパッシブ方式があり，これらを組み合わせたハイブリッド方式もある。

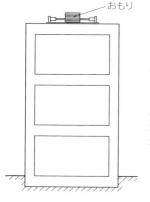

最上階に設置したおもりを揺れと逆方向に動かして振動を低減する。コンピュータで制御するアクティブ方式が多い。

おもりの重量に限界があるので，大きな揺れに対応できないことがある。風など微小な揺れには対応しやすい。

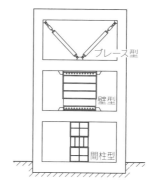

各層（階）の間にダンパーを組み入れ，地震により生じる建築物の変形エネルギーをダンパーに吸収させて建築物の損傷を防ぐ。油圧を使ったブレース型ダンパー，上層と下層に接続した鋼板の間に粘弾性体をはさみ込んだ壁型ダンパー，中間部に低降伏点鋼を取り付けた間柱型ダンパーなどがあるが，いずれもメンテナンスのいらないパッシブ方式が多い。

3 免震構造

基礎などの下部構造と上部構造の間に免震支承（アイソレーター）を入れることで、地盤と建築物を構造的に絶縁して、建築物が受ける地震エネルギーを低減させる方法をとる。耐震構造に比べて地震入力加速度を1/3から1/5に低減できるため揺れを軽減でき、設備の損傷や家具の転倒などを防ぐことができる。ただし、免震支承だけでは建築物の揺れは止められないため、振動エネルギー減衰装置（ダンパー）を用いて揺れを吸収するとともに、支承の形式によっては上部構造を元の位置に戻す復元材も必要となる。

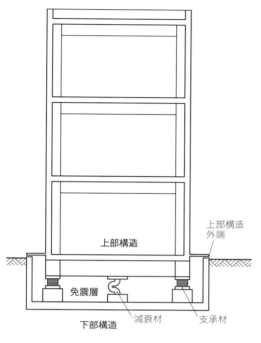

免震建築物の構造方法

⑦ **全体計画**
平面形状は整った長方形にし、短辺に対する長辺の比を4以下にする。
立面形状は長方形になるようにする。
アスペクト比（平面の短辺に対する高さの比）は3以下にする。
倉庫等の積載荷重の変動が大きい用途の建築物には採用しない。

⑦ **上部構造**
上部構造の端部から外側に50～60cm以内には、地震時の変位の障害になるものを設置しない。
最下階の底板は、厚さ18cm以上の鉄筋コンクリート造にする。

⑦ **免震層**
免震材料、配管等の検査、点検に支障がない空間を確保する。
免震材料は交換が可能なものにする。
免震材料は、上部構造の柱や耐力壁に釣り合いよく配置する。
上部構造の建築面積を支承材総数で除した値は15m²以下にする。

⑦ **下部構造・基礎構造**
基礎を含めた下部構造は、一体の鉄筋コンクリート造にする。
基礎が接する地盤は、第1種地盤、または第2種地盤（液状化のおそれがない）とする。
基礎は、くい基礎またはべた基礎にする。
べた基礎の底板厚さは25cm以上にする。

⑦ **その他**
免震建築物であることを表示する。
積雪時の変位を妨げない構造にする。
設備配管などで外部と接続する部分は、変位に対応できるフレキシブルな構造にする。

免震材料

支承材（アイソレーター）			減衰材（ダンパー）			復元材
鉛直荷重を支持し、水平方向に変位する			上部構造の振動エネルギーを吸収して揺れを止める			元の位置に戻す
積層ゴム支承	すべり支承	転がり支承	鉛ダンパー	鋼材ダンパー	オイルダンパー	2面球体すべり支承
鋼板とゴムを交互に重ねたもの	四フッ化エチレンにより表面処理した鋼材	鋼球ベアリングのレール	鉛が変形して振動エネルギーを吸収	U字型の鋼材が曲がって揺れを吸収	シリンダー内の油の流体抵抗により揺れを吸収	曲面支持により常に同じ位置に戻す

（トリガー：平常時は風で動かないようロックしているが、地震で一定規模以上の揺れがあるとロックがはずれ、免震装置が作動する装置）

4 既存建築物の耐震化

旧基準でつくられ耐震診断で不適合となった建築物や、文化財的な価値がありそのままの形で保存したい建築物に、現行の基準に適合するような耐震化を施すことで継続して使用できるようにする。

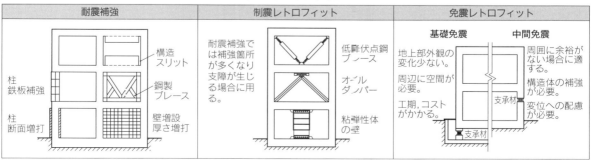

巻末資料

小規模建築物の地盤調査

基礎の形式を選定したり，支持地盤の位置を決めるために地盤調査を行う。木造住宅など小規模な建築物の場合，スクリューウエイト貫入試験によることが多い。このほか，ボーリングおよび標準貫入試験によることもある。

(1) 地盤の構成と土の呼び名

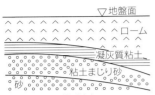

図1 地盤の構成例

									粒径 [mm]
	0.005	0.075	0.25	0.85	2	4.75	19	75	300
粘土	シルト	細砂	中砂	粗砂	細礫	中礫	粗礫	粗石（コブル）	巨石（ボルダー）
		砂			礫			石	
細粒分		粗粒分						石分	

図2 粒径区分と呼び名

砂質土：粒径が0.075mmより大きい粒が主成分となる土
粘性土：粒径が0.075mmより小さな粒が主成分となる土

(2) スクリューウエイト貫入試験 (SWS試験) [JIS A 1221]

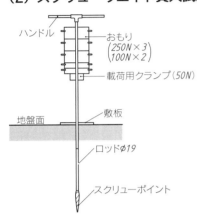

図3 手動式試験器具の例

ロッドの先端にスクリューポイントを取り付け，おもりによる荷重を0.05kN，0.15kN，0.25kN，0.5kN，0.75kN，1kNと貫入をはじめるまで段階的に増加させ，貫入したときの荷重W_{SW}と貫入量を測定する。

1kNのおもりを載せても貫入しなくなったら，ロッドを回転させ25cm貫入するのに要した半回転数N_{SW}を求める。これにより得たW_{SW}とN_{SW}より地盤の支持力を推定する。

この試験であけた孔を利用して地下水位を計測するとともに，各深さの土を採取して含水比を求める。

含水比の求め方

$$W = \frac{m_W}{m_S} \times 100 \ [\%]$$

W：含水比
m_W：水の質量 [g]：(乾燥前の試料の質量) − (乾燥後の試料の質量)
m_S：土粒子の質量 [g]：(乾燥後の試料の質量)

含水比は土に含まれる水分量を示す指標で，値が大きいほど水分を多く含む土となる。
水分が多い土は沈下しやすいことを考慮して基礎の形式や構造を決める。

1 試験結果のまとめ方の例

荷重W_{SW} [kN]	半回転数	貫入深さ D [m]	貫入量 L [cm]	1mあたりの半回転数N_{SW}	記事
0.05		0.1	10		
0.15		0.35	25		
0.25		0.55	20		
0.5		0.8	25		
0.75		0.95	15		
1		1.15	20		
1	4	1.4	25	16	
1	6	1.65	25	24	
1	7	1.9	25	28	
1	4	2.15	25	16	
1	6	2.40	25	24	
0.75		2.65	25		
1	10	2.9	25	40	砂音
1	8	3.15	25	32	砂音
1	9	3.4	25	36	砂音
1	12	3.65	25	48	砂音
1	12	3.9	25	48	砂音
1	16	4.15	25	64	砂音
1	20	4.4	25	80	砂音
1	28	4.65	25	112	砂音
1	24	4.9	25	96	砂音
1	30	5.1	20	150	礫音

図4 試験結果の例

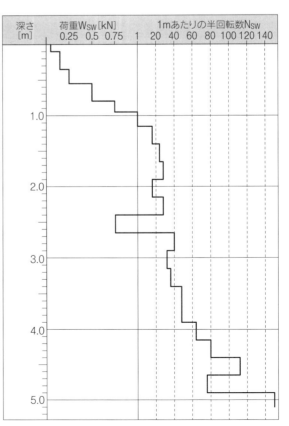

2 W_{SW}，N_{SW}とN値，許容支持力の関係

N値
砂質土　$N=2W_{SW}+0.067N_{SW}$ ——(1)
粘性土　$N=3W_{SW}+0.050N_{SW}$ ——(2)
　　N：N値
　　W_{SW}：荷重[kN]　　N_{SW}：半回転数

長期許容支持力度　qa　短期は長期の2倍とする。
$qa=30\overline{W_{SW}}+0.64\overline{N_{SW}}$　[kN/m²]　——(3)
　$\overline{W_{SW}}$：貫入時の荷重の平均値*1 [kN]
　$\overline{N_{SW}}$：貫入量1mあたりの半回転数*2の平均値*1（回）
　　*1　木造の建築物では，ふつう，基礎直下から2mの範囲の平均をとる。
　　*2　150を超える場合は，150とする。

図4の結果からの計算例（長期許容支持力度qaの算定）

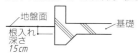

図5　基礎の断面

図4の地盤に，図5のような木造の建築物の基礎を設けるときの長期許容支持力度を求める。
(3)式より求めるが，荷重と半回転数の平均値は地盤面からの深さ0.15～2.15mの平均をとる。

	$\overline{W_{SW}}$の計算		$\overline{N_{SW}}$の計算	
	荷重[kN]×貫入量[m]		半回転数×貫入量[m]	
①	0.15×0.2	=0.03	0 ×0.2	=0
②	0.25×0.2	=0.05	0 ×0.2	=0
③	0.5 ×0.25	=0.125	0 ×0.25	=0
④	0.75×0.15	=0.1125	0 ×0.15	=0
⑤	1.0 ×0.2	=0.2	0 ×0.2	=0
⑥	1.0 ×0.25	=0.25	16 ×0.25	=4
⑦	1.0 ×0.25	=0.25	24 ×0.25	=6
⑧	1.0 ×0.25	=0.25	28 ×0.25	=7
⑨	1.0 ×0.25	=0.25	16 ×0.25	=4
	計	1.5175	計	21

$\overline{W_{SW}} = \dfrac{1.5175}{2.00} = 0.75875$

$\overline{N_{SW}} = \dfrac{21}{2.00} = 10.5$

(3)式より
$qa = 30 \times 0.75875 + 0.64 \times 10.5$
　→29.48 [kN/m²]

図6　深さ方向

3 地盤の沈下

次の場合は，沈下防止のために地盤補強について検討することが望ましい。
ア）W_{SW}が0.75kN以下の層……圧密沈下が生じるおそれがある。
イ）沖積層でW_{SW}が0.75kN以下，含水比が100%以上の地盤……不同沈下が生じるおそれがある。
ウ）盛土地盤でW_{SW}が1kN以下，擁壁などの戻し土でN_{SW}が40以下の地盤……不同沈下が生じるおそれがある。

(3) ボーリングと標準貫入試験

1 ボーリング

専用の機械を用いて地盤に円筒状の孔を掘ることをボーリングという。
地盤調査にはロータリー式ボーリングが多く用いられ，調査項目により，径66，88，118，150mmの孔を掘り，各深さの土を採取し，地盤の構成を知るための試料を得る。
ふつう，1m掘り進むごとに標準貫入試験を行い，それぞれの深さの地盤の強さを推定する。

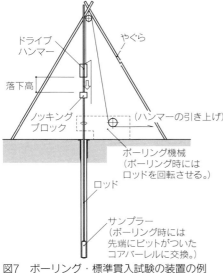

図7　ボーリング・標準貫入試験の装置の例

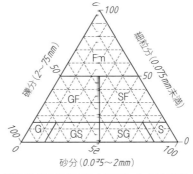

三角座標の凡例
Fm：細粒土
GF：細粒分まじり礫
SF：細粒分まじり砂
G　：礫質土
GS：砂礫
SG：礫質砂
S　：砂質土

各辺の数値は質量の百分比を示す。（　）内は粒径。
図8　中分類用三角座標

2 標準貫入試験

試験をする深さの地盤面に標準貫入試験用サンプラーを据え付け，質量63.5±0.5kgのドライブハンマーを76±1cmの高さから自由落下させサンプラーを試験面に打ち込む。サンプラーが30cm貫入するまでの打撃回数を求め，それをN値とする。N値は地盤の強さを示す指標となるほか，土の粘着力や内部摩擦角を求める資料となり，地盤の支持力を推定するための重要な情報となる。

巻末資料

木構造の耐力壁（施行令46条参照）

地震力や風圧力など水平力が作用したとき，在来軸組工法では耐力壁で抵抗する。階数が2以上または延べ面積が50m²を超えるものは，耐力壁の設置とバランスのよい配置をするように建築基準法で規定されている。また，耐力壁となる部分では，梁や桁・土台など横架材と柱の接合方法も規定されている。

(1) 耐力壁の壁量の適否（施行令46条4項）

耐力壁とは鉛直荷重を支えるだけでなく地震力や風圧力に抵抗できる壁をいい，柱を配置するとともに筋かいを入れたり構造用合板を張った壁などをさす。耐力壁の壁量は壁の水平投影長さ（平面としての長さ）で表し，規定以上の設置をする。

1 耐力壁の種類と長さ

耐力壁の構造により，水平力への抵抗性能は異なる。このため，耐力壁の長さは，耐力壁の実長に下表の倍率を乗じた長さとして求める。

主な耐力壁と倍率

①筋かい入り（片筋かい）　②筋かい入り（たすき筋かい）　③面材張り

面材
柱や横架材に直接，釘などで固定する。釘の種類や打ち付け間隔は，面材の種類により異なる。

筋かいの断面寸法	倍率
30以上×90以上	1.5
45以上×90以上	2
90以上×90以上	3

筋かいの断面寸法	倍率
30以上×90以上	3
45以上×90以上	4
90以上×90以上	5

面材の種類	倍率	備考
構造用合板	2.5	t5mm以上
構造用せっこうボードA種	1.7	t12mm以上外壁面は不可
シージングボード	1	t12mm以上

ひとつの耐力壁に複数の耐力壁となる構造を用いた場合には，それぞれの倍率を加算してよい。ただし，最大で5とする。

2 存在する耐力壁の壁量

次の平面の建築物を例にして耐力壁の壁量を求める。壁量は各階ごと，X方向，Y方向それぞれについて求める。

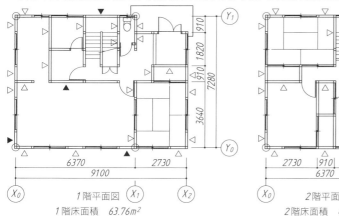

1階平面図　1階床面積 63.76m²
2階平面図　2階床面積 46.37m²

小数点以下の数値は，第2位までとする。このとき，計算結果による判定がなるべく厳しくなるように，第3位を切り上げ，または切り捨てる。

ここでは，存在壁量を先に求めたが，実際の設計では水平力に抵抗するのに必要な壁量を先に求め，それより耐力壁の配置を検討する方法が多い。

△，▲印は，筋かいを配置した壁を示す。
△は，30×90 片筋かい
▲は，30×90 たすき筋かい

91などの数値は，耐力壁の実長を示す。[単位：cm] 長さは柱の中心間距離で求める。

かっこ内の数値は，倍率を示すが，かっこのないものは，すべて倍率1.5とする。

平面図より耐力壁を抽出する。

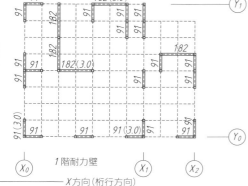
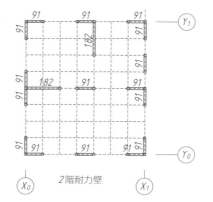

1階耐力壁　　　　　2階耐力壁

X方向（桁行方向）

存在壁量の計算例

	1階の存在壁量		2階の存在壁量	
X方向	91×1.5×5+182×1.5×1+91×3.0×1+182×3.0×2=	2320.50cm	91×1.5×8+182×1.5×1=	1365.00cm
Y方向	91×1.5×14+182×1.5×2+91×3.0×1=	2730.00cm	91×1.5×8+182×1.5×1=	1365.00cm

3 地震力に抵抗するために必要な壁量の算定

各階に必要な壁量を下図より求める。各階ごとに求めた壁量は，X・Y各方向に必要な壁量となる。

各階に必要な壁量 [cm/m²]

土蔵造りなど壁が重い建築物 屋根葺き材料が重い建築物 （例：瓦葺き屋根）	屋根葺き材料が軽い建築物 （例：金属板葺き ・住宅屋根用化粧スレート葺き屋根）
3階：24／2階：21, 39／1階：15, 33, 50 平屋建て／2階建て／3階建て	3階：18／2階：15, 36／1階：11, 29, 46 平屋建て／2階建て／3階建て

図中の数値は，床面積1m²あたりに必要な壁量 [cm] を示す。

必要壁量（地震力）の計算例

2階のX・Y両方向に それぞれ必要な壁量
$46.37(m^2) \times 15(cm/m^2) = 695.55 cm$

1階のX・Y両方向に それぞれ必要な壁量
$63.76 \times 29 = 1849.04 cm$

計算例の建築物の屋根は，住宅屋根用化粧スレート葺きとする。

4 風圧力に抵抗するために必要な壁量の算定

各階・各方向に必要な壁量を下表の数値に見付け面積を乗じて求める。2階の見付け面積は2階床面から1.35m以上にある部分の面積とし，1階は1階の床面から1.35m以上にある2階部分を含んだ面積とする。

	区域	見付け面積に乗ずる数値
(1)	特定行政庁がその地方における過去の風の記録を考慮してしばしば強い風が吹くと認めて規則で指定する区域	50を超え75以下の範囲で特定行政庁が規則で定める数値
(2)	(1) 以外の区域	50cm/m²

風の強い区域では，数値を特定行政庁に確認すること。計算例は (2) の区域として計算した。

風圧力と耐力壁の関係

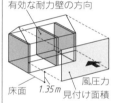

見付け面積は，壁中心線間距離ではなく，壁の厚さを含むなど外形線で計算する。複雑な凹凸がある箇所は，凹凸を内包した外形線を想定して計算してもよい。

見付け面積は，小数点以下第3位切り上げで，第2位まで求めた。

注）見付け面積の計算過程は省略した。

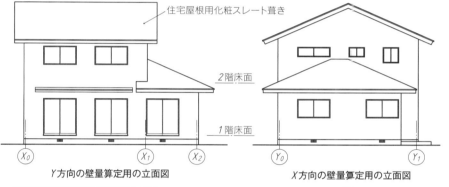

Y方向の壁量算定用の立面図 ／ X方向の壁量算定用の立面図

Y方向の壁量算定用の見付け面積：② 22.626m²，① 25.398m²
X方向の壁量算定用の見付け面積：②′ 17.291m²，①′ 21.953m²

2階算定用見付け面積 = ② = 22.63m²
1階算定用見付け面積 = ① + ② = 48.03m²
2階算定用見付け面積 = ②′ = 17.30m²
1階算定用見付け面積 = ①′ + ②′ = 39.25m²

必要壁量（風圧力）の計算例

	1階に必要な壁量	2階に必要な壁量
X方向	$39.25(m^2) \times 50(cm/m^2) = 1962.50cm$	$17.30(m^2) \times 50(cm/m^2) = 865.00cm$
Y方向	$48.03(m^2) \times 50(cm/m^2) = 2401.50cm$	$22.63(m^2) \times 50(cm/m^2) = 1131.50cm$

5 判定
地震力・風圧力による必要壁量以上，存在壁量があれば，壁量は適合していることになる。

方向	階	必要壁量（地震力）	必要壁量（風圧力）		存在壁量	判定
X方向	2階	695.55cm	865.00cm	<	1365.00cm	OK
	1階	1849.04cm	1962.50cm	<	2320.50cm	OK
Y方向	2階	695.55cm	1131.50cm	<	1365.00cm	OK
	1階	1849.04cm	2401.50cm	<	2730.00cm	OK

巻末資料

(2) 耐力壁の配置の適否

建築物の平面において重心と剛心にずれがあると，地震時に，ねじれ振動が生じる。これによる建築物の被害を抑えるため，耐力壁の配置のバランスを検討しなければならない。（平12建設省告示1352）

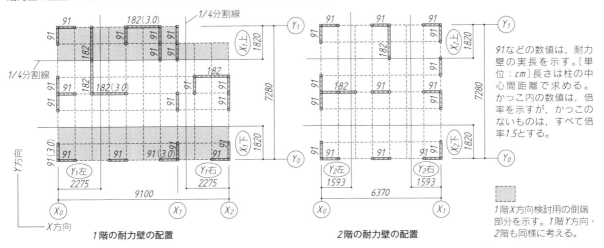

平面のX・Y方向を4等分する線を引き，外側の1/4にあたる部分を側端部分という。この中に，分割線と平行な方向に配置された耐力壁が規定以上あるか，側端部分ごとに次のように検討する。
①それぞれの側端部分の面積は，外周壁の壁中心線と1/4の分割線で囲まれた範囲とする。
②地震力に必要な壁量（必要壁量）と存在壁量は，耐力壁の壁量の検討と同じ方法で求める。
③壁量充足率は　存在壁量／必要壁量　で求め，1を超えていればバランスがよいと判定する。

X方向耐力壁の検討	Y方向耐力壁の検討
1階	
X_1上	Y_1左
側端部分の面積　$6.37 \times 1.82 + 2.73 \times 0.91 = 14.078 m^2$	側端部分の面積　$2.275 \times 7.28 = 16.562 m^2$
必要壁量　$14.078 \times 29 = 408.27$ cm	必要壁量　$16.562 \times 29 = 480.30$ cm
存在壁量　（X方向）$91 \times 1.5 \times 1 + 182 \times 3.0 \times 1 = 682.5$ cm	存在壁量　（Y方向）$91 \times 1.5 \times 3 + 182 \times 1.5 \times 2 + 91 \times 3.0 \times 1 = 1228.5$ cm
壁量充足率　$682.5 / 408.27 = 1.67 > 1$　OK	壁量充足率　$1228.5 / 480.30 = 2.55 > 1$　OK
X_1下	Y_1右
側端部分の面積　$9.1 \times 1.82 = 16.562 m^2$	側端部分の面積　$2.275 \times 6.37 = 14.492 m^2$
必要壁量　$16.562 \times 29 = 480.30$ cm	必要壁量　$14.492 \times 29 = 420.27$ cm
存在壁量　（X方向）$91 \times 1.5 \times 3 + 91 \times 3.0 \times 1 = 682.5$ cm	存在壁量　（Y方向）$91 \times 1.5 \times 4 = 546$ cm
壁量充足率　$682.5 / 480.30 = 1.42 > 1$　OK	壁量充足率　$546 / 420.27 = 1.29 > 1$　OK
2階	
X_2上	Y_2左
側端部分の面積　$6.37 \times 1.82 = 11.593 m^2$	側端部分の面積　$1.593 \times 7.28 = 11.597 m^2$
必要壁量　$11.593 \times 15 = 173.90$ cm	必要壁量　$11.597 \times 15 = 173.96$ cm
存在壁量　（X方向）$91 \times 1.5 \times 3 = 409.5$ cm	存在壁量　（Y方向）$91 \times 1.5 \times 4 = 546$ cm
壁量充足率　$409.5 / 173.90 = 2.35 > 1$　OK	壁量充足率　$546 / 173.96 = 3.13 > 1$　OK
X_2下	Y_2右
側端部分の面積　$6.37 \times 1.82 = 11.593 m^2$	側端部分の面積　$1.593 \times 7.28 = 11.597 m^2$
必要壁量　$11.593 \times 15 = 173.90$ cm	必要壁量　$11.597 \times 15 = 173.96$ cm
存在壁量　（X方向）$91 \times 1.5 \times 3 = 409.5$ cm	存在壁量　（Y方向）$91 \times 1.5 \times 4 = 546$ cm
壁量充足率　$409.5 / 173.90 = 2.35 > 1$　OK	壁量充足率　$546 / 173.96 = 3.13 > 1$　OK

必要壁量は小数点以下第3位切り上げ，壁量充足率は小数点以下第3位切り捨てで求めた。

壁率比

壁量充足率が1を超えない側端部分があったときは，壁率比を検討する。壁率比は次式より求めるが0.5以上ならば，バランスがとれていると判定する。0.5未満のときは，壁量や配置を再検討する。この検討は，上と下，あるいは左と右など，対になるどちらかの壁量充足率が1を超えている場合であり，どちらも超えていないときは壁量や配置を再検討する。

$$壁率比 = \frac{小さいほうの壁量充足率}{大きいほうの壁量充足率} \geq 0.5$$

（例）

$壁率比 = \dfrac{0.85}{1.21} = 0.70 > 0.5$

判定　OK

（3）接合金物の選定（耐力壁にある横架材と柱の接合）

　金物の選定は，平12建設省告示1460に示されている仕様規定による方法（p.28参照）のほかに，次に示す引張耐力から求めるなど，計算による方法もある。仕様規定のほうが安全側の金物になることが多いが，いずれかの方法により適切な金物を選定する。

１　引張耐力計算（N値計算）
　次式によりN値を求め，N値により接合金物の種類を決める。

平屋建ての柱，2階建ての2階の柱

$N = A_1 \times B_1 - L$　――(1)

　N　：N値
　A_1：検討する柱の両側の軸組倍率の差。筋かいが入った軸組は筋かい補正値を加える。
　B_1：0.5（出隅の柱は，0.8）
　L　：0.6（出隅の柱は，0.4）

2階建ての1階の柱

$N = A_1 \times B_1 + A_2 \times B_2 - L$　――(2)

　A_1：検討する柱の両側の軸組倍率の差。筋かいが入った軸組は筋かい補正値を加える。
　B_1：0.5（出隅の柱は，0.8）
　A_2：検討する1階柱に連続する2階柱の両側にある軸組の倍率の差。筋かいが入った軸組は筋かい補正値を加える。
　B_2：0.5（2階の柱が出隅にあるときは，0.8）
　L　：1.6（検討する柱が出隅のときは，1.0）

筋かい補正値
　補正値は，検討する柱の柱頭・柱脚ともに同じ値をとる。

検討する柱と筋かいの配置

ア）検討する柱の片側のみ筋かいが取り付く場合①②

筋かいが取り付く位置 筋かいの寸法	柱頭部①	柱脚部②	備考
30以上×90以上	0.5	−0.5	筋かいが，たすき掛けの場合は0とする。
45以上×90以上	0.5	−0.5	
90以上×90以上	2.0	−2.0	

イ）検討する柱の両側に筋かいが取り付く場合
　（両側の筋かいがともに片筋かい③）

片筋かい 片筋かい	30以上×90以上	45以上×90以上	90以上×90以上
30以上×90以上	1.0	1.0	2.5
45以上×90以上	1.0	1.0	2.5
90以上×90以上	2.5	2.5	4.0

両側の筋かいが，ともに柱頭部に取り付く場合は，0とする。

（片側が片筋かい，片側がたすき筋かい④）

片筋かい たすき筋かい	30以上×90以上	45以上×90以上	90以上×90以上
30以上×90以上	0.5	0.5	2.0
45以上×90以上	0.5	0.5	2.0
90以上×90以上	0.5	0.5	2.0

両側の筋かいが，ともにたすき筋かいの場合は，0とする。

２　引張耐力計算によるY₀軸組（一部）の計算例

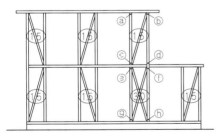

Y_0軸組（図中の数値は軸組倍率を示す。）

2階柱
- ⓐ $N = (1.5 - 0.5) \times 0.5 - 0.6 = -0.1$　短ほぞ差し，またはかすがい打ち
- ⓑ $N = (1.5 + 0.5) \times 0.8 - 0.4 = 1.2$　羽子板ボルト（M12），または短ざく金物（M12）
- ⓒ $N = (1.5 - 0.5) \times 0.5 - 0.6 = -0.1$　短ほぞ差し，またはかすがい打ち
- ⓓ 通し柱なので，検討しない。ただし，胴差との仕口には羽子板ボルトなどを使用する。

1階柱
- ⓔ $N = 3.0 \times 0.5 + (1.5 - 0.5) \times 0.5 - 1.6 = 0.4$　長ほぞ差し込み栓打ち，またはかど金物
- ⓕ 通し柱なので，検討しない。ただし，胴差との仕口には羽子板ボルトなどを使用する。
- ⓖ $N = 3.0 \times 0.5 + (1.5 - 0.5) \times 0.5 - 1.6 = 0.4$　長ほぞ差し込み栓打ち，またはかど金物
- ⓗ $N = 3.0 \times 0.5 + (1.5 + 0.5) \times 0.8 - 1.6 = 1.5$　羽子板ボルト（M12），または短ざく金物（M12）ZS50（スクリュー釘を使用）

上記の計算をすべての耐力壁について行い，金物を選定する。

３　N値に適応する接合金物

N値	必要耐力	接合金物の使用例	N値	必要耐力	接合金物の使用例
0.0以下	0.0kN	短ほぞ差し，またはかすがい打ち	1.8以下	10.0kN	ホールダウン金物（HD-B10，S-HD10）
0.65以下	3.4kN	長ほぞ差し込み栓打ち，またはかど金物	2.8以下	15.0kN	ホールダウン金物（HD-B15，S-HD15）
1.0以下	5.1kN	かど金物，または山形プレート	3.7以下	20.0kN	ホールダウン金物（HD-B20，S-HD20）
1.4以下	7.5kN	羽子板ボルト（M12），または短ざく金物（M12）	4.7以下	25.0kN	ホールダウン金物（HD-B25，S-HD25）
1.6以下	8.5kN	羽子板ボルト（M12）*，または短ざく金物（M12）*	5.6以上	30.0kN	ホールダウン金物（HD-B15，S-HD15）を2枚

＊　ZS50（スクリュー釘）を使用。

巻末資料

木造住宅の断熱構造と断熱材の性能（建築物のエネルギー消費性能の向上に関する法律）

1 断熱構造とする部分

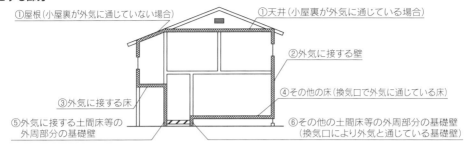

①屋根（小屋裏が外気に通じていない場合）
①天井（小屋裏が外気に通じている場合）
②外気に接する壁
③外気に接する床
④その他の床（換気口で外気に通じている床）
⑤外気に接する土間床等の外周部分の基礎壁
⑥その他の土間床等の外周部分の基礎壁（換気口により外気と通じている基礎壁）

2 省エネ基準による断熱構造（平28国交省告示266）

　木質系，鉄骨系の一戸建て住宅は，躯体の各部の熱貫流率（U）の基準値が下表のように定められている。基準値以下であると，躯体の断熱性能は建築物省エネ法（p.176参照）に適合していることになる。鉄筋コンクリート系の一戸建て住宅や各種構造の共同住宅は別の基準値による。このほか躯体以外に，開口部の断熱性能もp.48に示す規定を満たす必要がある。

外皮の熱貫流率（U）の基準値　　　　　　　　　　　　　　[W／(m²·K)]

部位		地域区分 1・2	3	4・5・6・7	8
屋根または天井		0.17	0.24	0.24	0.99
壁		0.35	0.53	0.53	—
床	外気に接する部分	0.24	0.24	0.34	—
	その他の部分	0.34	0.34	0.48	—
土間床等の外周部分の基礎壁	外気に接する部分	0.27	0.27	0.52	—
	その他の部分	0.71	0.71	1.38	—

地域区分　都市の例

1	2	3	4	5	6	7	8
夕張市	札幌市	盛岡市	秋田市	宇都宮市	東京23区	長崎市	那覇市

寒冷地 ↔ 温暖地

※同じ道府県内でも，気象条件により地域区分は異なる。詳細は平28国交省告示265号で確認すること。

3 基準に相当する断熱構造の例

　各表に示した断熱材の熱抵抗Rや厚，下地材の熱抵抗Rは，告示の仕様規定に示された値である。これに従えば，躯体の熱貫流率（U）の基準値を満たすことになる。具体的に各部の断熱材の種類や厚さを求めると，設計例のようになる。告示には内外壁の材料など他の構成部材についての規定はないが，断熱材や下地材以外でも断熱性能がよい材料を使用するとよい。

（表中のRは熱抵抗，λは熱伝導率を示す。）

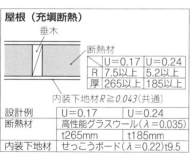

屋根（充塡断熱）
垂木／断熱材
	U=0.17	U=0.24
R	7.5以上	5.2以上
厚	265以上	185以上

内装下地材 $R \geq 0.043$（共通）

設計例	U=0.17	U=0.24
断熱材	高性能グラスウール（λ=0.035)	
	t265mm	t185mm
内装下地材	せっこうボード（λ=0.22)t9.5	

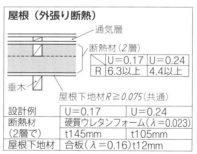

屋根（外張り断熱）
通気層／断熱材（2層）／垂木
	U=0.17	U=0.24
R	6.3以上	4.4以上

屋根下地材 $R \geq 0.075$（共通）

設計例	U=0.17	U=0.24
断熱材（2層で）	硬質ウレタンフォーム（λ=0.023)	
	t145mm	t105mm
屋根下地材	合板（λ=0.16)t12mm	

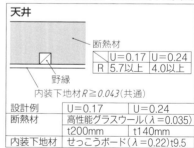

天井
断熱材／野縁
	U=0.17	U=0.24
R	5.7以上	4.0以上

内装下地材 $R \geq 0.043$（共通）

設計例	U=0.17	U=0.24
断熱材	高性能グラスウール（λ=0.035)	
	t200mm	t140mm
内装下地材	せっこうボード（λ=0.22)t9.5	

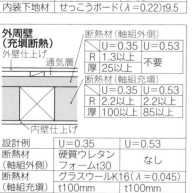

外周壁（充塡断熱）
外壁仕上げ／通気層／内壁仕上げ

断熱材（軸組外側）
	U=0.35	U=0.53
R	1.3以上	不要
厚	25以上	

断熱材（軸組充塡）
	U=0.35	U=0.53
R	2.2以上	2.2以上
厚	100以上	85以上

設計例	U=0.35	U=0.53
断熱材（軸組外側）	硬質ウレタンフォームt30	なし
断熱材（軸組充塡）	グラスウールK16（λ=0.045)	
	t100mm	t100mm

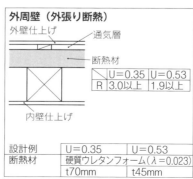

外周壁（外張り断熱）
外壁仕上げ／通気層／断熱材／内壁仕上げ
	U=0.35	U=0.53
R	3.0以上	1.9以上

設計例	U=0.35	U=0.53
断熱材	硬質ウレタンフォーム（λ=0.023)	
	t70mm	t45mm

表の見方

熱貫流率Uが0.17と規定された地域では断熱材の熱抵抗Rは7.5以上，厚さは265mm以上必要とされる。

断熱材／垂木
	U=0.17	U=0.24
R	7.5以上	5.2以上
厚	265以上	185以上

内装下地材 $R \geq 0.043$（共通）

（共通）と記載してあるものは，熱貫流率Uがいずれの値でも必要な材料。
設計例は，上記の条件を満たすための断熱材および下地材の種類や厚さの具体例を示す。

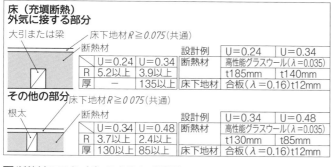

床（充塡断熱）
外気に接する部分

	設計例	U=0.24	U=0.34
	断熱材	高性能グラスウール（λ=0.035）	
U=0.24 / U=0.34		t185mm	t140mm
R 5.2以上 / 3.9以上	床下地材	合板（λ=0.16）t12mm	
厚 — / 135以上			

その他の部分

	設計例	U=0.34	U=0.48
	断熱材	高性能グラスウール（λ=0.035）	
U=0.34 / U=0.48		t130mm	t85mm
R 3.7以上 / 2.4以上	床下地材	合板（λ=0.16）t12mm	
厚 130以上 / 85以上			

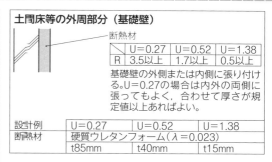

土間床等の外周部分（基礎壁）

	U=0.27	U=0.52	U=1.38
R	3.5以上	1.7以上	0.5以上

基礎壁の外側または内側に張り付ける。U=0.27の場合は内外の両側に張ってもよく，合わせて厚さが規定値以上あればよい。

設計例	U=0.27	U=0.52	U=1.38
断熱材	硬質ウレタンフォーム（λ=0.023）		
	t85mm	t40mm	t15mm

4 断熱材の厚さ（d）の求め方（概算）

断熱性能は躯体の熱貫流率（U）以外に，断熱部分の熱抵抗（R）でも規定される。熱抵抗の基準値を満たす厚さは，断熱材の熱伝導率（λ）から求めることができる。

熱抵抗（R）と熱伝導率（λ）の関係は次式で示される。

$$R = \frac{d}{\lambda}$$

ただし，R：熱抵抗 $[(m^2 \cdot K)/W]$　d：厚さ $[m]$　λ：熱伝導率 $[W/(m \cdot K)]$

これより　$d = R \times \lambda$　となる。

たとえば，熱抵抗（R）を7.5以上にするように規定されている箇所に，高性能グラスウール（λ=0.035）を用いたときには
$d = 7.5 \times 0.035 = 0.2625$ [m] = 262.5mm以上の厚さがあればよいことになる。

また，断熱部分を複数の材料で構成するときには，それぞれの材料の熱抵抗を求め，それらを合計すれば断熱層全体の熱抵抗になる。

複数の断熱材の組み合わせ

断熱層全体の熱抵抗R
$$R = R_1 + R_2 + R_3$$
（R_1，R_2，R_3は各層の熱抵抗を表す。）

熱貫流率（U）から求めるときは，躯体表面の熱伝達や躯体内の空気層の影響などを考慮する。

●参考

$$U = \frac{1}{R_o + R_i + R_a + \Sigma R}$$

R_o：屋外側の表面熱抵抗
R_i：屋内側の表面熱抵抗
R_a：躯体内の空気層の熱抵抗（通気層は熱抵抗に含まない。）
ΣR：躯体構成材料の熱抵抗の合計（仕上げまで含むが，通気層がある場合，それより外側の構成材料は含まない。）

	Ro（外気直接）	Ro（左記以外）	Ri
屋根	0.04	0.09（通気層等）	0.09
天井	—	0.09（小屋裏等）	0.09
外壁	0.04	0.11（通気層等）	0.11
床	0.04	0.15（床裏等）	0.15

5 主な断熱材と性能（熱伝導率 λ）

材料名		熱伝導率 [W/(m·K)]
住宅用グラスウール断熱材	10K相当	0.050以下
	16K相当	0.045以下
	20K相当	0.042以下
	24K相当	0.038以下
	32K相当	0.036以下
高性能グラスウール断熱材	16K相当	0.038以下
	24K相当	0.036以下
	32K相当	0.035以下
	40K相当	0.034以下
	48K相当	0.033以下
吹き込み用グラスウール断熱材	30K, 35K相当	0.040以下
吹き込み用グラスウール 施工密度13K, 18K		0.052以下
住宅用ロックウール断熱材（フェルト）		0.038以下
ロックウール断熱材（フェルト）		0.038以下
ロックウール断熱材（ボード）		0.036以下
吹き込み用ロックウール断熱材	25K相当	0.047以下
	65K相当	0.039以下
A種ビーズ法ポリスチレンフォーム保温板	特号	0.034以下
	1号	0.036以下
A種押出法ポリスチレンフォーム保温板	1種	0.040以下
	2種	0.034以下
	3種	0.028以下
A種ウレタンフォーム保温板	1種	0.029以下
	2種1号	0.023以下
	2種2号	0.024以下
	2種3号	0.027以下
	2種4号	0.028以下

材料名		熱伝導率 [W/(m·K)]
建築断熱用吹き付け硬質ウレタンフォーム	A種1	0.034以下
	A種2	0.034以下
	A種3	0.040以下
A種ポリエチレンフォーム保温板	1種1号	0.042以下
	2種	0.038以下
	3種	0.034以下
A種フェノールフォーム保温板	1種1号	0.022以下
	2種1号	0.036以下
	3種1号	0.035以下
タタミボード（t15mm）		0.052以下
A種インシュレーションボード（t9mm）		0.051以下
シージングボード（t9mm）		0.051以下
吹き込み用セルローズファイバー断熱材	25K	0.040以下
	45K, 55K	0.040以下

K相当は　材料の密度（kg/m³）の目安を示している。

●参考　主な建築材料の熱伝導率

木材　1種（スギ・ヒノキ等）	0.12
木材　2種（マツ・ラワン等）	0.15
木材　3種（ナラ・ブナ等）	0.19
モルタル	1.5
コンクリート	1.6
ALCパネル	0.17
鋼材（炭素鋼）	36～60
合板	0.16
せっこうボード	0.22
ハードボード	0.17
稲わら畳床	0.11
ガラス	1.00

巻末資料

バリアフリー法（高齢者，障害者等の移動等の円滑化の促進に関する法律）

高齢者や障害者など身体機能上の制限を受ける人びとが，自立した日常生活や社会生活ができるように建築物や交通機関などの整備が求められている。これを達成するために，施設の利用や移動するときの利便性や安全性の向上を目的として，バリアフリー法が制定されている。

2000m²以上の特別特定建築物（不特定多数の者または主として高齢者，障害者等が利用する建築物）を建築する場合，バリアフリー化の最低限のレベルである「建築物移動等円滑化基準」に適合させなければならない（適合義務）。また，多数の者が利用する学校や事務所など特定建築物を建築する場合にも，適合させるよう努めなければならない（努力義務）。

望ましいレベルとされる「建築物移動等円滑化誘導基準」に沿って建築すると，容積率の緩和や税制上の特例があり補助金の支援措置も受けることができる。

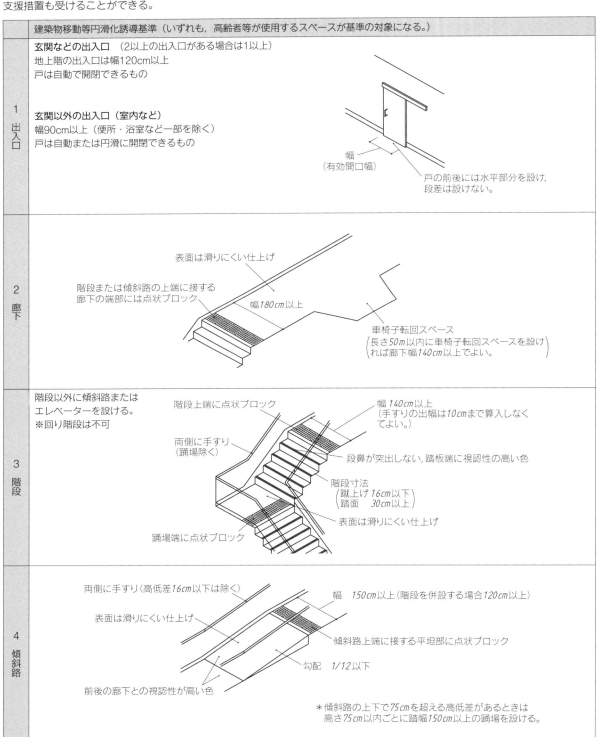

	建築物移動等円滑化誘導基準（いずれも，高齢者等が使用するスペースが基準の対象になる。）
1 出入口	**玄関などの出入口**（2以上の出入口がある場合は1以上） 地上階の出入口は幅120cm以上 戸は自動で開閉できるもの **玄関以外の出入口（室内など）** 幅90cm以上（便所・浴室など一部を除く） 戸は自動または円滑に開閉できるもの
2 廊下	表面は滑りにくい仕上げ 階段または傾斜路の上端に接する廊下の端部には点状ブロック 幅180cm以上 車椅子転回スペース （長さ50m以内に車椅子転回スペースを設ければ廊下幅140cm以上でよい。）
3 階段	階段以外に傾斜路またはエレベーターを設ける。 ※回り階段は不可 階段上端に点状ブロック 両側に手すり（踊場除く） 幅140cm以上（手すりの出幅は10cmまで算入しなくてよい。） 段鼻が突出しない，踏板端に視認性の高い色 階段寸法（蹴上げ16cm以下，踏面30cm以上） 表面は滑りにくい仕上げ 踊場端に点状ブロック
4 傾斜路	両側に手すり（高低差16cm以下は除く） 表面は滑りにくい仕上げ 前後の廊下との視認性が高い色 幅150cm以上（階段を併設する場合120cm以上） 傾斜路上端に接する平坦部に点状ブロック 勾配 1/12以下 ＊傾斜路の上下で75cmを超える高低差があるときは高さ75cm以内ごとに踏幅150cm以上の踊場を設ける。

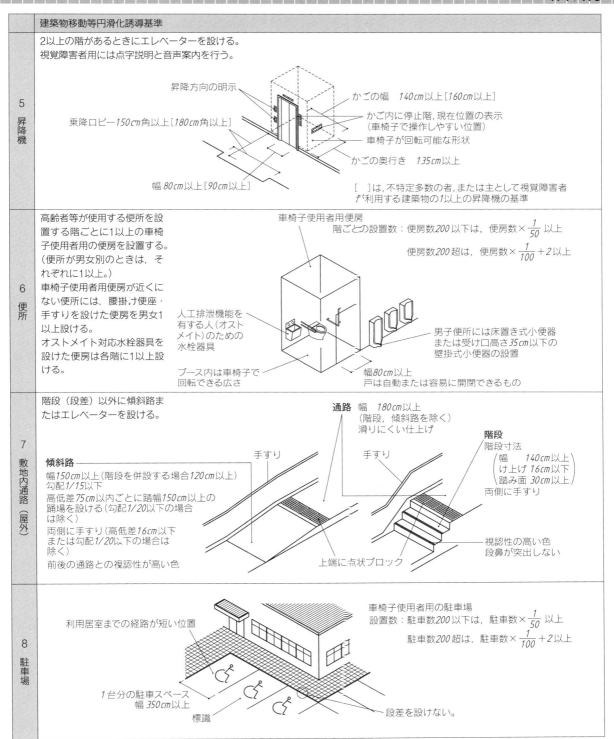

	建築物移動等円滑化誘導基準
5 昇降機	2以上の階があるときにエレベーターを設ける。 視覚障害者用には点字説明と音声案内を行う。 ・昇降方向の明示 ・乗降ロビー150cm角以上［180cm角以上］ ・幅80cm以上［90cm以上］ ・かごの幅 140cm以上［160cm以上］ ・かご内に停止階，現在位置の表示（車椅子で操作しやすい位置） ・車椅子が回転可能な形状 ・かごの奥行き 135cm以上 ［ ］は，不特定多数の者，または主として視覚障害者が利用する建築物の1以上の昇降機の基準
6 便所	高齢者等が使用する便所を設置する階ごとに1以上の車椅子使用者用の便房を設置する。（便所が男女別のときは，それぞれに1以上。） 車椅子使用者用便房が近くにない便所には，腰掛け便座・手すりを設けた便房を男女1以上設ける。 オストメイト対応水栓器具を設けた便房は各階に1以上設ける。 ・車椅子使用者用便房 階ごとの設置数：便房数200以下は，便房数×$\frac{1}{50}$以上 便房数200超は，便房数×$\frac{1}{100}$+2以上 ・人工排泄機能を有する人（オストメイト）のための水栓器具 ・ブース内は車椅子で回転できる広さ ・幅80cm以上　戸は自動または容易に開閉できるもの ・男子便所には床置き式小便器または受け口高さ35cm以下の壁掛式小便器の設置
7 敷地内通路（屋外）	階段（段差）以外に傾斜路またはエレベーターを設ける。 傾斜路 幅150cm以上（階段を併設する場合120cm以上） 勾配1/15以下 高低差75cm以内ごとに踏幅150cm以上の踊場を設ける（勾配1/20以下の場合は除く） 両側に手すり（高低差16cm以下または勾配1/20以下の場合は除く） 前後の通路との視認性が高い色 通路 幅 180cm以上（階段，傾斜路を除く）滑りにくい仕上げ 上端に点状ブロック 階段 階段寸法（幅140cm以上，け上げ16cm以下，踏み面30cm以上）両側に手すり 視認性の高い色　段鼻が突出しない
8 駐車場	利用居室までの経路が短い位置 1台分の駐車スペース 幅350cm以上 標識 車椅子使用者用の駐車場 設置数：駐車数200以下は，駐車数×$\frac{1}{50}$以上 駐車数200超は，駐車数×$\frac{1}{100}$+2以上 段差を設けない。

このほか，ホテル・旅館に設ける車椅子使用者客室についての基準，移動等円滑化の措置がとられたエレベーター・便所・駐車施設についての標識および配置を示した案内板についての基準もある。

巻末資料

建築物省エネ法（建築物のエネルギー消費性能の向上に関する法律）

建築物の省エネ性能を向上させるための法律で，床面積10m²以下の小規模建築物や空気調和設備を設ける必要がない用途の建築物，仮設建築物などを除き法律に適合させなければならない。

(1) 判断基準

非住宅，住宅で判断項目は異なるが，それぞれすべての項目について基準を満たしていると適合すると判定される。

非住宅：
① 一次エネルギー消費量
② PAL*（誘導基準の適合判定のみ適用）

住宅：
① 一次エネルギー消費量
③ 外皮平均熱貫流率　U_A
④ 平均日射熱取得率　η_{AC}

非住宅：住宅以外の省エネ法の対象建築物

住宅：一戸建て住宅および共同住宅
住宅は判断項目以外に，(3)に示す基本的な配慮事項があり，それについても満足させるようにする。

(2) 判断項目と評価方法

1 一次エネルギー消費量に関する基準の評価

建築物で使用する電気やガスなどの原材料となる石油や石炭・液化天然ガス・原子力燃料などを一次エネルギーという。これらの消費量を抑制するために，計画・建設・維持する建築物について次のⓐ～ⓕの項目の1年間の消費量（J：ジュール）の合計を評価する。

設計値の求め方

評価対象の建築物に設置する設備の種類や仕様より，設備機器個々の一次エネルギー消費量を求める。設置数や想定される年間の運転や稼動する時間から，ⓐ～ⓕの項目ごとに一次エネルギー消費量を求め，合計したものを評価対象の建築物の設計一次エネルギー消費量とする。

設計値＝ⓐ＋ⓑ＋ⓒ＋ⓓ＋ⓔ＋ⓕ－ⓖ

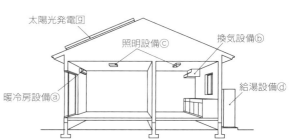

木造住宅の例

ⓐ 空気調和設備の一次エネルギー消費量
　　住宅では，暖冷房設備の一次エネルギー消費量
ⓑ 換気設備の一次エネルギー消費量
ⓒ 照明設備の一次エネルギー消費量
ⓓ 給湯設備の一次エネルギー消費量
ⓔ 昇降機の一次エネルギー消費量
　　一戸建て住宅は，対象外とする。
ⓕ その他の設備の一次エネルギー消費量
ⓖ 再生可能エネルギー設備による一次エネルギー消費の削減量（太陽光発電，コージェネレーションなど）

太陽光発電では，非住宅では売電をしないことを条件とし，住宅では自家消費分，それぞれの発電量に相当するエネルギー量を差し引くことができる。

基準値の求め方

ⓐ～ⓕの項目ごとに，地域区分により定められた係数や床面積などを評価対象の建築物にあてはめて，項目ごとに一次エネルギー消費量の基準値を求める。

各項目の基準値を合計して，評価対象の建築物の基準一次エネルギー消費量とする。

照明器具ひとつずつ評価するなど計算は詳細にわたるので，計算する際には公開されている専用のWebプログラムを利用するとよい。

評価 BEI（Building Energy Index）が下表の判断基準以下であれば適合。誘導基準以下にすると容積率の特例が受けられる。

$$BEI = \frac{設計一次エネルギー消費量}{基準一次エネルギー消費量}$$

	非住宅 2000m²未満	非住宅 2000m²以上							住宅
		工場等	事務所等	学校等	ホテル等	百貨店等	病院等	飲食店等	集会所等	
判断基準	1.0	0.75	0.8			0.85			1.0
誘導基準	非住宅2000m²以上と同じ	0.6	0.7			0.8

2 PAL*（パルスター・Perimeter Annual Load）

外壁や窓を通しての熱損失を防ぐ断熱方法の適切さを評価する値で，屋内周辺空間（ペリメータゾーン）の年間熱負荷を屋内周囲空間の床面積で除した値をいい，一次エネルギー消費量の算定時に用いられる。このほか，誘導基準への適合を判定するときには基準値以下であることが求められる。

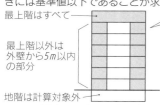

最上階はすべて
最上階以外は外壁から5m以内の部分
地階は計算対象外
屋内周囲空間になる部分（ペリメータゾーン）

熱負荷の種類
外壁・窓などを貫流する熱
外壁・窓などからの日射熱
ペリメータゾーンで発生する熱
換気による取り入れ空気の熱

$$PAL^* = \frac{熱負荷の合計}{屋内周囲空間の床面積} \quad [MJ/m^2]$$

熱負荷は1年間の熱量（MJ：メガジュール）で求める。
屋内で発生したり外気から取り込む水蒸気も熱負荷（潜熱）として算入する。

基準値（一部抜粋） [MJ/m²]

建築物用途 \ 地域区分	1	2	3	4	5	6	7	8
事務所	480	480	480	470	470	470	450	570
学校	420	420	420	470	470	470	500	630

地域区分はp.172参照。

3 外皮平均熱貫流率（U_A）に関する基準の評価

暖房時に，断熱性能を高めてエネルギーの消費を抑制しているか評価をする。設計値≦基準値　であれば適合。

設計値の求め方（値が小さなほど，断熱性能がよい。）

$$外皮平均熱貫流率（U_A）＝\frac{温度差1℃（1K）あたりの総熱損失量［W/K］}{外気に接する天井・壁・開口部・床の面積の合計［m^2］}　［W/(m^2・K)］$$

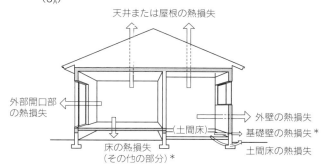

総熱損失量（外皮の熱損失量の合計）

内訳
- 天井または屋根の熱損失量［W/K］
- 外壁の熱損失量［W/K］
- 外部開口部の熱損失量［W/K］
- 床や基礎壁・土間床の熱損失量［W/K］

各部の熱損失　熱貫流率の例はp.172参照。
熱損失＝熱貫流率［W/(K・m²)］×面積［m²］
熱橋などで断熱性能が低下するときには，その影響を勘案して各部の熱貫流率を求める。

床の熱損失
（外気に接する部分）

＊外気に接する部分とその他の部分で熱損失が異なる。

基準値（U_A）

地域区分	1	2	3	4	5	6	7	8
判断基準	0.46	0.46	0.56	0.75	0.87	0.87	0.87	—
誘導基準	0.40	0.40	0.50	0.60	0.60	0.60	0.60	—

（平均気温が高い8地域では検討の必要はない。）

4 平均日射熱取得率（η_{AC}）に関する基準の評価

冷房時の日射熱の影響について，断熱性能を高めたり建築的な工夫をしてエネルギーの消費を抑制しているか評価する。
設計値≦基準値　であれば適合。

設計値の求め方（値が小さいほど，日射熱の流入は少ない。）

$$平均日射熱取得率（\eta_{AC}）＝\frac{\Sigma（日射熱取得率①×方位係数②×各部の面積③）}{各部の面積の合計}×100$$

式の分子は，熱貫流率が異なる部位ごと，方位ごとに①×②×③を行い，建築物全体の外皮について合計する。

① 日射熱取得率
（各部の日射熱取得率＝各部の熱貫流率×0.034）

② 方位係数
外壁面や屋根面が存在する方位，および地域区分により定められた係数
方位は鉛直面8方位と上面（水平面）の9に区分されている。屋根面は勾配があっても水平面と考えてよい。床面からの日射熱取得はないので，計算しない。

③ 各部の面積［m²］

④ 開口部は，ひさしやブラインドなどによる日除けの効果を勘案して日射熱取得量を低減できる。

基準値（η_{AC}）

地域区分	1	2	3	4	5	6	7	8
判断基準・誘導基準	—	—	—	—	3.0	2.8	2.7	6.7

（冷房期の平均気温が低い1〜4の地域では検討の必要はない。）

(3) 住宅の評価におけるその他の留意事項

(1) 気密性の確保
隙間風による暖冷房負荷の増大を防ぎ，断熱材の効果を向上させ，計画換気をしやすくするために気密性を確保するなど構造的な工夫をする。

(2) 防露性の確保
断熱性能を低下させたり建築物の耐久性を減じさせないように，表面結露や内部結露を発生させない構造的な工夫をする。
（p48，p49参照）

(3) 暖房器機などによる室内空気汚染の防止
室内で燃焼させる暖房器機や給湯器機を用いるときには，適切な換気設備を設けるなど，室内空気の汚染防止対策をする。

(4) 防暑のための通気経路の確保
適切な平面計画や断面計画を行い，室内に自然通風のための経路を確保する。これにより，夏季に冷房機器の使用を減らしエネルギー消費量を抑制する。

巻末資料

品確法（住宅の品質確保の促進等に関する法律）

品確法の概要
① 新築住宅の性能を第三者が客観的に評価し，それにより消費者が安心して住宅を建築あるいは購入できるようにする。
② 一定期間のうちに住宅に欠陥がみつかったときには，請負人・売主が責任をもって欠陥を回復する。
③ 契約どおりの性能をもった住宅ができないなどのトラブルが生じたときは，迅速に解決できるようにする。

（1）住宅の性能の客観的評価

登録住宅性能評価機関（国土交通大臣の登録）が交付する住宅性能評価書で示す。住宅性能評価書に記載された事項を工事契約に含むことができるので，評価書の性能をもった住宅をつくることができる。

1 住宅性能評価書を取得するときの流れ

a　設計住宅性能評価
　設計図書で評価し，内容を工事契約に盛り込む。

b　建設住宅性能評価
　工事中や完成したものを評価する。通常，設計住宅性能評価を受けた建築物が続けて建設住宅性能評価を受ける。

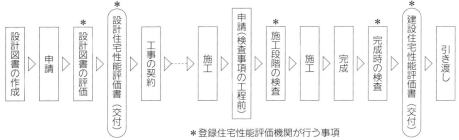

2 性能の評価項目

住宅の種類に応じて下表の項目について評価を受け，住宅性能評価書を取得する。評価は等級で示されるものと仕様等を明示する項目がある。等級は数値が大きいものほど性能が高いことになるが，すべての項目で高い等級を求める必要はない。建築主の求め，建築費，地域性などさまざまな要素のバランスを取り，評価項目に軽重をつけて性能評価を受ける。
●印は評価を受けるための必須項目　　△印は選択項目　　―印は一戸建てでは評価対象外

		評　価　項　目	一戸建て	共同住宅等
1	構造の安定に関すること	1-1　耐震等級（倒壊・崩壊のしにくさ）	●	●
		1-2　耐震等級（損傷の生じにくさ）	△	△
		1-3　免震構造	●	●
		1-4　耐風等級	△	△
		1-5　耐積雪等級	△	△
		1-6　地盤・杭の支持力およびその設定方法	●	●
		1-7　基礎の構造方法および形式等	●	●
2	火災時の安全に関すること	2-1　感知警報装置設置等級（自己の住戸の火災感知）	△	△
		2-2　感知警報装置設置等級（他の住戸の火災感知）	―	△
		2-3　避難安全対策	―	△
		2-4　脱出対策	△	△
		2-5　耐火等級（火災の窓への影響）	△	△
		2-6　耐火等級（火災の外壁への影響）	△	△
		2-7　耐火等級（界壁，界床の耐火性能）	―	△
3	劣化の軽減に関すること	3-1　劣化対策等級	●	●
4	維持管理・更新への配慮に関すること	4-1　維持管理対策等級（自己専用の給排水管など）	●	●
		4-2　維持管理対策等級（共用の給排水管など）	―	●
		4-3　更新対策（共用排水管の更新への対応）	―	●
		4-4　更新対策（間取りの更新への対応）	―	△
5	温熱環境・エネルギー消費量に関すること	5-1　断熱等性能等級	●	●
		5-2　一次エネルギー消費量等級	●	●
6	空気環境に関すること	6-1　ホルムアルデヒド対策	△	△
		6-2　換気対策	△	△
		6-3　室内空気中の化学物質の濃度等	△	△
7	光・視環境に関すること	7-1　単純開口率	△	△
		7-2　方位別開口比	△	△
8	音環境に関すること	8-1　重量床衝撃音対策（主に歩行音対策）	―	△
		8-2　軽量床衝撃音対策（軽量物の落下音対策）	―	△
		8-3　透過損失等級（界壁の遮音性能）	―	△
		8-4　透過損失等級（外壁開口部）	△	△
9	高齢者等への配慮に関すること	9-1　高齢者等配慮対策等級（住戸内での移動のしやすさの程度）	△	△
		9-2　高齢者等配慮対策等級（共用出入口から住戸出入口までの移動のしやすさの程度）	―	△
10	防犯に関すること	10-1　開口部の侵入防止対策	△	△

（2）請負人・売主の瑕疵担保責任

請負人・売主は，住宅の引き渡しから10年間，次の部位について瑕疵担保責任を負う。
基礎，壁，柱，小屋組，土台，斜材（筋かいなど），床版，屋根版，横架材・屋根の仕上げ・下地など，外壁の仕上げ・下地など（ただし，構造耐力や雨水の侵入に影響のないものを除く。）

（3）紛争の解決

建設住宅性能評価書の交付を受けた住宅の請負契約または売買により生じたトラブルは，指定住宅紛争処理機関（弁護士会が指定されている）が仲介してトラブルの迅速な解決にあたる。

（4）性能評価（日本住宅性能表示基準（平13国交省告示1346））の概要

次の表は，すべての評価項目を示してあるので，この中から前表に従い，必須項目およびそれ以外の項目から選択して性能評価を取得する。評価内容は概要を示したので，詳細については平13国交省告示1347を参照する。

	項目	等級など	評価内容
1 構造の安定に関すること	1－1 耐震等級（きわめてまれに発生する地震*による力に対する倒壊・崩壊のしにくさ）*東京で震度7程度の地震をいう。	1	標準せん断力係数を1.0以上にした地震力で構造計算を行い，倒壊・崩壊しないことを確認できている。
		2	地震力を等級1の1.25倍にして同様な計算を行い，倒壊・崩壊しないことを確認できている。
		3	地震力を等級1の1.5倍にして同様な計算を行い，倒壊・崩壊しないことを確認できている。
	1－2 耐震等級（まれに発生する地震*による力に対する損傷の生じにくさ）*東京で震度5強程度の地震をいう。	1	標準せん断力係数を0.2以上にした地震力で構造計算を行い，構造躯体に損傷が生じないことを確認できている。
		2	地震力を等級1の1.25倍にして同様な計算を行い，構造躯体に損傷が生じないことを確認できている。
		3	地震力を等級1の1.5倍にして同様な計算を行い，構造躯体に損傷が生じないことを確認できている。
	1－3 免震構造	免震・非免震	免震構造を採用しているか，否かを明示する。（免震構造を採用したものは，項目1-1，1-2について評価しない）
	1－4 耐風等級	1	建築基準法の定める風圧力により損傷を生ぜず，それを1.6倍した風圧力でも倒壊・崩壊しないことを構造計算で確認できている。
		2	等級1の風圧力をそれぞれ1.2倍した力でも，損傷あるいは倒壊・崩壊しないことを構造計算で確認できている。
	1－5 耐積雪等級（多雪区域のみ適用）	1	建築基準法の定める積雪荷重により損傷を生ぜず，それを1.4倍した積雪荷重でも倒壊・崩壊しないことを構造計算で確認できている。
		2	等級1の積雪荷重をそれぞれ1.2倍した荷重でも，損傷あるいは倒壊・崩壊しないことを構造計算で確認できている。
	1－6 地盤・杭の支持力およびその設定方法	等級はないが，地盤の許容応力度や杭の許容支持力を求めることを要件とするので，それぞれの値とその決定根拠や試験方法を明示する。	
	1－7 基礎の構造方法および形式等	等級はなく，直接基礎は構造方法（鉄筋・無筋等）および形式（布・べた等），杭基礎は杭の種類・杭径・杭長を明示する。	
2 火災時の安全に関すること	2－1 感知警報装置設置等級（自己の住戸で発生した火災の覚知のしやすさ）	1	すべての寝室等で発生した火災を感知し，当該付近に警報装置が設置されている。
		2	すべての寝室等や台所で発生した火災を感知し，当該室付近に警報装置が設置されている。
		3	すべての居室や台所で発生した火災を早期に感知し，当該室付近に警報装置が設置されている。
		4	すべての居室や台所で発生した火災を早期に感知し，住戸全域に警報できる装置が設置されている。
	2－2 感知警報装置設置等級（評価対象住戸と同一階または直下階にあるほかの住戸で発生した火災の覚知のしやすさ）	1	等級2～4以外
		2	他住戸の火災の発生を知らせる手動の警報装置が評価対象住戸にある。
		3	火災を発生させた他住戸に自動の火災感知装置が設置され，他住戸の火災発生を知らせる手動の警報装置が評価対象住戸にある。
		4	火災を発生させた他住戸に自動の火災感知装置が設置され，他住戸の火災発生を知らせる自動の警報装置が評価対象住戸にある。
	2－3 避難安全対策（ほかの住戸の火災時・共用廊下）	共通事項	①排煙方式の明示（開放廊下・自然排煙・機械排煙（一般・加圧）・その他）②平面形状の明示（2方向の避難経路・住戸と直通階段の間に他住戸がない・その他）
		1	等級2・3以外
		2	避難経路の火炎を遮る時間が20分相当以上
		3	避難経路の火炎を遮る時間が60分相当以上

巻末資料

	項目		等級など		評価内容
2 火災時の安全に関すること	2-4	脱出対策			通常の経路が使用できないときの緊急対策として、避難経路を確保してある。等級はなく、具体的な脱出対策を明示する。（直通階段に直結するバルコニー・隣戸に通ずるバルコニー・避難器具など）
	2-5	耐火等級（延焼のおそれのある部分の開口部）	火炎を遮る時間による等級	1	等級2・3以外
				2	火炎を遮る時間が20分相当以上
				3	火炎を遮る時間が60分相当以上
	2-6	耐火等級（延焼のおそれのある部分の開口部以外）	火熱を遮る時間による等級	1	等級2～4以外
				2	火熱を遮る時間が20分相当以上
				3	火熱を遮る時間が45分相当以上
				4	火熱を遮る時間が60分相当以上
	2-7	耐火等級（界壁・界床）	火熱を遮る時間による等級	1	等級2～4以外
				2	火熱を遮る時間が20分相当以上
				3	火熱を遮る時間が45分相当以上
				4	火熱を遮る時間が60分相当以上
3 劣化の軽減に関すること	3-1	劣化対策等級（構造躯体等）		1	建築基準法に定める対策がとられている。
				2	通常の自然条件で通常の維持管理をして、おおむね50～60年、構造躯体に大規模な改修をしなくてもすむような対策がとられている。
				3	通常の自然条件で通常の維持管理をして、おおむね75～90年、構造躯体に大規模な改修をしなくてもすむような対策がとられている。
4 維持管理・更新への考慮に関すること	4-1	維持管理対策等級（自己占有の給排水管・ガス管など）		1	等級2・3以外
				2	配管をコンクリートに埋め込まないなど、維持管理の基本措置が講じてある。
				3	掃除口・点検口などを設け、維持管理が容易にできるようにしてある。
	4-2	維持管理対策等級（共有の給排水管・ガス管など）		1	等級2・3以外
				2	配管をコンクリートに埋め込まないなど、維持管理の基本措置が講じてある。
				3	掃除や点検・補修ができる開口を住戸外に設けるなど、維持管理が容易にできるようにしてある。
	4-3	更新対策（排水管の更新への対応）		共通事項	次に配置した共用排水管の立て管の位置を明示する。 共用廊下に面する共用部分　住戸の外周部　バルコニー　住戸専用部
				1	等級2・3以外
				2	配管が共用部分に配置され、更新するための基本措置が講じてある。
				3	配管が共用部分に配置され、容易に更新できるようにしてある。
	4-4	更新対策（間取りの更新への対応）			次の事項を明示して、間取り変更をするときの障害物を認識できるようにしてある。 ①躯体天井高　梁　傾斜屋根　その他　②住戸専用部の構造躯体の壁・柱
5 温熱環境・エネルギー消費量に関すること	5-1	断熱等性能等級		1	等級2～7以外
				2	熱損失の小さな削減のための対策がとられている。（昭和55年基準相当） ＊○○年基準相当……その年に制定された省エネ基準をいう。
				3	熱損失の一定程度の削減のための対策がとられている。（平成4年基準相当）
				4	熱損失の大きな削減のための対策がとられている。（建築物省エネ基準相当）（建築物省エネ法　p.176参照）
				5	熱損失のより大きな削減のための対策がとられている。（ZEH断熱基準相当）
				6	熱損失の著しい削減のための対策がとられている。（等級4をおおむね30％削減）
				7	熱損失のより著しい削減のための対策がとられている。（等級4をおおむね40％削減）
	5-2	一次エネルギー消費量等級		1	等級4～6以外
				4	エネルギーの大きな削減のための対策がとられている。（建築物省エネ基準相当）
				5	エネルギーのより大きな削減のための対策がとられている。（等級4より10％削減）
				6	エネルギーの著しい削減のための対策がとられている。（等級4より20％削減）
6 空気環境に関すること	6-1	ホルムアルデヒド対策（内装および天井裏等）		共通事項	次のうち該当するものを居室ごと明示する。 ①製材を使用する。　②特定建材を使用する。　③その他の建材を使用する。 ただし、特定建材を使用するときは、居室の内装仕上げ、天井裏の下地等について下記のホルムアルデヒド発散等級を明示する。 この場合、内装仕上げは等級1・2・3、天井裏の下地は等級2・3にする。
				1	等級2・3以外
				2	JIS JAS F☆☆☆相当以上
				3	JIS JAS F☆☆☆☆相当以上
	6-2	換気対策			室内の汚染物質や湿気を屋外に排出でき、衛生的な室内環境を保つに必要な換気量が確保できる対策がとられている。等級はなく、次の事項を明示する。 ①居室の換気対策（機械換気設備・それ以外の具体的な換気方法） ②局所換気設備（機械換気設備・換気のできる窓の有無）
	6-3	室内空気中の化学物質の濃度等			等級はなく、住戸の空気中の化学物質の濃度と測定方法について、次の事項を明示する。 ①特定測定物質の名称　②特定測定物質の濃度　③測定器具の名称 ④測定物質の採取年月日　⑤測定条件（室名・気温・湿度等）　⑥分析者の氏名・名称

項目		等級など	評価内容
7 光・視環境に関すること	7-1 単純開口率		等級はなく，単純開口率（%）を明示する。 単純開口率（%）＝ $\dfrac{\text{居室の外壁や屋根に設けた開口部面積の合計（m}^2\text{）}}{\text{居室の床面積の合計（m}^2\text{）}} \times 100$
	7-2 方位別開口比		等級はなく，外気に接する開口部の方位別の分布を比率（%）で明示する。 方位は，東・西・南・北・真上の5方向について求める。 方位別開口比（%）＝ $\dfrac{\text{ある方位にある開口部の面積の合計（m}^2\text{）}}{\text{居室の開口部の面積の合計（m}^2\text{）}} \times 100$
8 音環境に関すること	8-1 重量床衝撃音対策 （歩行音対策） こどもが走り回る程度の音を遮る性能		住戸の上下階との界床について，等級または相当スラブ厚を明示する。 相当スラブ厚の明示例（27cm以上，20cm以上，15cm以上，11cm以上，その他）
		1	等級2～5以外
		2	やや低い遮音性能（$L_{i,r,H}$-65等級相当以上）が確保できている。
		3	基本的な遮音性能（$L_{i,r,H}$-60等級相当以上）が確保できている。
		4	優れた遮音性能（$L_{i,r,H}$-55等級相当以上）が確保できている。
		5	特に優れた遮音性能（$L_{i,r,H}$-50等級相当以上）が確保できている。
	8-2 軽量床衝撃音対策 （物品の落下音対策） 食器などの落下音程度を遮る性能		住戸の上下階との界床について，等級または床衝撃音レベル低減量を明示する。 床衝撃音レベル低減量の明示例（30dB以上　25dB以上　20dB以上　15dB以上　その他）
		1	等級2～5以外
		2	やや低い遮音性能（$L_{i,r,L}$-60等級相当以上）が確保できている。
		3	基本的な遮音性能（$L_{i,r,L}$-55等級相当以上）が確保できている。
		4	優れた遮音性能（$L_{i,r,L}$-50等級相当以上）が確保できる。
		5	特に優れた遮音性能（$L_{i,r,L}$-45等級相当以上）が確保できている。
	8-3 透過損失等級 （界壁の遮音性能） 人の話し声程度を遮る性能	1	等級2～4以外
		2	基本的な遮音性能（R_r-45等級相当以上）が確保できている。
		3	優れた遮音性能（R_r-50等級相当以上）が確保できている。
		4	特に優れた遮音性能（R_r-55等級相当以上）が確保できている。
	8-4 透過損失等級 （外壁開口部） 外部の騒音を遮る性能	1	等級2，3以外
		2	優れた空気伝搬音の遮断性能（$R_m(\frac{1}{3})$-20相当以上）が確保できている。
		3	特に優れた空気伝搬音の遮断性能（$R_m(\frac{1}{3})$-25相当以上）が確保できている。
9 高齢者等への配慮に関すること	9-1 高齢者等配慮対策等級 （住戸内での移動のしやすさ） 詳細はp.148参照	1	等級2～5以外で，建築基準法の定める措置が講じてある。
		2	高齢者が安全に移動するための基本的な措置が講じてある。
		3	①高齢者が安全に移動するための基本的な措置が講じてある。 ②車椅子使用者が基本的な生活行為を行うための基本的な措置が講じてある。
		4	①高齢者が安全に移動するために配慮した措置が講じてある。 ②車椅子使用者が基本的な生活行為を行うことを容易にしてある。
		5	①高齢者が安全に移動するために特に配慮した措置が講じてある。 ②車椅子使用者が基本的な生活行為を行うことを特に容易にしてある。
	9-2 高齢者等配慮対策等級 （共用出入口から住戸出入口までの移動のしやすさ）	1	等級2～5以外で，建築基準法が定める措置が講じてある。
		2	高齢者が安全に移動するための基本的な措置が講じてある。
		3	①高齢者が安全に移動するための基本的な措置が講じてある。 ②車椅子使用者と介助者が容易に移動できる基本的な措置が講じてある。
		4	①高齢者が安全に移動することを配慮した措置が講じてある。 ②車椅子使用者と介助者が容易に移動できるように配慮してある。
		5	①高齢者が安全に移動することを特に配慮した措置が講じてある。 ②車椅子使用者と介助者が容易に移動できるように特に配慮してある。
10 防犯に関すること	10-1 開口部の侵入防止対策		地面やベランダ・共用廊下・共用階段から下端までの高さが2m以内の開口部など，外部からの侵入のおそれがある開口部が対象となる。 住戸の階ごとに，外部からの侵入のおそれがある出入口や窓の侵入防止対策を明示する。 [対策例] 出入口……2以上の錠　建具のガラス部分はウィンドウフィルム張り 窓……クレセント付サッシ　ガラス面はウィンドウフィルム張り　雨戸　シャッター　面格子など

既存住宅（中古住宅など）の評価事項

既存建築物でも性能評価を取得することはできる。この場合，新築と同じ評価項目以外に，次の項目の評価がある。

6-4	石綿含有建材の有無
6-5	室内空気中の石綿粉じんの濃度等
11-1	現況検査により認められる劣化等の状況に関すること

既存建築物を評価するときに，現在の建築基準法に適合していない（既存不適格）項目があれば，その項目の評価は等級0とする。

巻末資料

高機能をもつ建築物に対する認定制度

品確法による住宅の性能評価制度以外にも，法律に基づく建築物に対する各種の認定制度がある。認定を受けた建築物は，高機能をもっていることが公的に認められるとともに，税制や金融面で優遇措置を受けることができる。

(1) 低炭素建築物（都市の低炭素化の促進に関する法律（エコまち法））

省エネ基準（p.176参照）より，さらにエネルギーの消費量の削減対策をした建築物で，次の必須項目を満たすとともに，9つの選択的項目のうち1つ以上の措置を講ずると認定される。

認定基準

必須項目
■省エネ基準の一次エネルギー消費量を住宅では20%，非住宅では30～40%，次の①～③などの方法をとり削減する。 ①高断熱にして夏季・冬季の室内外の熱移動を少なくする。 ②夏季の日射熱の流入防止対策をする。 ③省エネ機器を利用する。 ■再生可能エネルギー利用設備を設ける。

選択的項目　次の①～⑨のうち1つ以上の措置を講じる。
①節水（節水型便器・節水型水栓・電気食器洗い機の使用）をする。 ②雨水・井戸水・雑排水を利用する。 ③HEMS，BEMSを導入する。 ④再生可能エネルギーと連携した蓄電池を設置する。 ⑤ヒートアイランド対策（庭・壁面・屋根の緑化）をする。 ⑥日本住宅性能表示の劣化対策を等級3以上（p.180参照）にする。 ⑦木造建築物にする。 ⑧躯体のコンクリートに高炉セメント，またはフライアッシュセメントを使用する。 ⑨V2H充放電設備を設置する。

HEMS：Home Energy Management Systemの略で，住宅の電力消費量が居住者に視覚的に随時，把握できるようにし，消費量を調整する機能をもったシステム。
BEMS：Building Energy Management Systemの略で一般的な建築物用のHEMSと同様なシステム。
V2H　電気自動車を建築物の蓄電池として利用できるようにする設備。
※認定建築物の低炭素化部分について容積率の緩和がある。

(2) 長期優良住宅（長期優良住宅の普及の促進に関する法律）

長期にわたり住宅の品質を高く保ち，建て替えを少なくすることで環境負荷の低減をはかるとともに，住宅ストックを次世代に引き継げる豊かな社会を築くという目的を達成するために設けた制度で，次の性能項目をすべて満たしていると認定される。

認定基準　　　[　　]内は品確法性能評価の項目と等級（p.179～181参照）を示す。　一戸建て，共同住宅の区別のないものは共通する内容。

性能項目等	内容
劣化対策	数世代（少なくとも100年）にわたり，通常の維持管理条件下で構造躯体が使用できること。[3-1 等級] 3構造により次の対策をとること。 ・木構造：床下と小屋裏の点検口の設置　・床下空間の有効高さ330mm以上 ・鉄筋コンクリート構造：十分なかぶり厚さ　・水セメント比が小さなコンクリートの使用 ・鋼構造：骨組鋼材の十分な防錆
耐震性	極めてまれに発生する地震に対し損傷の低減をはかるため，次のうちのいずれかを満たすこと。 ・建築基準法で定めた地震力の1.25倍以上の力でも倒壊しない。[1-1 等級2以上] ・階数2以下の木構造で壁量計算による場合は[1-1 等級3]にする。 1-1が等級1の場合：・安全限界時の層間変形を1/100（木構造は1/40）以下にする。・架構の変形抑制が基準に適合している（鉄筋コンクリート系の構造に限る）。 ・免震建築物の基準に適合する。[1-3]
維持管理・更新の容易性	内装や設備の維持管理に必要な措置がとられていること。 （一戸建て）自己占有の給排水管などの維持が容易にできる。[4-1 等級3] （共同住宅）自己占有および共有の給排水管などの維持が容易にできる。[4-1, 2, 3 等級3]
可変性	（共同住宅）居住者の生活様式の変化に合わせ間取りの変更が可能な措置がとられていること。[4-4] 躯体天井高を2.65m以上にする。
バリアフリー性	（共同住宅）共用廊下，階段など通行に利用する部分に必要なスペースがあること。[9-2 等級3以上]
省エネルギー性	断熱性能など省エネルギー性能が確保されていること。 断熱性能を確保する。[5-1 等級5] 一次エネルギー消費量の削減をはかる。[5-2 等級6]
居住環境	地域の居住環境の維持および向上に配慮していること。 まちなみの計画，建築協定，景観協定などの区域内では，これらと調和をはかる。
住戸面積	良好な居住水準を確保するように一定以上の規模を有していること。 住戸面積を一戸建ては75㎡以上，共同住宅は40㎡以上にする。 複数階ある住戸では，少なくとも1つの階の床面積（階段を除く）を40㎡以上にする。
維持保全計画	定期的な点検・補修に関する計画が策定されていること。 次の項目について計画するとともに，少なくとも10年ごとに点検する。 ・構造耐力上主要な部分　・雨水の侵入を防止する部分　・給排水設備（点検の時期・内容）
災害配慮	災害リスクのある地域では，所管行政庁の定めた措置をとること。

索引

■あ
- アーチ構造 ………………… 160
- 頭付きスタッド …………… 131
- 雨仕舞（あまじまい）……… 39
- 石張り ……………………… 55
- 居間 ………………………… 76
- 打放し ……………………… 103
- エクステリア ……………… 79
- 江戸間 ……………………… 50
- エレベーター …………… 67,113
- 縁甲板（えんこういた）…… 51
- 押出成形セメント板 ……… 137

■か
- カーペット ………………… 53
- 瑕疵担保責任 ……………… 179
- 片持スラブ ………………… 93
- かぶり厚さ ………………… 91
- 壁梁（かべばり）…………… 95
- ガラス ………………… 45,105
- ガラスカーテンウォール … 141
- 臥梁（がりょう）…………… 155
- 瓦 …………………………… 34
- 換気設備 …………………… 75
- 乾式工法 …………………… 57
- 機械室 ……………………… 115
- 基礎スラブ ………………… 83
- 京間 ………………………… 50
- 切妻屋根 …………………… 34
- 金属板 ……………………… 39
- 空気調和設備 ……………… 115
- 空気膜構造 ………………… 160
- グリッパー工法 …………… 53
- 車椅子対応 ………………… 69
- 傾斜スラブ ………………… 93
- 軽量鋼構造 ………………… 157
- 化粧スレート ……………… 37
- 鋼材 ………………………… 120
- 鋼製壁下地 ………………… 110
- 鋼製天井下地 ……………… 108
- 格天井（ごうてんじょう）… 61
- 勾配屋根 …………………… 99
- 合板 ………………………… 19
- 子供室 ……………………… 77
- 小舞（こまい）……………… 43
- 小屋組 ……………………… 31
- コルク床 …………………… 53
- コンクリート …………… 13,87
- コンクリート充填鋼管構造 … 159

■さ
- サイディング ………… 40,136
- さお縁 ……………………… 60
- サッシ ………………… 44,45,105
- 仕上げ材 …………………… 142
- シェル構造 ………………… 160
- 仕口（しくち）……………… 27
- システムキッチン ………… 69
- しっくい …………………… 43
- シックハウス対策 ………… 59
- 自動ドア …………………… 105
- 浄化槽 ……………………… 73
- 食堂 ………………………… 76
- 寝室 ………………………… 77
- 伸縮調整目地 ……………… 101
- スクリューウエイト貫入試験 … 166
- 接合金物 …………………… 27
- せっこうボード …………… 59
- せっこうラスボード ……… 57
- 繊維強化セメント板 ……… 135

■た
- 大断面木構造 ……………… 160
- 耐力壁 ……………………… 95
- タイル ……………………… 54
- 叩き ………………………… 55
- 畳 …………………………… 51
- 建具金物 …………………… 65
- 柱脚 ………………………… 119
- 駐車スペース ……………… 79
- チューブ構造 ……………… 160
- 長期優良住宅 ……………… 182
- 束石（つかいし）…………… 15
- 継手（つぎて）………… 26,91
- 吊構造 ……………………… 160
- 低炭素建築物 ……………… 182
- デッキ ……………………… 79
- デッキプレート ……… 123,131
- 鉄筋 ………………………… 86
- 鉄骨鉄筋コンクリート構造 … 158
- テラス ……………………… 79
- 天井回り縁 ………………… 110
- 特定天井 …………………… 109
- 床の間 ……………………… 57
- トラス ……………………… 125

■な
- 生コンクリート …………… 87
- 波板（なみいた）スレート … 135
- 難燃処理木材 ……………… 18
- 日本住宅性能表示基準 …… 179
- 塗り壁 ……………………… 56
- 根太（ねだ）工法 ………… 23
- 軒天井 ……………………… 33
- ノンスリップ ……………… 112

■は
- 排水 ………………………… 73
- 場所打ちコンクリート杭 … 85
- 柱継手 ……………………… 128
- 幅木（はばき）……………… 110
- はめ殺し窓 ………………… 104
- パラペット ………………… 98
- 梁継手 ……………………… 128
- ヒートブリッジ …………… 107
- 引き違い窓 ………………… 104
- 引張耐力計算 ……………… 171
- ビニル床 …………………… 53
- 被覆材 ……………………… 132
- 標準貫入試験 ……………… 167
- 開き戸 ……………………… 104
- フーチング ………………… 14
- 吹き付け …………………… 102
- フラットスラブ構造 ……… 160
- プレカット ………………… 29
- プレキャストコンクリート … 141
- プレキャストコンクリート構造 … 152
- プレストレストコンクリート構造 … 156
- フローリング ……………… 52
- 塀 …………………………… 78
- ベランダ …………………… 23
- 防水 ………………………… 96
- ボーリング ………………… 167
- 補強コンクリートブロック構造 … 154
- ほぞ ………………………… 26
- ボルト接合 ………………… 126

■ま
- まぐさ ……………………… 155
- 丸太組工法 ………………… 160
- メガストラクチャー ……… 160
- 目透かし張り ……………… 60
- 木質ボード ………………… 19
- 木質ラーメン構造 ………… 160
- モルタル ………………… 42,55
- 門 …………………………… 78
- 門形ラーメン ……………… 125

■や
- 山形ラーメン ……………… 124
- 床スラブ …………………… 93
- ユニットバス ………… 70,71
- 洋小屋 ……………………… 25
- 浴槽 ………………………… 71

■ら
- ラス下地 …………………… 42
- ルーフドレン ……………… 98
- ルームエアコン …………… 74
- レディーミクストコンクリート … 87
- ログハウス ………………… 160
- 陸屋根（ろくやね）…… 96,135

■わ
- 和小屋 ……………………… 24

索引

■英字
- ALCパネル ……………………… 41
- CFT ……………………………… 159
- ECP ……………………………… 137
- H形鋼 …………………………… 125
- N値計算 ………………………… 171
- PC ………………………………… 156
- PCa ……………………………… 141,152
- SPF材 …………………………… 18
- SRC ……………………………… 158
- SWS試験 ………………………… 166